HOLLYWOOD E O MERCADO DE CINEMA NO BRASIL

CB043365

PRINCÍPIOS DE UMA HEGEMONIA

PEDRO BUTCHER

LETRAMENTO

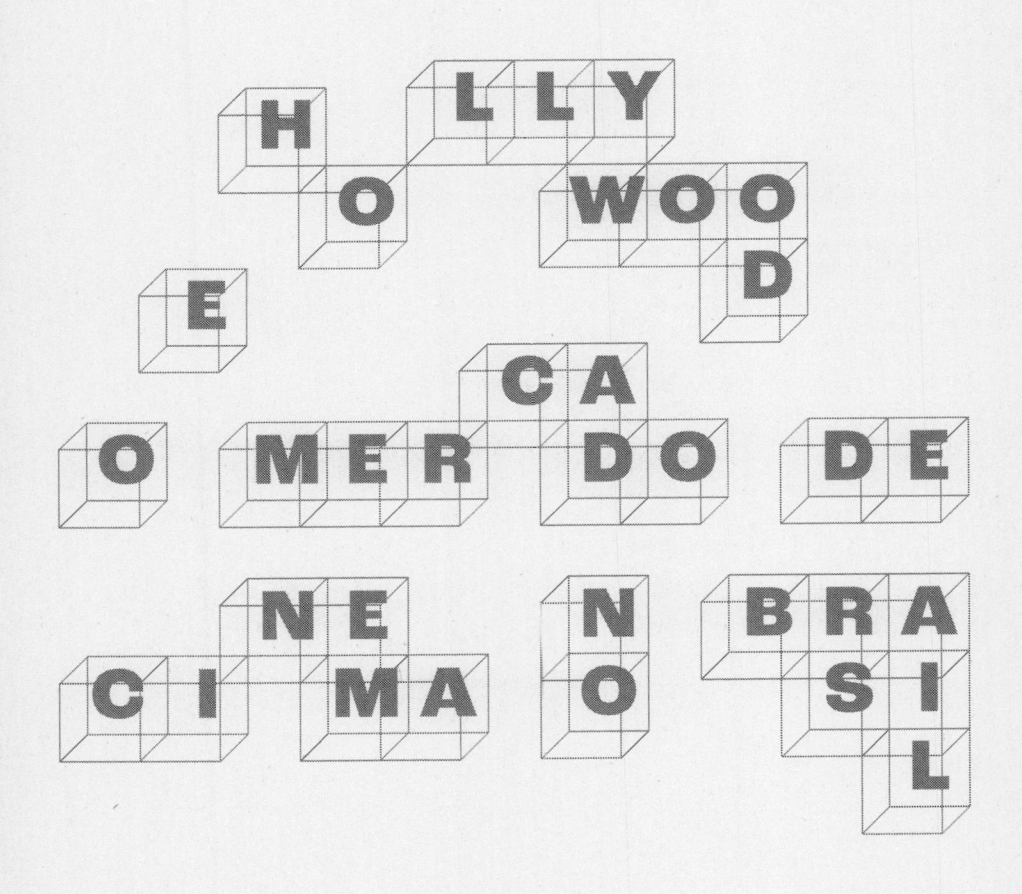

HOLLYWOOD E O MERCADO DE CINEMA NO BRASIL

PRINCÍPIOS DE UMA HEGEMONIA

COLEÇÃO LUMIÈRE

Diretor Editorial Gustavo Abreu
Diretor Administrativo Júnior Gaudereto
Diretor Financeiro Cláudio Macedo
Logística Daniel Abreu e Vinícius Santiago
Comunicação e Marketing Carol Pires
Assistente Editorial Matteos Moreno e Maria Eduarda Paixão
Designer Editorial Gustavo Zeferino e Luís Otávio Ferreira
Coordenador da coleção Paulo Henrique Silva

Dados Internacionais de Catalogação na Publicação (CIP)
Bibliotecária Juliana da Silva Mauro – CRB6/3684

B983h	Butcher, Pedro
	Hollywood e o mercado de cinema no Brasil : princípios de uma hegemonia / Pedro Butcher. - Belo Horizonte : Letramento, 2024.
	238 p. ; 23 cm. - (Lumière)
	Inclui Bibliografia.
	ISBN 978-65-5932-496-5
	1. Cinema. 2. Hollywood. 3. Indústria cinematográfica. 4. Cinema brasileiro. 5. História do cinema. I. Título. II. Série.
	CDU: 791.6
	CDD: 791.43

Índices para catálogo sistemático:
1. Cinema 791.6
2. Cinema 791.43

GRUPO ED.
LETRAMENTO

LETRAMENTO EDITORA E LIVRARIA
CAIXA POSTAL 3242 / CEP 30.130-972
av. Antônio Abrahão Caram / n. 430 / sl. 301 / b. São José
CEP: 30275-000 / BH-MG / TEL. 31 3327-5771

APRESENTAÇÃO E AGRADECIMENTOS

Pedro Butcher

Esse trabalho é resultado de uma pesquisa de doutorado desenvolvida entre 2015 e 2019 no Programa de Pós-Graduação em Cinema da Universidade Federal Fluminense, sob orientação do Prof. Dr. Rafael de Luna Freire.

O desenvolvimento da pesquisa não teria sido possível sem o apoio da Coordenação de Aperfeiçoamento de Pessoal de Nível Superior (CAPES), que financiou a etapa brasileira, e a Comissão Fulbright Brasil, que possibilitou minha permanência, durante nove meses, como pesquisador visitante da Universidade da Califórnia em Santa Bárbara, nos EUA, quando pude visitar bibliotecas e arquivos de universidades, de estúdios e do governo dos Estados Unidos.

O tema da pesquisa nasceu a partir de inquietações acumuladas durante o período em que trabalhei como repórter e crítico de cinema para o Jornal do Brasil e O Globo, entre 1996 e 2001, e como editor do Filme B, website dedicado a acompanhar o mercado de cinema no Brasil, até 2013. Este período coincidiu com mais um esforço de recuperação do cinema brasileiro, atividade marcada por uma dificuldade histórica de se afirmar do ponto de vista econômico e institucional. Em 1990, as extinções da Embrafilme e do Concine, decretadas pelo presidente Fernando Collor de Mello, resultaram em mais uma redução drástica (talvez a mais grave delas) da presença de longas-metragens brasileiros nas salas de cinema, o que, por sua vez, representou a abertura de espaço para uma participação de mercado de mais de 90% da produção estrangeira – notadamente a estadunidense e, mais especificamente, hollywoodiana.

Depois de um primeiro esforço para reerguer a atividade, fundamentado em leis de incentivo fiscal voltadas à produção de longas, os anos que se seguiram foram marcados por uma tentativa de se desconstruir determinados vícios da atividade e retomar a política pública com uma visão mais sistêmica, que desse conta também da circulação e da exibição das obras produzidas.

Ao longo desses anos, o acompanhamento sistemático da rotina do mercado e a leitura de autores como Paulo Emílio Salles Gomes e Jean

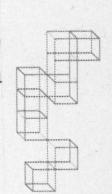

Claude Bernardet (sobretudo "Historiografia Clássica do Cinema Brasileiro") me estimularam a tentar investigar as origens da hegemonia hollywoodiana no Brasil e as possíveis razões para sua perpetuação, quase sem abalos, durante tantas décadas. Paulo Emílio Salles Gomes, em particular, observou a marca do subdesenvolvimento do cinema brasileiro em dois textos fundamentais ("Uma situação colonial?" e "Cinema: trajetória no subdesenvolvimento"), e estendeu suas reflexões em uma série de textos para sua coluna no jornal O Estado de S. Paulo, como "Um mundo de ficções" e "O gosto da realidade" (ambos de 1960). Sobre o imperialismo do cinema hollywoodiano, por exemplo, seu diagnóstico era de que, por parte das forças conservadoras, era como se não existisse; no entanto, para o autor, aqueles que se opunham a essas forças também eram marcados por um "desvio ficcionista".

> Ainda a respeito do imperialismo, se por um lado se chegava ao ponto de ignorar sua existência, por outro a imagem da penetração dos interesses estrangeiros proposta pelo setor revolucionário era com excessiva frequência a expressão de uma fantasia bastante arbitrária. A cinematografia brasileira, como a política geral dos países subdesenvolvidos, tem sido um mundo de ficções. Durante anos a fio ninguém teve a ideia de como as coisas se passavam; os dados nos quais se assentavam a produção e o comércio de filmes brasileiros eram bem mais fantasiosos do que o enredo das fitas (Gomes, 2016, p. 13).

Ainda segundo Gomes (2016, p. 14), os produtores brasileiros "estavam no fundo convencidos de que a sala de projeção existe para passar qualquer filme. Não sentiam até que ponto a produção, distribuição e exibição de filmes são atividades solidárias".

O objetivo principal dessa pesquisa, portanto, foi tentar trazer mais informações sobre processos históricos ligados à formação da atividade cinematográfica no Brasil que levassem em conta sobretudo seu aspecto menos estudado por enquanto – a distribuição de filmes –, com foco nos anos em que as grandes companhias do cinema americano que viriam a se tornar as *majors* hollywoodianas começaram a abrir seus escritórios no país. É um esforço de se voltar para um passado que praticamente ainda não foi narrado, com todo o fascínio e todas as dificuldades que essa condição trouxe.

Agradeço a Rafael de Luna Freire, pela parceria, precisão e paciência com que conduziu a orientação de uma pesquisa complexa e de muitos rumos possíveis, e a Cristina Venegas, coorientadora durante o período de nove meses em que estive no Departamento de Estudos de Cinema e Mídia da Universidade da Califórnia em Santa Bárbara (UCSB).

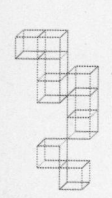

Aos professores, funcionários e alunos da Universidade Federal Fluminense, uma instituição pública de ensino de excelência e espírito crítico, que cultiva a liberdade e a diversidade de pensamento.

A João Luiz Vieira, o maior incentivador desse projeto de pesquisa desde que tomou conhecimento dele, há cerca de dez anos.

Aos professores Luciana Corrêa de Araújo, Lia Bahia e Tunico Amâncio, que, ao lado de João Luiz Vieira e Rafael de Luna Freire, fizeram parte da banca de avaliação.

À professora Sheila Schvarzman, grande incentivadora da pesquisa e de sua publicação.

A Hernani Heffner, conservador-chefe da Cinemateca do Museu de Arte Moderna e profundo conhecedor da história do cinema no Brasil, a quem importunei dezenas de vezes com dúvidas sempre esclarecidas de prontidão, com carinho e disponibilidade, e a Fábio Velozo, coordenador de documentação e pesquisa e também guardião da Cinemateca do MAM.

A Ross Melnick, do Departamento de Estudos de Cinema e Mídia da UCSB, pelas sugestões de leitura e dicas de pesquisa nos arquivos e bibliotecas dos EUA, sobretudo no setor do Arquivo Nacional onde está depositada a documentação dos Departamentos de Estado e Comércio dos EUA.

A Brett Service, curador dos arquivos da Warner Bros. na UCS School of Cinematic Arts, em Los Angeles; Louise Hilton, bibliotecária responsável pelas coleções especiais da Margaret Herrick Library da Academia de Artes e Ciências Cinematográficas de Hollywood, em Los Angeles; Mary K. Huelsbeck, diretora assistente do Wiscosin Center for Film and Theater Research da Universidade de Wiscosin-Madison, onde estão depositados os arquivos da United Artists, não só pela assistência na pesquisa da documentação sobre o Brasil disponível, mas também por permitir acesso a arquivos ainda não processados.

A Laura Isabel Serna, Ana López e Rielle Navitski, cujas pesquisas e conversas foram essenciais para o desenvolvimento dessa tese.

A Pedro Lapera, que me recebeu na Biblioteca Nacional nos primeiros momentos dessa pesquisa e contribuiu com indicações de leituras sobre história e dicas para a consulta de periódicos na Hemeroteca Digital.

A Reinaldo Cardenuto, que fez uma ponte essencial para o desdobramento dessa pesquisa ao me colocar em contato com a família do exibidor Giovanni Caruggi, e a Cecília Caruggi e Luciano Caruggi, bisnetos de Giovanni Caruggi, que me concederam entrevistas e compartilharam documentos sobre a história da família.

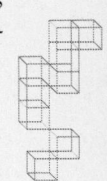

A Otávio Lima, por sua contribuição na reta final da pesquisa.

A William Condé e Igor Andrade Pontes, que desenvolveram trabalhos sobre a Pathé no Brasil e a distribuição de filmes de Chaplin, respectivamente, e tiveram a generosidade de compartilhar comigo informações de suas pesquisas.

A Paulo Sérgio Almeida e a toda a equipe do Filme B.

A Fernanda Jaber, pela indicação da tese de doutorado de Jonathan Silver "Hollywood's Dominance of The Movie Industry: How did it rise and how has it been maintained?", que se revelou uma fonte de informações fundamental.

A Alberto Flaksman, que desde cedo demonstrou interesse pelo projeto e realizou uma leitura atenta e enriquecedora.

A Leonardo Silveira, contemporâneo em estadia na Universidade da Califórnia em Santa Barbara, e a Anita Bradford e John Getz, parceiros de fuga nos dias de incêndio florestal.

A Marcelo Miranda, Francis Vogner dos Reis e Lila Foster, companheiros de curadoria no CineBH e no Brasil CineMundi.

A Eduardo Valente, Fernando Toste e João Cândido Zacharias, amigos que o cinema me trouxe.

A Paulo Henrique Silva, coordenador da Coleção Lumière, por abraçar a publicação da pesquisa.

Ao meu pai, Rodolfo Butcher, e minha irmã, Beatriz Butcher, pelo apoio de sempre e a presença no dia da defesa.

A Bernardina (*in memorian*), Bernardette, Teresa, Isabel, Tânia, Alice e Zoé – avó, mãe, tia, irmã, cunhada e sobrinhas, sem as quais essas páginas não existiriam. Um agradecimento muito especial a minha mãe Bernardette pelo apoio incondicional durante todas as etapas do processo.

A Sérgio Allisson Veloso, pelo tempo que passou ao meu lado durante essa aventura.

A todos os meus amigos, muito especialmente a Tereza Gonzalez e Maria Helena Nascimento, que tornaram possível uma viagem pela Califórnia durante um dos raros momentos de lazer durante a temporada nos EUA.

A José Carlos Avellar (*in memorian*), mestre a quem este trabalho é dedicado.

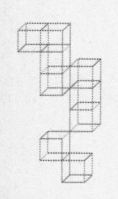

LISTA DE IMAGENS

Fig. 01: *Market share* de filmes estrangeiros e brasileiros por público, 2001-2018 (Filme B).

Fig. 02: Percentual de títulos lançados por país de origem, 2017 (Ancine).

Fig. 03: Percentual de público por país de origem, 2017 (Ancine).

Fig. 04: *Market share* das distribuidoras por público, 2016 (Filme B).

Fig. 05: *Market share* das distribuidoras por público, 2017 (Filme B).

Fig. 06: Tempo de tela destinado a filmes dos EUA em outros países (Silver, 2007, p. 4).

Fig. 07: Domínio de Hollywood no mercado de cinema em 2000 (Silver, 2007, p. 5).

Fig. 08: Menções à palavra "Brazil" nos periódicos disponíveis no projeto Arclight (www.projectarclight.org).

Fig. 09: Filmes censurados por país de origem, 1925-1926 (*Motion Picture Industry of Brazil*, 30 mar 1927, National Archives Microfilm Publications).

Fig. 10: Filmes censurados no Rio de Janeiro por país de origem, 1925-1928 (*Motion Picture Industry of Brasil*, 30 mar 1927. National Archives Microfilm Publications).

Fig. 11: Filmes por número de rolos, 1925-1926 (*Motion Picture Industry of Brasil*, 30 mar 1927, National Archives Microfilm Publications).

Fig. 12: Principais cinemas de São Paulo, 1924 (*Motion Picture Theaters in São Paulo*, 12 set 1924, National Archives Microfilm Publications).

Fig. 13: Principais companhias de Hollywood, 1912-1929 (Silver, 2007, p. 592-593).

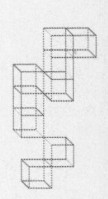

PALAVRA DO EDITOR

Foi o poeta cubano José Marti quem afirmou que é preciso escrever um livro, plantar uma árvore e ter um filho para se sentir realizado na vida.

Com "Hollywood e o Mercado de Cinema Brasileiro", a sua terceira investida no universo literário, Pedro Butcher mais uma vez mostra o caráter polivalente de quem atua na crítica de cinema, uma atividade que hoje – diferentemente do que acontecia há mais de duas décadas, na era pré-internet – não se traduz apenas na escrita de textos analíticos para revistas e jornais.

Não que ele já tenha também, de forma literal, enchido a terra de sementes ou colocado alguém no mundo.

Os frutos de Pedro Butcher já podem ser colhidos. E os filhos já estão bem crescidos, deixando clara a paternidade. São trabalhos, em diversos campos do pensamento cinematográfico -do site "Filme B" à curadoria da MostraCineBH -,que marcam uma trajetória singular e fundamental para o entendimento de uma arte que, no Brasil, andou nos trilhos de uma montanha-russa.

E "Hollywood e o Mercado de Cinema Brasileiro" exemplifica esse propósito ao se debruçar sobre uma espécie de maldição que acompanhou a história de nosso cinema, construindo-se e destruindo-se várias vezes. Se fomos colonizados por uma certa "avacalhação" portuguesa, que expropriou a "terra em que tudo dá", no cinema nos tornamos desde cedo seguidores da Meca Hollywood, que nos fez descer goela abaixo a fé no american way of life.

Crítico, professor, curador e agora autor, Pedro Butcher nos traz o entendimento desta síndrome de vira-lata a partir de um minucioso trabalho de pesquisa em periódicos e bibliotecas, inclusive no exterior. Assim, o brasileiro que "cospe na própria imagem" (nas palavras de quem definiu o nosso viralatismo, o dramaturgo Nelson Rodrigues) é refém de um processo antropofágico que vem desde o seu nascedouro, quando a indústria norte-americana aqui fincou raízes.

Essa árvore pode ser frondosa para quem só vê números – o Brasil é, sem dúvida, um dos maiores mercados exibidores do mundo. Deixaram o nosso cinema quase estéril, sem forças para viver mais do que um ciclo de cada vez.

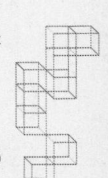

Escrever sobre essa história pode ser bastante dolorido, mas necessário.

Para a coleção "Lumière" da Letramento Editorial, é um grande orgulho fazer parte dessa realização.

Paulo Henrique Silva
Coordenador

PREFÁCIO

Rafael de Luna Freire

Professor no Departamento de Cinema e Vídeo e no Programa de
Pós-Graduação em Cinema e Audiovisual da Universidade Federal Fluminense.

Este é um livro fundamental para entender o audiovisual em nosso
país. Talentoso e experiente crítico de cinema, Pedro Butcher propôs um
tema ousado para seu projeto de doutorado no Programa de Pós-Graduação em Cinema e Audiovisual da Universidade Federal Fluminense (PPGCine-UFF): a distribuição de filmes no Brasil durante o período
silencioso. A ambição do projeto parecia espelhar alguma dose de in-
genuidade diante da escassez de fontes conhecidas sobre o tema. Mas
Pedro mostrou virtudes fundamentais para um historiador do cinema
brasileiro: dedicação, perseverança e afinco. O resultado é um estudo
que apresenta uma contribuição extremamente valiosa e original.

Há um consenso dentre os pesquisadores de cinema de que os estudos sobre a história do cinema brasileiro tradicionalmente se concentraram na trajetória da produção de filmes no país, em detrimento
da distribuição, da exibição e do público. Ou seja, tem sido escrita,
sobretudo, uma história dos filmes brasileiros, e não uma história do
cinema no Brasil. Esse viés abarca também os estudos sobre a economia do audiovisual. Além de dedicadas sobretudo às políticas públicas
de fomento à produção, essas pesquisas se concentram no presente e
passado recente do setor, especialmente no período posterior à chamada Retomada do Cinema Brasileiro, na década de 1990. Aliás, nesse
conjunto destaca-se a excelente, e ainda inédita em livro, dissertação
de mestrado do próprio Pedro Butcher sobre a Globo Filmes.[1]

---

1 BUTCHER, Pedro. *A Dona da História: origens da Globo Filmes e seu impacto no audiovisual brasileiro*. Dissertação (Mestrado em Comunicação e Cultura) – Programa
de Pós-Graduação em Comunicação e Cultura, Universidade Federal do Rio de
Janeiro, Rio de Janeiro, 2006.

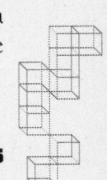

O fato é que as pesquisas históricas sobre o mercado cinematográfico no país geralmente recuaram, no máximo, até os anos 1970, a exemplo da pioneira e influente dissertação de mestrado de Tunico Amancio, publicada como o livro *Artes e manhas da Embrafilme*.[2] E dentro do recorte das últimas seis décadas, são ainda poucos os estudos sobre a história da distribuição cinematográfica no Brasil, talvez o elo mais importante, mas menos visível da cadeia do audiovisual. Novamente, os melhores trabalhos se voltaram para o cenário contemporâneo, inclusive pela disponibilidade e facilidade de acesso a dados de mercado.[3] Refiro-me a informações compiladas e divulgadas pelo Observatório do Cinema e Audiovisual (OCA) da Ancine e, antes dela, no vácuo do apagão informacional sobre o mercado de cinema e vídeo promovido pelo presidente Fernando Collor de Melo, pela empresa privada Filme B, onde Pedro Butcher, inclusive, trabalhou por vários anos.[4]

Por esse breve panorama é possível avaliar a ousadia daquele projeto de doutorado que pretendia estudar mais especificamente o período de instalação das filiais das distribuidoras cinematográficas americanas no Brasil, a partir de 1915, iniciado com a chegada da Universal, seguida, em 1916, da Fox e Paramount. Trata-se de um momento fundamental para história do nosso cinema sobre o qual se sabia muito pouco além dessas datas. O talento e esforço de Pedro foram recompensados com uma bolsa Fulbright, que lhe permitiu uma estadia de pesquisa nos Estados Unidos, com estágio doutoral na University of California – Santa Barbara. Foi uma experiência fundamental para o resultado da tese, mas que só pode alcançar seus plenos resultados pelo mergulho anterior do então doutorando na bibliografia e documentação brasileira, tomando pé de seus avanços e limitações.

---

2 AMÂNCIO, Tunico. *Artes e manhas da Embrafilme: Cinema estatal brasileiro em sua época de ouro (1977-1981)*. 2 ed. Niterói: EdUFF, 2000. As exceções a esse quadro são citadas e bem aproveitadas neste livro.

3 Como exemplo, pode ser citada a dissertação de mestrado de Hadija Chalupe da Silva, "A Distribuição do Filme Brasileiro Hoje: considerações acerca de cinco filmes lançados em 2005", defendida em 2009 na UFF, sob orientação de Tunico Amâncio. A dissertação foi publicada como: SILVA, Hadija Chalupe. *O filme nas telas: a distribuição do cinema nacional*. São Paulo: Ecofalante, 2010.

4 A experiência de Pedro Butcher na Filme B se refletiu na escrita do livro: ALMEIDA, Sérgio; BUTCHER, Pedro. *Cinema: mercado e desenvolvimento*. Rio de Janeiro: Aeroplano, 2003.

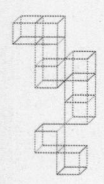

Este livro, versão da tese defendida no PPGCine-UFF em 2019, agrupa inúmeras qualidades, das quais vou destacar apenas três. Em primeiro lugar, uma sustentação teórica sólida para análise da "invasão americana" do mercado cinematográfico brasileiro, em meados da década de 1910, encontrada no conceito de "Estado Promocional" da historiadora Emily Rosemberg. Nas palavras do próprio Pedro Butcher, tratou-se de analisar os princípios que serviram de base para a expansão cultural e econômica americana na qual a radical ampliação da exportação de filmes desse país para o Brasil se inseriu.

Em segundo lugar, este trabalho apresenta uma valiosa contextualização do processo de conquista, pelo cinema americano, de seu próprio mercado, anteriormente dominado pelos filmes estrangeiros, notadamente franceses. Tal como a contribuição de Flávia Cesarino Costa sobre as características formais do chamado "Primeiro cinema"[5], Pedro Butcher sintetiza, em português e num texto claro e acessível, a bibliografia sobre os primeiros tempos da história da formação do mercado cinematográfico nos Estados Unidos e do caráter de oligopólio que marcaria o chamado Cinema Clássico Hollywoodiano.

Por último, através da pesquisa nos arquivos do Governo Americano e em revistas e jornais contemporâneos, Pedro reúne um conjunto valioso de informações que lhe permitem uma análise inédita do período fundamental em que o mercado cinematográfico brasileiro passou do controle dos filmes europeus para os americanos. Se, por um lado, Pedro se deslocou fisicamente até os Estados Unidos para ter acesso a documentos em papel ou microfilme, por outro lado, sua pesquisa foi favorecida pela crescente disponibilidade de documentos digitalizados, na rede mundial de computadores, tais como revistas corporativas americanas (acessados através da plataforma Lantern) e jornais brasileiros (via Hemeroteca Digital da Biblioteca Nacional).[6]

Embora trabalhos anteriores já viessem aproveitando a disponibilidade de periódicos como *Cine Mundial*, a pesquisa de Pedro elabora com mais precisão o papel fundamental que essa revista (e outras) tiveram na transmissão de informações reunidas pelo corpo consular do governo dos Estados Unidos a empresas privadas. Ou seja, na criação de uma robusta

---

5 COSTA, Flávia Cesarino. *O primeiro cinema: espetáculo, narração, domesticação*. Rio de Janeiro: Azougue Editorial, 2005.

6 Disponíveis, respectivamente, em: https://lantern.mediahist.org/ e https://bndigital.bn.gov.br/hemeroteca-digital/.

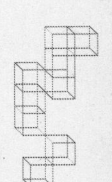

"base de dados" como parte de uma verdadeira "rede de comunicação e inteligência" a serviço das grandes empresas cinematográficas americanas. Pedro coloca em evidência o papel daqueles que podemos chamar de *agentes infiltrados* – como os adidos comerciais dos consulados americanos ou correspondentes brasileiros de revistas estrangeiras – no mapeamento do campo frequentemente minado onde as distribuidoras americanas estavam desembarcando. Afinal de contas, o mercado cinematográfico brasileiro na década de 1910 era potencialmente lucrativo, mas sumamente desafiador: legislação confusa e defasada; impostos alfandegários altíssimos; idioma distinto do restante do continente; circuito exibidor fragmentado e relativamente acanhado; público pagante exigente, mas restrito; infraestrutura de transporte limitada.

Como o título de seu livro demonstra, Pedro aborda não apenas o início do estabelecimento de uma hegemonia dos filmes produzidos nos Estados Unidos na distribuição cinematográfica no Brasil, como os mecanismos que garantiram esse domínio. Mesmo focando em acontecimentos ocorridos há mais de um século atrás, continuamos assistindo aos seus efeitos, seja nas salas de cinema, nas redes de televisão ou nos canais de streaming. Assim, trata-se de um livro de história exemplar na medida em que ele abre novos e promissores caminhos para futuros estudos.

INTRODUÇÃO

"Ninguém sabe nada", escreveu William Goldman, um dos raros trabalhadores criativos do cinema americano que deixaram seu testemunho sobre as entranhas de uma indústria que ele conheceu por dentro. O roteirista de *Butch Cassidy* (*Butch Cassidy and the Sundance Kid*, dir. George Roy Hill, 1969) e *Todos os homens do presidente* (*All the President's Men*, dir. Alan J. Pakula, 1976) causou furor em Hollywood quando lançou, em 1983, *Adventures in the Screen Trade: A Personal View of Hollywood and Screenwriting* – em parte por revelar intrigas dos bastidores da indústria, mas, sobretudo, por ter sentenciado essa frase, constantemente evocada pela imprensa especializada e pelos próprios executivos de Hollywood para explicar as idiossincrasias do cinema americano como *business*: "Ninguém sabe nada. Não há uma pessoa em toda a indústria do cinema que saiba o que vai funcionar. O tempo todo é uma adivinhação – se você for sortudo, uma adivinhação instruída" (Goldman, edição digital).

Goldman escreveu *Adventures in the Screen Trade* a partir de sua experiência pessoal como roteirista no efervescente contexto do cinema americano dos anos 1970, marcado pela ascensão da chamada "Nova Hollywood". O "ninguém sabe nada" se referia à incerteza profunda do cinema como negócio, não necessariamente circunscrita àquele período: milhões de dólares investidos na produção de um longa-metragem não representariam qualquer garantia de sucesso. No começo dos anos 1980 em especial, essa "realidade" estava à flor da pele desde que o fracasso do monumental *O portal do paraíso* (*Heaven's Gate*, Michael Cimino, 1980) provocara a falência de um dos maiores estúdios de Hollywood, a United Artists. Para Arthur De Vany (2004), essa mesma incerteza seria o diferencial da indústria do cinema americano em relação a outras indústrias e um dos elementos proeminentes em sua constituição, hipótese que defendeu – e buscou comprovar com fórmulas e números – em *Hollywood Economics: How Extreme Uncertainty Shapes the Film Industry*. A falta de um padrão nos resultados de bilheterias dos filmes inscreveria a indústria do cinema num modelo caótico, não-linear, dado que justificaria uma atitude defensiva e de tendência conservadora por parte de seus executivos, ao mesmo tempo que desencadearia uma obsessão pela criação de estratégias para reduzir a incerteza e tentar prever o "comportamento" dos filmes uma vez lançados.

No entanto, ao longo dos treze anos em que trabalhei como editor do Filme B, boletim informativo dedicado ao acompanhamento do mercado de cinema no Brasil, um detalhe me chamava atenção: a participação dos filmes estrangeiros nos resultados anuais gravitava sempre em torno dos 80% e 90% do público total, sendo o cinema americano responsável pela maior parte dessa fatia (entre 75% e 85%). Ou seja: no Brasil, ao longo dos anos 2000 pelo menos, o *market share* dos filmes americanos nas salas de cinema seria uma constante tão inabalável quanto previsível. Na tabela a seguir, vemos um apanhado dos percentuais de *market share* de público dos filmes estrangeiros e brasileiros de 2001 a 2018:

Fig. 01: *Market share* de filmes estrangeiros e brasileiros por público (2001-2018)

Ano	Estrangeiros	Brasileiros
2001	90,7%	9,3%
2002	92,0%	8,0%
2003	78,6%	21,4%
2004	85,4%	14,3%
2005	88,0%	12,0%
2006	89,0%	11,0%
2007	88,4%	11,6%
2008	90,1%	9,9%
2009	85,8%	14,2%
2010	81,0%	19,0%
2011	87,4%	12,6%
2012	89,8%	10,2%
2013	81,4%	18,6%
2014	87,6%	12,4%
2015	87,3%	12,7%
2016	83,6%	16,4%
2017	89,9%	10,1%
2018	85,4%	14,6%

Fonte: Filme B/ Tabulação ao autor

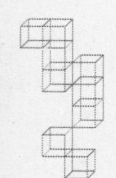

Dados de 2017 disponibilizados pela Agência Nacional de Cinema (Ancine) mostram que, com 28% do total de títulos lançados, os filmes dos Estados Unidos foram responsáveis por 85% dos ingressos do ano:

Fig. 02: Percentual de títulos lançados por país de origem (2017)

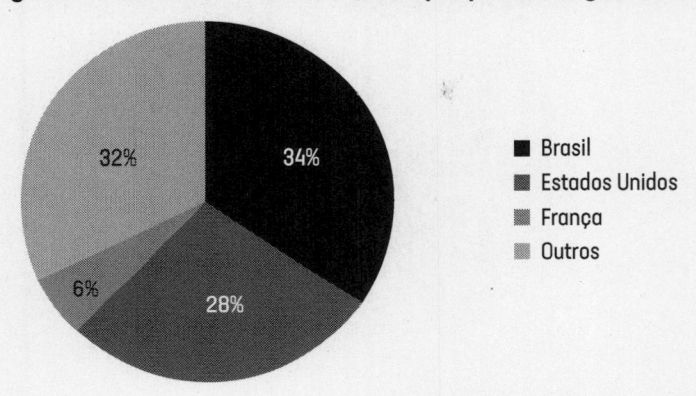

Fonte: Ancine / Tabulação do autor

Fig. 03: Percentual de público por país de origem (2017)

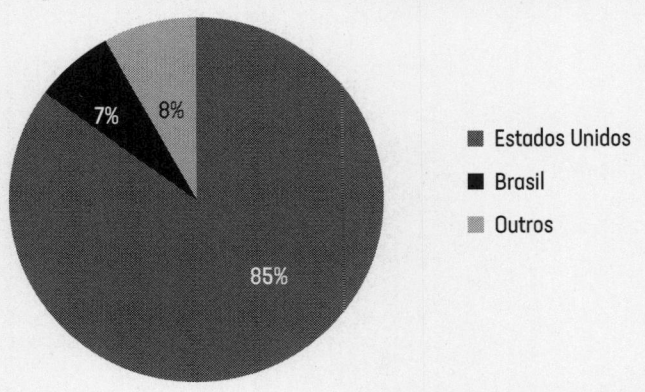

Fonte: Ancine / Tabulação do autor

Além disso, na divisão de fatias do mercado por distribuidoras, praticamente as mesmas marcas se revezavam nos primeiros lugares. Abaixo, os exemplos de 2017 e 2016:

Fig. 04: *Market share* **das distribuidoras por público (2016)**

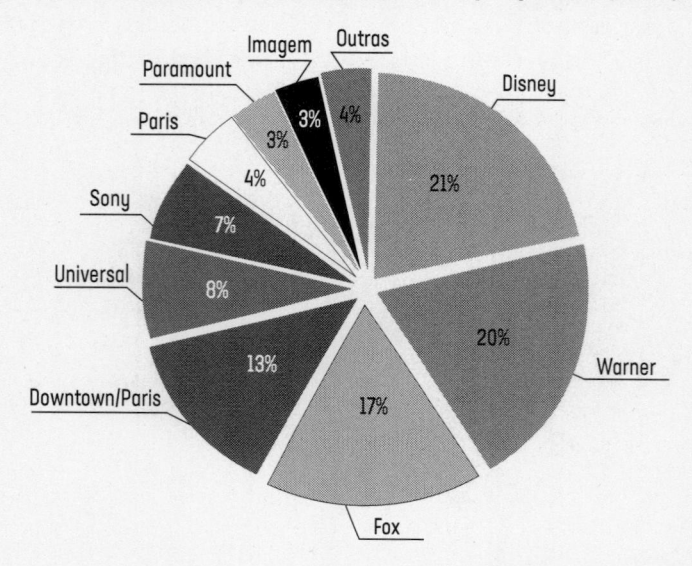

Fonte: Filme B / Tabulação do autor

Fig. 05: *Market share* **das distribuidoras por público (2017)**

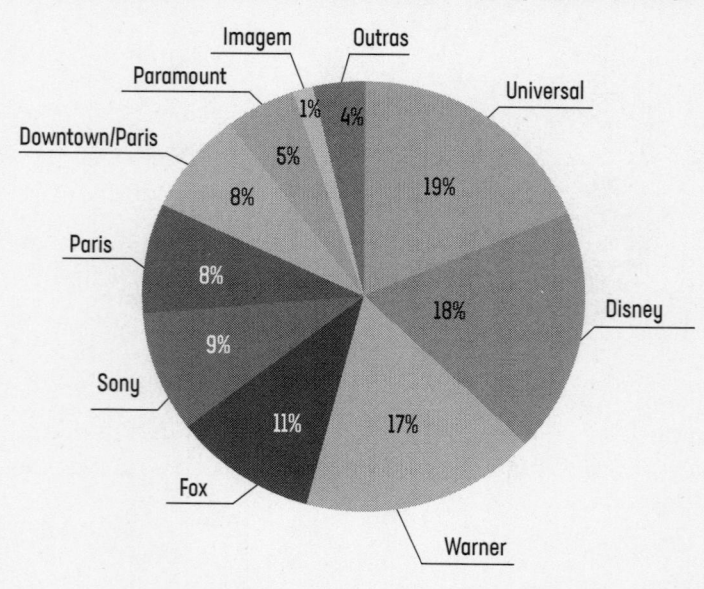

Fonte: Filme B / Tabulação do autor

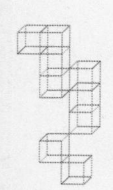

Universal, Disney, Warner, Fox, Sony e Paramount, ao longo desses anos, aparecem invariavelmente nas primeiras colocações, trocando apenas de posição, sobrando algum espaço entre as dez maiores distribuidoras para uma companhia independente (no caso dos anos referenciados, a Paris Filmes) e uma distribuidora brasileira de peso (também no caso acima, a mesma Paris Filmes, associada à Downtown Filmes nos lançamentos nacionais). Isso num contexto posterior a uma política pública de fortalecimento das distribuidoras nacionais dedicadas ao cinema brasileiro desenvolvida sobretudo a partir de 2006, com a criação do Fundo Setorial do Audiovisual (FSA)[7]. Ou seja, se alguma incerteza apavorava os executivos de Hollywood no lançamento filme a filme, em um contexto mais amplo, observando o conjunto de lançamentos e – sobretudo – os mercados internacionais onde o cinema americano é hegemônico, não havia tanta incerteza assim. O domínio do cinema americano no Brasil e em vários países é um dado histórico tão perene quanto pouco estudado.

Em sua ampla pesquisa em busca das razões que permitiram a constituição do domínio da indústria cinematográfica dos Estados Unidos e sua manutenção, Jonathan Silver (2007, p. 4) fez um levantamento do tempo aproximado de tela ocupado pelos filmes americanos em cinco regiões/países, todos possuidores de uma indústria cinematográfica local (de pequeno ou grande porte), ao longo de algumas décadas:

---

7 Um amplo levantamento histórico da participação de mercado dos filmes brasileiros, a partir dos dados disponíveis, ainda precisa ser feito. Para os números do período da Embrafilme, ver Amancio, 2000. Para os números de 1971 a 1999, ver *Cinema brasileiro – Um balanço dos cinco anos da retomada do cinema nacional* (1999). Para o público dos filmes brasileiros entre 2001 e 2016, ver *Uma nova política para o audiovisual: Agência Nacional do Cinema, os primeiros 15 anos* (2017).

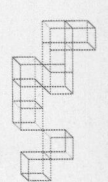

Fig. 06: Tempo de tela destinado a filmes dos EUA em outros países produtores

País	1930 (fatia dos filmes dos EUA do tempo total de tela)	1960 (fatia dos filmes dos EUA do tempo total de tela)	2002 (participação de mercado dos filmes dos EUA no total de ingressos)
JAPÃO	22%	21%	73% (participação não-japonesa, em sua maior parte americana)
INGLATERRA	75%	67%	82%
FRANÇA	48%	33%	56%
ALEMANHA / ALEMANHA ORIENTAL	32%	29%	88% (participação não-alemã, em sua maior parte americana)
MEDIA EM OUTROS PAÍSES (média de 1930 para 16 países; em 1960 e 2002 para todos os países com estatísticas disponíveis)	75% / 70% em 1933	90%	73%

apud: SILVER, 2007, p. 4. Fontes: Segrave (1997, p. 284-285); Film Daily Yearbook (1934, p. 35), Film Daily Yearbook (1961, p. 97), Focus 2003 - World Film Market Trends (www.obs.coe.int)

Esta outra tabela traz um retrato da presença do cinema americano no começo dos anos 2000 (quando dados mais amplos de público e bilheteria já estavam disponíveis):

Fig. 07: Domínio de Hollywood no mercado de cinema mundial em 2000

Ano	País / Região	Market share dos estúdios de Hollywood	Market share dos outros países	Ingressos vendidos por ano	Preço médio do ingresso (US$)	Bilheteria anual (US$ Bilhões)
2000	EUA	93%	7%	1,42 bilhão	$5,39	$7,66
2000	Europa	73%	27%	844 milhões	$5,70	$4,79
2000	Japão	75%	25%	135 milhões	$11,08	$1,49
2001	China	ND	ND	220 milhões	$0,49	$0,10
2003	Índia	ND	ND	2,8 bilhões	$0,35	$1,00

apud: SILVER, 2007, p. 5 (Fontes: Observatório Europeu do Audiovisual (www.obs.coe.int), MPA (www.mpa.org), ScreenDaily)

O desejo de desenvolver essa pesquisa, portanto, partiu da observação de um fato e da vontade de compreender melhor, de um ponto de vista histórico, como e por que a hegemonia do cinema americano se constituiu e de que maneira esse processo se deu no mercado brasileiro em particular. A ideia era tentar recuperar, diante de todas as limitações em relação a fontes disponíveis, indícios que pudessem pelo menos esboçar

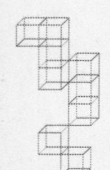

o quadro em que se desenrolou a formação dessa hegemonia e os elementos que poderiam justificar sua perpetuação por tantos anos.

Na literatura pioneira sobre as primeiras décadas da atividade cinematográfica no Brasil – notadamente *A bela época do cinema brasileiro*, de Vicente de Paula Araújo (1976), *Espaços de sonho – Cinema e arquitetura no Rio de Janeiro (1920-1950)*, de João Luiz Vieira e Margareth Campos Pereira (1983), *Palácios e poeiras – 100 anos de cinemas no Rio de Janeiro*, de Alice Gonzaga (1996), e *Imagens do passado – São Paulo e Rio de Janeiro nos primórdios do cinema*, de José Inácio de Melo Souza (2004) –, a chegada dos escritórios de distribuição das companhias americanas, a partir de 1915, é sempre mencionada como um importante ponto de inflexão da história do cinema no país. No entanto, o foco dessas pesquisas sempre foi a produção e/ou a exibição. O primeiro ponto fundamental, então, foi estabelecer a atividade de distribuição como eixo das leituras, da busca de documentos e da organização de ideias – sem perder, é claro, sua conexão com os demais segmentos.

Outras duas preocupações funcionaram como guias: a necessidade de situar o cinema em um contexto histórico mais amplo, e a constatação de que, para compreender melhor a hegemonia do cinema americano em outros países, seria fundamental compreender como o cinema americano se tornou hegemônico em seu próprio mercado, uma vez que os filmes estrangeiros, há muitas décadas, têm presença mercadológica mínima nos EUA (como mostra a tabela da Figura 7), embora não tenha sido sempre assim. A partir dessas preocupações, a pesquisa se orientou não só em direção a um estudo do princípio da hegemonia do cinema americano em seu próprio país e nos mercados externos, mas, também, dos princípios que serviram como base para a grande expansão cultural e econômica americana na qual a expansão do cinema se inseriu: a ideologia do liberalismo desenvolvimentista e o "Estado promocional" americano, termo cunhado pela historiadora Emily Rosenberg (1982).

ALGUMAS QUESTÕES HISTORIOGRÁFICAS

Quando o cinema se tornou matéria acadêmica, o filme se consolidou como objeto preferencial de pesquisadores e historiadores. Dentre várias razões possíveis, podemos citar o processo de legitimação da atividade. Diante do desprezo dos defensores da "alta cultura" expresso desde a aparição das imagens fotográficas em movimento, seria necessário afirmar o cinema como arte. Apenas num período relativamente recente a centralidade absoluta do filme passou a ser questionada e outros aspectos da atividade começaram a receber atenção.

Em *Film History: Theory and Practice* (1985), Robert Allen e Douglas Gomery desenharam um grande painel das pesquisas em torno do cinema até aquele momento e defenderam a necessidade de repensar sua história estética (excessivamente centrada no estabelecimento de um cânone de obras-primas e grandes diretores-autores) e desenvolver abordagens outras como, por exemplo, as histórias econômica, social e tecnológica (Allen; Gomery; 1985, p. 131).

Para justificar a importância de um aprofundamento da história econômica, os autores evocavam justamente o fato de Hollywood ter se tornado um império econômico (e, acrescento, simbólico) definidor de um modelo de cinema que se espalhou para além de suas fronteiras. À pergunta: "Por que realizar uma história econômica do cinema?", Allen e Gomery propõem a seguinte resposta:

> Argumentamos que, em primeiro lugar, devemos reconhecer a importância dos impérios econômicos como Hollywood no desenvolvimento do cinema no mundo ocidental. Essa influência e poder foram sentidos não apenas nos Estados Unidos, mas também em todos os países do mundo. Em segundo lugar, nenhum cinema nacional, por maior ou menor que seja, escapou à necessidade dos enormes custos associados à produção, distribuição e exibição (idem, p. 132).

Kristin Thompson (1985, p. ix) situa a ascensão do cinema de Hollywood a uma posição hegemônica nos mercados mundiais durante a Primeira Guerra Mundial como um dos fatores que moldaram decisivamente a história do cinema, pois, a partir dessa posição absolutamente dominante,

> Por um período impressionantemente longo – de meados dos anos 1910 ao presente, sem um fim à vista – a maioria dos filmes exibidos na maior parte dos países foi de um tipo: o filme narrativo clássico de Hollywood em estilo contínuo. [...] Como resultado, a maior parte dos outros estilos [...] foram vistos geralmente como *alternativas* a esse estilo (*grifo da autora*).

Ainda que a questão do que seria o "estilo" do filme narrativo clássico de Hollywood seja bastante complexa, nos interessa aqui a constatação de que o domínio internacional do cinema hollywoodiano teve influência decisiva no desenvolvimento do cinema em outros países, incluindo o Brasil[8].

---

8 É importante lembrar, também, que a maneira com que os filmes hollywoodianos serão apreciados e absorvidos por plateias multiculturais jamais será homogênea ou

Em *On the Prospects of Writing Cinema History from Below*, Richard Maltby (2006, p. 89) incluiu o peso da máquina distributiva nacional e internacional da indústria do cinema americano como um fator de influência determinante na própria concepção de seus filmes, na medida em que a "indeterminação textual estruturante dos filmes hollywoodianos", isto é, um certo grau de ambiguidade marcado por uma maleabilidade semântica que permite, entre outras coisas, uma variedade de interpretações (a suposta "universalidade" de Hollywood) resultaria "das condições econômicas de sua circulação: sua distribuição para uma multiplicidade de espaços e uma multiplicidade de plateias, e o pré-requisito de que um objeto singular sirva a múltiplos prazeres do público".

Essa é uma questão central e, em geral, pouco explorada. Não raro, a abordagem da dominação americana no campo do cinema, nos mais diversos tipos de textos, apresenta como justificativa para essa predominância o "gosto do público" e a "qualidade da produção". Mas se as produções hollywoodianas encontraram imensa receptividade, as razões dessa aceitação são complexas e certamente não se limitam à qualidade e, sobretudo, à suposta "universalidade" dos filmes. Muitas outras questões entram em jogo – e as que vão nos interessar nessa pesquisa, em particular, são aquelas ligadas a determinadas estruturas econômicas e discursivas. Nas bases da penetração mercadológica mundial do cinema americano está a montagem de uma rede de distribuição que trabalha para garantir a presença majoritária de seus filmes nas telas. A formação dessa rede foi acompanhada de uma estratégia discursiva e publicitária para forjar uma ideia de superioridade de um modo de fazer e de apreciar os filmes.

Num primeiro momento dos estudos da história econômica do cinema, o filme continuou ocupando posição central. A descrição do modelo industrial/comercial estabelecia a produção como ponto de partida de toda uma cadeia, cujo objetivo final seria a sala de exibição. No entanto, nas origens da atividade, o objeto que se configurou como principal mercadoria a ser comercializada não era o filme, mas o aparelho de captação e reprodução da imagem em movimento. Foi o fascínio em torno de uma nova tecnologia que despertou a curiosidade das plateias e deu origem a um negócio. Filmes eram produzidos, antes de tudo, para que uma nova tecnologia pudesse se fazer ver. Mais tarde, no cenário dos EUA, quando os líderes dessa primeira fase saíram de

---

controlada, como mostram os estudos de recepção.

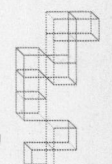

cena e deram lugar a novos empresários e companhias poderosas, seus principais empreendedores vieram justamente dos ramos da distribuição e da exibição. Ou seja, a indústria do cinema nos Estados Unidos não se organizou em torno exclusivamente da produção, mas a partir desses três pilares. Os modos de circulação e de exibição dos filmes contribuíram para determinar seus modos de produção.

Em um processo simbiótico e dinâmico, marcado por influências e tensões múltiplas, paralelamente à organização da indústria cinematográfica americana vai se moldando um formato que consagra o filme narrativo de longa-metragem como padrão para o cinema de exploração comercial – um modelo que, a partir da expansão internacional de Hollywood, seria adotado em escala global. No momento em que esse modelo estava em formação, a partir da segunda metade da década de 1910, os custos de produção da indústria do cinema americano passavam por um aumento significativo, exatamente quando a Europa entrava na Primeira Guerra, o que, por um lado, comprometeu a potente indústria dos países do continente e sua exportação e, por outro lado, a compra de filmes americanos. Nesse cenário, a América Latina emergiria como o território que reunia as melhores condições para ser "conquistado".

No projeto Arclight (projectarclight.org), extensão do *website* Media History Digital Library (lantern.mediahist.org), que por sua vez disponibiliza mais de dois milhões de páginas digitalizadas de revistas de cinema desde o fim do século XIX, é possível pesquisar quantas vezes a palavra "Brazil" é mencionada ao longo dessas páginas, que cobrem um período de 1890 a 1971 e incluem mais de 50 periódicos[9]. O resultado pode ser conferido no seguinte gráfico:

---

9 Mais detalhes sobre o projeto podem ser encontrados em Hoyts (2014/1).

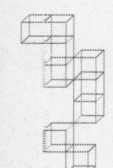

Fig. 08: Menções à palavra "Brazil" nos periódicos disponíveis no projeto Arclight

Como se vê, o primeiro "pico" de menções ao país ocorre em 1916[10] – dois anos depois da eclosão da Primeira Guerra; um ano depois da abertura da primeira sucursal de uma distribuidora americana no país (a Universal, em 1915), e exatamente no ano em que começa a circular a revista *Cine-Mundial*, publicação voltada para os agentes de mercado que tinha como público-alvo os importadores e exibidores de países da América Latina. Também em 1916, Fox e Paramount abriram suas filiais no Rio de Janeiro.

Chegamos, então, às fontes. *Cine-Mundial*, de imediato, se apresentou como um primeiro objeto inescapável. Presente nas pesquisas de Laura Isabel Serna (*Making Cinelandia: American Films and Mexican Film Culture Before the Golden Age,* 2014) e Rielle Navitski (*Cosmopolitan Film Cultures in Latin-America, 1896-1960*, organizado em parceria com Nicolas Poppe, 2017), a revista traz um rico material sobre o mercado de cinema do Brasil no período coberto pela pesquisa, merecedor portanto de uma análise mais profunda.

Cine-Mundial nasceu de uma iniciativa da editora Chalmers Publishing Company, a mesma de *The Moving Pictures World*, uma das primeiras e

---

10 No gráfico, estão destacados os números de menções ao Brasil em 1915 e 1916 (e, por curiosidade, assinalo também o maior pico entre todos os anos, em 1944, muito possivelmente em função da conhecida Política da Boa Vizinhança estabelecida justamente nas proximidades do fim da Segunda Guerra Mundial).

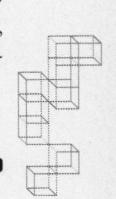

mais influentes revistas americanas voltadas para profissionais da indústria. Com redação em Nova York, a *Cine-Mundial* publicava um conteúdo de fundo didático, majoritariamente em espanhol, mas com seções também em português, que tinham como objetivo "ensinar" ao mercado de línguas latinas as práticas de distribuição e exibição. Em seus primeiros anos de circulação, emergiria das páginas de *Cine-Mundial* um grande esforço de legitimação da produção vinda dos Estados Unidos, tanto em qualidade quanto em quantidade, no sentido de apresentá-la como a principal, senão única, alternativa à escassez da produção europeia. Em dezembro de 1917, *Cine-Mundial* começou a publicar textos em português na seção "Nuestros Corresponsales", por meio das colunas "Crônica do Rio de Janeiro" e "Crônica de São Paulo", assinados por correspondentes baseados nessas duas praças.

Uma segunda fonte essencial foram os relatórios sobre o mercado de cinema no Brasil elaborados pelo corpo consular dos Estados Unidos no país. A produção desses relatórios em vários países onde a indústria do cinema americano instalou escritórios de distribuição é mencionada em diversas pesquisas, como *Exporting Entertainment*, de Kristin Thompson (1984, p. 34), *American Films Abroad*, de Kerry Segrave (1997, p. 9), e *Hollywood's Overseas Campaign*, de Ian Jarvie (1992, p. 275-276). Por aqui, a existência desses relatórios pairava como uma espécie de lenda entre os produtores e cineastas brasileiros quando o assunto era a dominação do cinema americano no país. O acesso a eles só se tornou possível graças a uma bolsa da Fundação Fulbright, que me permitiu fundamental estadia como pesquisador visitante na Universidade da Califórnia em Santa Barbara (UCSB), entre setembro de 2017 e junho de 2018. Durante o período da bolsa, visitei os arquivos dos Departamentos de Estado e Comércio dos Estados Unidos situados em College Park, Maryland[11], onde está depositada a correspondência consular entre Estados Unidos e Brasil no período estudado e onde, de fato, pude encontrar diversos relatórios a respeito da atividade cinematográfica no Brasil, além de outras correspondências relevantes para a pesquisa.

Mesmo sabendo que há muito pouca documentação histórica dos estúdios de Hollywood preservada, organizada e aberta à pesquisa, pude visitar, durante a estadia na UCSB, os arquivos da Warner Bros, depositados na Universidade da Califórnia do Sul (USC)[12], em Los Angeles, e

---

11 https://www.archives.gov/college-park.

12 https://cinema.usc.edu/about/warnerbrosarchives.cfm.

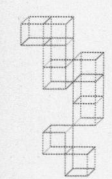

os arquivos da United Artists no Centro de Estudos Históricos da Universidade de Wiscosin-Madison[13]. Com toda a limitação de material, essas consultas acabaram revelando alguns documentos inestimáveis sobre a presença dessas companhias no Brasil. Visitas à Margaret Herrick Library[14], biblioteca da Academia de Artes e Ciências Cinematográficas de Hollywood, em Los Angeles (que guarda parte do acervo da Paramount), e à New York Public Library for the Performing Arts[15] (que detém uma coleção física de *Cine-Mundial,* onde pude encontrar o volume do ano de 1919, único que não está disponível no *site* Lantern) também foram absolutamente essenciais para a complementação da etapa internacional dessa pesquisa.

Paralelamente, era preciso, claro, esquadrinhar o panorama do mercado de cinema no Brasil no período estudado, particularmente entre o início da Primeira Guerra Mundial e a transição para o cinema sonoro, em 1929. Nesse caso, além da valiosa produção dos pioneiros na pesquisa histórica sobre a atividade cinematográfica no país sob os aspectos da produção e exibição (além dos já citados, é fundamental lembrar também *The Film Industry in Brazil*, de Randal Johnson, 1987), e da cada vez mais pulsante e rica produção recente em torno dessas questões, foi realizada uma pesquisa complementar nos periódicos brasileiros da época em busca de informações sobre os primeiros anos de atividade das companhias americanas no país e os personagens que comandaram sua instalação.

No primeiro capítulo, procuramos reconstituir o processo de formação do mercado de cinema nos Estados Unidos evitando o caminho tradicional, centrado nos filmes e modelos de produção, para observar os processos que moldaram e impulsionaram a atividade a partir de um conjunto de vetores. Os modelos distributivos, em geral negligenciados, receberam atenção especial. Como lembra Quinn (1998, p. 1):

> Muito simplesmente, o desenvolvimento do cinema como indústria ocorreu não apenas pelo surgimento de uma capacidade de produzir dezenas ou centenas de filmes a cada ano, mas também pelo desenvolvimento de uma capacidade de distribuir essas imagens nacional ou globalmente. [...] A capacidade de produzir em massa não é apenas insuficiente, ela é irrelevante sem uma capacidade correspondente de distribuição em massa, que no cinema inclui, entre outras práticas, a fabricação de várias cópias de

---

13 http://wcftr.commarts.wisc.edu/collections/film.

14 https://www.oscars.org/library.

15 https://www.nypl.org/locations/lpa.

um filme, convencer numerosos cinemas a assinar contratos de aluguel, anunciar o filme para o público, transportá-lo fisicamente para um cinema e, mais recentemente, prover financiamento para a produção.

A formação de uma estrutura distributiva nos Estados Unidos se inicia com a organização dos chamados *exchanges* (grupos formados para negociar os filmes entre os exibidores, a partir de 1903), passa pela construção de uma rede de distribuição de amplitude nacional durante a primeira tentativa de formação de um oligopólio liderada por Thomas Edison (a Motion Picture Patents Company e seu espelho no campo da distribuição, a General Film Company). Paralelamente a essa tentativa de oligopólio, começam a crescer e a se organizar os empresários que emergiram como distribuidores e exibidores durante a explosão dos *nickelodeons* e *exchanges*, mas que foram excluídos do "trust" de Edison. Nesse primeiro capítulo, também vamos abordar como o processo de afirmação do cinema americano em seu próprio mercado passou pela marginalização da produção estrangeira e, em particular, o alijamento da antiga líder, a francesa Pathé.

O segundo capítulo tem como objeto principal a correspondência e os relatórios produzidos pelo corpo consular americano sobre o mercado de cinema no Brasil entre 1915 e 1929. A contextualização histórica toma como ponto de partida dois conceitos apresentados por Emily Rosenberg em *Spreading the American Dream* (1982): o "liberalismo desenvolvimentista", ideologia que embasou a expansão internacional da economia e cultura americanas a partir do fim do século XIX, e o "estado promocional americano", formação de uma estrutura global de amplo apoio logístico aos agentes de exportação do país por meio dos corpos consulares dos Estados Unidos no mundo. Na correspondência do corpo consular, as questões da propriedade intelectual e do registro de marcas no país são um dos primeiros elementos que sobressaem como mobilizadores dos agentes privados e diplomáticos americanos em atividade no país no sentido de pressionar o governo por uma reforma na legislação.

O terceiro capítulo é dedicado à análise de reportagens e textos sobre a América Latina e o Brasil publicados em revistas especializadas no comércio cinematográfico, sobretudo *The Moving Picture World* e *Cine-Mundial*. Apesar do significativo volume de informações, o que nos interessa aqui é a produção de um discurso, entendido como o conjunto de procedimentos que procura controlar, selecionar, organizar e redistribuir símbolos com a função de "conjurar poderes" (Foucault, 2003, p. 8-9). Nas páginas de *The Moving Picture World*, W. Stephen Bush foi o principal ideólogo

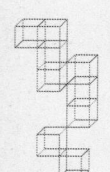

da necessidade de expansão das companhias americanas para os mercados "ao sul do continente". Além do conteúdo traduzido de *The Moving Picture World*, *Cine-Mundial* também publicava crônicas enviadas pelos correspondentes espalhados pelos países onde a revista era vendida. O objetivo, aqui, é apontar como a produção desse discurso teve um papel fundamental no estabelecimento da hegemonia americana.

No quarto capítulo, depois de realizar um breve apanhado da presença internacional das marcas americanas no período anterior à Primeira Guerra, abordamos a chegada das companhias de cinema americanas no Brasil, a partir de 1915 – um ano depois da eclosão do conflito. As primeiras visitas de prospecção, contudo, já se iniciaram em 1914, quando funcionários da Universal estiveram no Rio em busca de um local e de profissionais para estabelecer seu primeiro escritório no país. Outro detalhe importante passa pela escolha do modo de operação no Brasil a partir das possibilidades oferecidas pela legislação vigente. Universal (em 1915), Fox e Paramount (em 1916) abriram o caminho; outras companhias – United Artists, Warner, MGM e Columbia – só se instalaram depois de 1926.

O objetivo deste trabalho não é apenas suprir uma lacuna histórica e realizar uma investigação sobre o passado. Ela pretende ser também um instrumento para melhor se entender o presente. Em vários aspectos, essa pesquisa surgiu e procura dialogar com questões que permearam o pensamento de dois autores fundamentais na historiografia do cinema brasileiro: Paulo Emilio Salles Gomes – sobretudo *Uma situação colonial?*, texto de 1960 republicado na antologia da Paz e Terra em 1981, e *Cinema: Trajetória no subdesenvolvimento*, originalmente publicado em 1973, reproduzido na edição da Paz e Terra de 1980 – e Jean Claude Bernardet – notadamente *Cinema brasileiro: propostas para uma história* (1979) e *Historiografia clássica do cinema brasileiro* (1995).

Nossa hipótese principal é a de que a máquina distributiva montada pelo cinema americano nos primeiros anos do século XX, fruto de circunstâncias históricas conjunturais e específicas, foi durante décadas o esqueleto básico de sustentação e perpetuação de sua hegemonia. A opção pela representação direta, dispensando intermediários ou agentes, permitiu um controle mais preciso do mercado a partir de um entendimento das especificidades culturais, econômicas e legais do país, bem como das tensões estabelecidas entre os poderes já existentes, principalmente no setor da exibição.

CAPÍTULO 1

FORMAÇÃO E ESTRUTURAÇÃO DO MERCADO INTERNO DO CINEMA AMERICANO

1.1. "NADA NATURAL": CONSIDERAÇÕES INICIAIS SOBRE A HEGEMONIA HOLLYWOODIANA

A força que a palavra "Hollywood" ganhou no imaginário global como "metonímia para a bem-organizada e substancialmente capitalizada indústria cinematográfica americana" (Higson, 1999, p. 2) é um exemplo significativo da importância das estratégias discursivas no processo de construção de hegemonia do cinema americano.

Em 1887, "Hollywood" foi o nome escolhido pelo casal Harvey e Daeida Wilcox para registrar seu pequeno sítio na então inóspita área ao nordeste de Los Angeles, provavelmente em referência à tradição celta da "árvore sagrada" (*holly tree*). Em 1903, a região foi promovida ao *status* de município, que adotou o nome "Hollywood" (Finler, 2003, p. 15), e em 1910 fundiu-se à cidade de Los Angeles, na condição de distrito. Um ano mais tarde, a produtora Nestor, cuja sede ficava no outro extremo do país, em Nova Jersey, comprou a propriedade na esquina das ruas Gower e Sunset, que já vinha sendo usada como base local, para estabelecer seu estúdio fixo ao sul da Califórnia. Em pouco tempo, outras produtoras se instalaram na vizinhança. Um número ainda maior se espalhou por vários bairros de Los Angeles e arredores. Em 1915, quando a Universal Pictures (empresa que absorveu a Nestor) construiu a "Cidade Universal" (Universal City), preferiu uma região mais espaçosa e inóspita ao norte da cidade, no Vale de São Fernando (Bowser, 1990, p. 161).

Talvez tenha sido uma questão de momento, mas por caminhos que ainda precisam ser traçados, "Hollywood" (não Los Angeles, tampouco São Fernando) se tornou não só a metonímia para designar a indústria cinematográfica americana, como extrapolou essa associação para ser identificada e apropriada globalmente pelo senso comum como símbolo de "cinema"[16].

---

16 São inúmeros os exemplos de apropriação e adaptação do sufixo "wood" por outras culturas e indústrias, como por exemplo "Bollywood", que identifica um

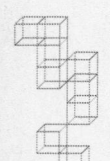

Dito isso, possivelmente o principal desafio da escrita sobre cinema a partir de seus aspectos industriais e mercadológicos esteja na necessidade de se estar atento às estratégias de discurso que naturalizam determinados elementos de uma situação hegemônica e pretendem tomar o mercado cinematográfico e suas circunstâncias como algo dado, natural. O "mercado" não é uma entidade autônoma, sujeito da economia constantemente invocado para justificar determinadas "realidades"; mas um espaço metafórico e heterogêneo, arbitrário e contraditório, habitado por forças de origens e intensidades diferentes que se embatem com um objetivo principal (porém não único): gerar lucro. Que o mercado e suas estratégias sejam vistos como "naturais" por agentes da própria indústria é algo compreensível, mas essa mesma visão, quando absorvida por textos jornalísticos e acadêmicos, limita as possibilidades de uma perspectiva mais crítica. Para Patrick Vondreau (2014, p. 109-110),

> Agentes do mercado, tanto quanto jornalistas e pesquisadores, tendem a pressupor a existência de uma realidade mercadológica concreta sobre as quais eles podem agir e reportar [...]. Ao fazer isso, mercados são tratados ontologicamente. Isto é, apesar de ser apenas uma metáfora para evocar e organizar o conhecimento mercadológico, o mercado é visto como *algo na prática sempre já dado* [...]. A questão então não é o que está "dentro" ou "fora" das margens do mercado, ou no lado formal ou informal de um espectro, mas como essa distinção altamente moral e econômica é produzida e sustentada (grifo do autor).

No processo de formação da hegemonia do cinema americano, em especial, a naturalização é uma estratégia recorrente, que afeta diretamente as formas de percepção e de entendimento do que seja o "cinema". Em sua introdução à história de Hollywood, Peter Decherney questiona:

> Por que o formato 35 milímetros se tornou a bitola padrão de um filme hollywoodiano? Por que longas-metragens têm em geral entre 90 e 120 minutos? Por que estrelas de cinema são usadas para vender filmes e programas de televisão? As primeiras histórias de Hollywood difundiram narrativas de pioneiros revelando técnicas de filmagem essenciais por meio da experimentação e pela descoberta. *Mas não há nada natural ou inevitável na forma como as imagens em movimento são usadas para contar histórias.* Nenhum indivíduo ou grupo de pessoas descobriu o cinema. Diversas forças históricas, culturais, econômicas e políticas se aglutinaram para dar forma à arte e à indústria de Hollywood (Decherney, 2016, p. 1, grifo nosso).

---

dos polos de produção da Índia, ou "Caliwood", apelido irônico do movimento que marcou o cinema colombiano nos anos 1980. No Brasil, uma boa referência de apropriação pode ser a comédia *Cine Holliúdy* (Halder Gomes, 2012).

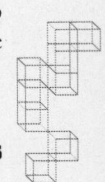

Decherney lista e questiona características que comumente são vistas como "dadas", mas que não passam de convenções cristalizadas como práticas definidas por circunstâncias complexas. A duração dos filmes que seriam a atração principal de uma sessão paga, por exemplo, só se estabeleceu como padrão depois de uma intensa batalha que tornou os longas-metragens predominantes na exibição comercial, antes dominada pelo formato curto[17]. Mesmo depois da afirmação dos longas, filmes de diversas durações continuaram a ser produzidos e explorados, como os cinejornais e animações realizados pelos estúdios ou por produtores independentes.

Mais do que um constante questionamento sobre as convenções que se estabeleceram e se cristalizaram, é preciso não abandonar a perspectiva de que padrões dominantes não excluem a existência de outros formatos, práticas e estratégias que em geral surgem e se desenvolvem paralelamente ou às margens da grande indústria, e muitas vezes tendem a ser ignorados, invisibilizados ou combatidos, quando vistos como possível ameaça. Mas, aqui, nosso objetivo é justamente traçar a origem de determinadas convenções para desconstruí-las como "naturais".

Se não há "nada natural" nas práticas industriais do cinema americano, moldadas ao longo de um complexo processo de organização e expansão interna, tampouco é "natural" a predominância quase absoluta dos filmes americanos em tantos países do mundo, por tantas décadas – incluindo o Brasil. No entanto, não é possível entender a hegemonia do cinema americano nos mercados estrangeiros sem procurar compreender, primeiro, como essa hegemonia se consolidou dentro do próprio país. Pois se há algo que costuma ser tomado como ainda mais "natural" do que a hegemonia americana no mercado cinematográfico global é o quase monopólio do cinema americano em seu território, quando a história nos mostra que nem sempre foi assim.[18]

O objetivo desse capítulo, portanto, é resumir o complexo processo de formação do mercado interno para o cinema americano procurando observar especificamente como se estabeleceram determinadas convenções que moldariam padrões de exploração, consumo e percepção do cinema

---

17 Uma divisão que levou à sempre confusa classificação dos filmes entre "curtas", "médias" e "longas", com a ideia subentendida de que o público só pagaria para ver "longas", especificamente longas narrativos de ficção).

18 Voltaremos à questão mais adiante. Para mais detalhes sobre o predomínio dos filmes estrangeiros nos primeiros anos do cinema nos Estados Unidos, ver Abel (1999).

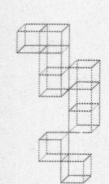

por décadas. Esses padrões podem ter se cristalizado nos Estados Unidos, mas foram fortemente influenciados pela experiência europeia, e, uma vez testados e consagrados no mercado interno, foram exportados e adaptados às condições locais dos países onde a indústria cinematográfica americana instalou filiais a partir da segunda metade da década de 1910, durante seu processo de expansão internacional.

1.2. BREVE CONTEXTUALIZAÇÃO HISTÓRICA

Em 1872, quando o magnata e ex-governador da Califórnia Leland Stanford procurou o fotógrafo Eadweard Muybridge para saber se o cavalo, durante o galope, permanecia por uma fração de tempo imperceptível com as quatro patas acima do chão, o mundo atravessava um processo de transformação particularmente intenso. A motivação de Stanford não poderia ser mais mundana (uma aposta com outros amigos milionários, como ele, donos de cavalos), mas desencadeou uma série de encontros e experimentos que aprimoraram a possibilidade de se capturar uma sucessão de imagens fotográficas mecanicamente, num intervalo de tempo de fração de segundos. Tais experimentos acabaram se tornando uma etapa essencial do processo que tornou possível o princípio básico do cinema: a recriação ilusória do movimento por meio de uma sucessão de fotografias fixas. Curiosamente, essas pesquisas não tinham o objetivo de recriar o movimento; ao contrário, estavam interessados em decompô-lo, com fins científicos. A possibilidade de reconstrução foi uma consequência praticamente circunstancial, possível apenas graças ao intenso e volumoso trabalho de desconstrução.

Não por acaso, Leland acumulou fortuna no ramo das ferrovias. Trens (e trilhos) foram personagens essenciais nas transformações que se iniciaram por volta de 1870 e se estenderam por sete décadas, historicamente conhecidas como "Segunda Revolução Industrial", "Era do Alto Imperialismo", "Grande Aceleração" ou "Grande Transformação" (Topik; Wells, 2012, p. 593). Foi um período em que a economia global sofreu mudanças radicais e aceleradas, com um impacto imediato no cotidiano e na sensibilidade das pessoas – a chamada "modernidade".

> Graças a um ganho sem precedentes na produtividade industrial e agrícola, um aumento exponencial do comércio, dos investimentos e da imigração, e a melhorias no transporte, nas comunicações e na distribuição, a população mundial dobrou, o comércio mais que quadruplicou e a produção multiplicou-se por cinco (…). Muitas pessoas, no entanto, experimentaram o lado

sombrio desses desenvolvimentos: foi também uma era de colonialismo, racismo e concentração de riqueza sem precedentes. Uma sucessão de guerras mortais e a degradação das paisagens asseguraram que essas melhorias na produtividade tivessem um alto custo (Topik; Wells, 2012, p. 593).

Emily Rosenberg (2012, p. 3) afirma que, nesse período de transformações radicais, também conhecido como uma primeira onda de globalização do capitalismo moderno, o mundo se tornou ao mesmo tempo "mais familiar e mais estranho". Na mesma medida em que transportes mais velozes (navios, trens, carros) e novas formas de comunicação (telégrafo, telefone) pareciam diminuir distâncias e aproximar as pessoas, as novas conexões também ressaltaram diferenças: "A consciência da diferença poderia promover suspeitas e repulsas talvez até mais do que facilitar o entendimento e a comunicação".

A disseminação do uso da eletricidade e, posteriormente, das fontes de energia derivadas do petróleo, somadas às tecnologias que produziram materiais de alta resistência (como o aço) desencadearam uma nova fase da revolução industrial em que a produção em massa e as possibilidades de rápida circulação das mercadorias (ou seja, sua distribuição) se potencializaram. Os países industrializados que passaram a fabricar mais do que sua própria capacidade de consumo precisavam buscar mercados fora do próprio país para escoar o excesso de produção.

O aumento da capacidade produtiva gerou também uma nova lógica de operação do capitalismo. Se, no primeiro momento da Revolução Industrial, a demanda ainda era o principal fator a determinar a exploração do produto, nessa nova fase o processo se tornou mais complexo. Em muitos casos, o produto passou a pressionar a demanda: "Os habitantes do globo não procuram bens tanto quanto os produtos buscam os consumidores", definiu o diplomata brasileiro José Francisco de Barros Pimentel em análise sobre a política do café no Brasil (Pimentel *apud* Topik; Wells, 2012, p. 597).

A busca por novos mercados e por matéria-prima aciona uma nova era imperialista, enquanto a globalização do modelo do Estado-nação como principal forma de organização política desperta e acirra ideologias nacionalistas (Ballantyne; Burton, 2012, p. 352). As últimas décadas do século XIX foram marcadas por conflitos violentos localizados em diversas partes do mundo, motivados pelo nacionalismo, como

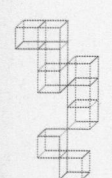

uma prévia das duas guerras mundiais que viriam a seguir[19]. A violência que marcou esse período se disseminou também de outras formas, em outros territórios, e os exemplos são muitos:

> No oeste americano, na Austrália, na Argentina, no sudoeste da África Ocidental e em outras localidades, os colonos europeus sistematicamente removeram, por meio de assassinatos e privações, os povos nativos de terras cobiçadas. Territórios ricos em recursos sofreram a maior coerção e morte. Talvez dez milhões de pessoas tenham morrido no Congo do rei Leopoldo no final do século XIX e início do século XX. A repressão alemã das revoltas pelos povos Nama e Hehero, em sua colônia do sudoeste da África, usou métodos genocidas. As tropas norte-americanas na guerra filipino-americana de 1899-1903 dizimaram os combatentes da resistência filipina, concentraram civis em campos e adotaram táticas ainda mais duras na Guerra Moro, travada até 1913 contra a resistência da ilha de Mindanao, dominada pelos muçulmanos [...] Como esses exemplos sugerem, as áreas coloniais serviram frequentemente como campo de provas para fontes militares (Rosenberg, 2012, p. 11-12).

No comércio naval, a construção do Canal de Suez, que começou a operar em 1869, e a abertura do Canal do Panamá, concluído em 1914, encurtaram as distâncias entre Europa, América e Ásia, impulsionando uma revolução no transporte marítimo e uma rápida substituição das embarcações de madeira (dominantes até cerca de 1870) por navios de ferro e, pouco depois, de aço. Entre 1879 e as primeiras décadas do século XX, o volume do comércio marítimo mundial aumentou pelo menos dez vezes (Ballantyne; Burton, 2012, p. 356-357).

O crescimento exponencial da produção, somado ao barateamento do transporte pelo mar, teriam deslanchado a primeira "Grande Depressão" dessa nova era capitalista, acentuando conflitos e contradições. Segundo Hobsbawm (2017, p. 61-62), "entre 1870 e 1890 as economias industriais dos Estados Unidos e da Alemanha avançaram a passos largos, e a revolução industrial chegou a outros países europeus, como Suécia e Rússia". Como consequência, "a produção de ferro dos cinco principais países produtores mais do que duplicou (de 11 para 23 milhões de toneladas), e a produção de aço aumentou nada menos que vinte vezes (de 500 mil para 11 milhões de toneladas)". A depressão econômica do período, portanto, não foi caracterizada pelo encolhimento da produção e da distribuição. O crescimento extremo teria levado a uma "crise de

---

19 Entre elas a Guerra Franco-prussiana (1870-1871), a guerra entre China e Japão (1894-1895), a Segunda Guerra dos Bôeres na África do Sul (1899-1902), a guerra entre Rússia e Japão (1904-1905) (ROSENBERG, 2012, p. 11).

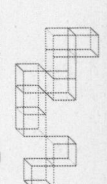

lucratividade" marcada por um prolongado período de "depressão de preços, depressão de juros e depressão de lucros", segundo a descrição do economista Alfred Marshall, em 1888 (apud Hobsbawm, 2017, p. 62). Entre 1871 e 1875, e entre 1894 e 1898, o preço do ferro caiu pela metade. Na Inglaterra, o nível geral dos preços caiu 40% entre 1873 e 1896 (Hobsbawm, 2017, p. 64). Ainda que o mercado de consumo de massa estivesse se expandindo, seu ritmo teria sido incapaz de acompanhar o aumento da capacidade de produção e do número de economias industrializadas, bem como do número de produtos disponíveis. Até determinado ponto, o setor agrícola, mesmo tendo também multiplicado sua capacidade de produção, se manteve relativamente protegido em função do alto custo do transporte marítimo, mas quando este também barateou radicalmente, os preços despencaram, afetando a agricultura europeia e as economias exportadoras dos países colonizados. A "grande depressão" e a crise na agricultura, em especial, dispararam dois movimentos importantes. Em primeiro lugar, o renascimento de políticas protecionistas e o estabelecimento de tarifas alfandegárias. Em segundo lugar, a disparada de amplos movimentos migratórios. Os anos 1880 conheceram as taxas mais elevadas de migração ultramarina.

Mas a crise de lucratividade não diminuiu a importância do "produto importado", peça central na construção das identidades modernas. Os países de economia predominantemente agrícola passaram a suprir os países industrializados não apenas com matéria prima para a indústria, mas também com produtos cujo consumo passou a simbolizar um alto padrão de vida, como chá e trigo no Reino Unido, café e açúcar nos Estados Unidos. Na mão inversa, nos países periféricos, o produto manufaturado importado se tornou o sonho de consumo das classes abastadas e da nova população urbana (Rosenberg, 2012, p. 597).

Essa contextualização é importante, na medida em que vários desses elementos terão uma influência decisiva no desenvolvimento da indústria cinematográfica nos EUA e em outros países. Os processos migratórios e de urbanização, por exemplo, criam o principal mercado para a indústria do entretenimento massivo, na qual o cinema vai se inserir e vai transformar; a questão "liberalismo versus protecionismo" será recorrente a partir do momento em que o cinema americano colocar em marcha seu projeto de expansão internacional. E a questão da agricultura, por sua vez, ajuda a compreender qual era o lugar da América Latina – e mais especificamente do Brasil – nos momentos que precedem a chegada do cinema e, também, qual será o lugar do cinema no processo de "modernização" brasileiro.

Nas palavras do crítico de cinema Paulo Paranaguá (1985, p. 9), "no fim do século XIX, a América Latina deixou de ser colônia para continuar a ser periferia da Europa e dos Estados Unidos. Periferia, no caso, implica uma relação de dependência [...]. O cinema aparece na América Latina como mais uma importação estrangeira".

No âmbito da Segunda Revolução Industrial, o cinema foi apenas parte de um conjunto bem mais amplo de produtos e novidades gerados pelos investimentos em tecnologia, como as indústrias bélica e de equipamentos elétricos, a borracha e seus derivados, o aço, o cimento, os corantes, as dinamites e munições, o telégrafo, a máquina de escrever, a bicicleta e o automóvel, entre outros (Topik; Wells, 2012, p. 612). A Inglaterra, que deteve a liderança absoluta na economia mundial da primeira Revolução Industrial até cerca de 1870, começou a perder sua proeminência à medida que o carvão, a energia a vapor e o ferro – a trinca que alavancou o domínio inglês na primeira Revolução Industrial – foram substituídos pelos derivados do petróleo, pela eletricidade e pelo aço, produzidos principalmente pelos Estados Unidos e pela Alemanha.

No Brasil, essa nova organização da economia global também terá um reflexo importante, com a passagem de uma dependência inglesa para uma dependência americana. A forte influência da Inglaterra no Brasil tem suas origens ainda no período colonial, quando credores e comerciantes britânicos "penetraram os meandros do controle imperial português e se entrincheiraram na vida econômica brasileira":

> O setor bancário inglês detinha a maior parte da dívida externa brasileira; cidadãos britânicos, que possuíam a maior parte dos títulos estaduais e municipais do país, foram provedores da maior parte do capital que financiou a construção de rodovias, transportes municipais e serviços públicos. Os navios britânicos representavam quase 60% da tonelagem envolvida no comércio costeiro e exterior do Brasil. A Grã-Bretanha também forneceu a maior parte – quase metade – das importações brasileiras, vendendo enormes quantidades de tecidos e fornecendo o carvão e os equipamentos ferroviários dos quais uma economia orientada para a exportação dependia para transportar seus produtos para portos costeiros (Rosenberg, 1978, p. 131).

Essa preponderância vai sendo gradualmente reduzida em favor de relações mais profundas com os Estados Unidos, um movimento que se acelera a partir da eclosão da Primeira Guerra Mundial. A drástica redução das exportações e do capital de investimento europeus, bem como do tráfego marítimo entre Europa e América, geram um vácuo oportunamente preenchido pelos Estados Unidos. Logo após o fim da Primeira

Guerra, as companhias americanas consolidaram sua presença no Brasil, encerrando definitivamente os anos de supremacia inglesa.

O novo papel dos Estados Unidos como principal investidor no Brasil impulsionou a compra de produtos americanos. A partir de 1915, bancos dos EUA começaram a abrir filiais no país e passaram a financiar exportações para o Brasil, levando a uma substituição gradual da libra esterlina pelo dólar na maior parte das transações econômicas. Observar esses movimentos gerais será de grande ajuda para, mais tarde, compreendermos especificamente o movimento de expansão do cinema naquilo que ele teve em comum com o processo de modernização e de globalização do comércio mundial e, principalmente, naquilo que ele teve de diferente e específico.

No entanto, antes de detalhar a expansão internacional do cinema americano a partir da Primeira Guerra Mundial, é preciso esmiuçar o processo que tornou o cinema uma atividade de imenso peso econômico e cultural nos Estados Unidos da América.

1.3. INSTITUCIONALIZAÇÃO E ESTRUTURAÇÃO DA INDÚSTRIA CINEMATOGRÁFICA NOS ESTADOS UNIDOS

1.3.1. INTRODUÇÃO: UM ROTEIRO CAÓTICO

Se a história da luta do cinema americano pela conquista de seu próprio mercado fosse um filme seria um épico, um filme de estrada um *western* ou um suspense de tribunal? Em uma trajetória tão atribulada quanto singular, sobram elementos para preencher os pré-requisitos de qualquer um desses gêneros. Pela extensão do território conquistado – os Estados Unidos, afinal, são um país de dimensão continental, com 9,8 milhões de quilômetros quadrados[20] –, certamente um épico. Pelo processo que garantiu a presença de salas de cinema nos recantos mais longínquos e a formação de uma cultura que teve nos exibidores ambulantes um papel fundamental, um filme de estrada. Pelo movimento que levou os principais agentes da indústria a se instalar na costa oeste do país, um faroeste.

---

[20] Fonte: State and Area Measurements and Internal Point Coordinates: https://www.census.gov/geo/reference/state-area.html. Acessado em 21 maio 2018.

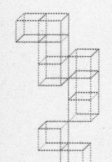

E pelas constantes pelejas judiciais que marcaram a formação do arcabouço institucional e legal da indústria, um suspense de tribunal.

Com tantos elementos de alto potencial dramático, a tentação de seguir a tendência romantizada e linear dos roteiros clássicos é grande. Mas os processos históricos não são teleológicos; não avançam "para frente" em direção a determinados fins, como os roteiros clássicos mais bem urdidos. A expansão interna da indústria do cinema americano se dá de forma muitas vezes repetitiva e um tanto caótica. E mesmo quando o mercado cinematográfico nos Estados Unidos alcançou um certo nível de estabilidade, organizado em torno de uma estrutura verticalizada e oligopolista, esse modelo sofreu abalos que exigiram respostas, adaptações e correções de rumo, ainda que, em sua base fundamental, tenha conseguido se manter firme por décadas.

Entre os muitos recortes e caminhos possíveis, o que nos interessa aqui é acompanhar a trajetória inicial do cinema nos Estados Unidos a partir dos aspectos ligados principalmente à sua constituição como negócio, indústria e comércio, com foco especial na formação de amplo sistema de distribuição doméstico. Não faria sentido, no entanto, limitar a descrição dessa trajetória a aspectos puramente econômicos, pois se há uma característica especialmente fascinante no processo que levou à consolidação do cinema americano como uma poderosa indústria e uma força cultural inigualável, ela está justamente na interação enérgica entre campos heterogêneos como economia, tecnologia e estética na construção de um sistema. Como, a partir de um universo infinito de possibilidades, se forjaram as características e convenções que moldaram o método de realização dos filmes distribuídos e apreciados não só nos Estados Unidos, mas também nos países onde o cinema americano estabeleceu seus domínios?

1.3.2. PROJEÇÃO

Os padrões, as práticas e as convenções do processo industrial do cinema americano se desenvolveram e se estabeleceram em ritmos e estágios diferentes – e, principalmente, não são puramente "americanos", tendo sofrido profunda influência estrangeira, sobretudo europeia e principalmente francesa. Alguns desses padrões, uma vez firmados, permaneceram por muitos anos. Por exemplo, o uso da bitola de 35 milímetros se estabeleceu ainda nos primeiros anos da indústria (basicamente reproduzindo o padrão da exploração comercial da foto-

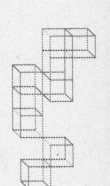

grafia amadora) e se manteve majoritário por quase um século, até a revolução digital. Outros padrões foram circunstanciais e passageiros.

Uma das primeiras formas de exploração da imagem em movimento nos Estados Unidos, por exemplo, não se deu como uma projeção diante de uma plateia, mas sob a forma de visionamento individual. Dois antecedentes em especial justificaram os investimentos nesta direção de Thomas Edison, um dos mais poderosos agentes do desenvolvimento da imagem em movimento no país: a produção em massa do filme negativo, que se justificava pela sua possível exploração na fotografia amadora; e o sucesso do fonógrafo, o mais bem-sucedido produto desenvolvido anteriormente por Edison, lançado em 1877 (Enticknap, 2005, p. 133).

Quando imaginou a exploração comercial das imagens em movimento, Edison prosseguiu nessa mesma linha. O quinetoscópio foi lançado oficialmente em 1893, na Exposição de Chicago, onde teve sua concessão comercial adquirida por um consórcio de investidores. O mercado em que foi explorado foi o mesmo no qual o fonógrafo já fazia sucesso: em um ano, aparelhos foram instalados em lojas de departamento, hotéis, *saloons* e *penny arcades* (galerias de jogos e dispositivos de entretenimento movidos a moeda, espalhadas pelas principais cidades do país) (Balio, 1976, p. 3).

O sucesso do quinetoscópio demonstrou que havia um futuro promissor para a possibilidade da exploração das imagens em movimento no âmbito do mercado do entretenimento, que se expandia com rapidez graças à urbanização, às ondas imigratórias e à nova forma de organização industrial do trabalho. Até a virada do século, porém, o quinetoscópio seria suplantado pela projeção do filme sobre uma tela, diante de uma plateia. Essa história já conhecemos bem: testado ao longo de todo o ano de 1895 na França, o cinematógrafo dos irmãos Lumière, que trazia como vantagem a possibilidade de ser utilizado como câmera, copiador ou projetor, teve sua primeira – e famosa – exploração comercial (como projetor) no dia 28 de dezembro desse mesmo ano, em uma sessão com ingressos pagos realizada no subsolo do Grand Café, em Paris[21]. Atento às notícias que vinham da Europa, Edi-

---

21 É fundamental lembrar que experiências para se chegar aos equipamentos de registro e reprodução da imagem em movimento estavam sendo desenvolvidos simultaneamente em vários países. O contexto efervescente e competitivo foi marcado pelo alto investimento em pesquisas, favorecendo a emergência de uma corrida de "invenções". Como aponta Michael Chanan (1990, p. 175), a oportunidade tecnológica "é fruto do estágio de desenvolvimento histórico alcançado pelas forças

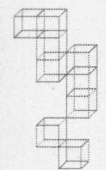

son apressou o desenvolvimento de seu próprio projetor, que batizou Vitascópio, e o apresentou para o mercado americano no dia 23 de abril de 1896. Dois meses depois, no dia 29 de junho de 1896, o cinematógrafo dos Lumière ganhou uma demonstração pública nos Estados Unidos em uma das principais casas de teatro *vaudeville* de Nova York, o B. F. Keith's Union Square Theatre (Balio, 1976, p. 5).

A possibilidade de projetar filmes diante de um público numeroso atendia a uma base maior de clientes, permitindo um retorno mais rápido dos investimentos em fabricação, pesquisa e desenvolvimento dos equipamentos. Esse princípio básico teria sido um elemento essencial para o crescimento do cinema como indústria autônoma nas décadas seguintes.

> Quando o período "clássico" da indústria cinematográfica estava estabelecido, em meados dos anos 1920, plateias cada vez maiores para cada sessão garantiram que o custo da tecnologia que registrava, duplicava e reproduzia as imagens em movimento havia se tornado um componente relativamente pequeno nos custos gerais de funcionamento da indústria. Em outras palavras, seria impossível pagar às maiores estrelas de Hollywood um vasto montante de dinheiro por suas aparições se não houvesse meios baratos e eficientes para atender centenas de milhares de pessoas espalhadas por uma vasta área geográfica (Enticknap, 2005, p. 134-135).

Com o sucesso das primeiras exibições públicas da imagem em movimento, vários empreendedores passaram a investir na fabricação de projetores. William K. Dickson deixou a companhia de Edison para ser um dos fundadores da American Mutoscope Company (posteriormente American Biograph), onde desenvolveu um sistema baseado em uma película de 68 milímetros, proporcionando uma imagem de melhor definição (Balio, 1976, p. 5).

Com custos relativamente baixos e fortes possibilidades de retorno diante de uma demanda em visível expansão, a atividade atraiu potenciais empreendedores. Nesse primeiro momento, o negócio da imagem em movimento se organizou em torno do equipamento – principalmente do projetor. A novidade tecnológica e o assombro com a "reprodução da vida" ainda eram os principais atrativos para o público, e as plateias "iam às exibições para ver demonstrações de máquinas (a nova maravilha tecnológica), e não para ver filmes. O que era anunciado era o Cinematógrafo, o Biógrafo ou o Vitascópio" (Gunning, 1986, p.

---

materiais da produção. Se as condições existem, seria surpreendente se uma mesma invenção *não* fosse alcançada simultaneamente e independentemente por pessoas diferentes, em lugares diferentes".

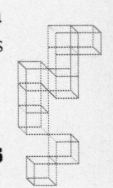

64-65). A novidade da projeção de imagens em movimento se integra ao mercado de entretenimento e se incorpora como um de seus números. Combinando novidade e assombro, os filmes eram realizados para atender às necessidades dos programas semanais de *vaudeville*, naquele que foi definido por Tom Gunning como o "cinema de atrações"[22].

As companhias que dominaram o negócio da imagem em movimento antes da Primeira Guerra Mundial começaram com a fabricação de equipamentos (Pathé e Gaumont, na França; Edison, Biograph e Vitagraph, nos Estados Unidos; Messter na Alemanha) e produziam filmes para abastecer seus projetores – ou, numa linguagem contemporânea, eram fabricantes de *hardware* que produziam seu próprio conteúdo[23]. Os filmes eram mercadorias vendidas por um preço uniforme de acordo com sua metragem, ou seja, o fator principal na precificação do filme era o valor do negativo ainda virgem, e não do negativo impresso.

> O preço dos novos filmes era determinado principalmente pelo preço do negativo. Esta condição está registrada no fato de que nesta época a produção de filmes era chamada apenas de "manufatura" ("fabricação") e também no fato de que o preço dos filmes caiu durante os dois primeiros anos que se seguiram às famosas primeiras exibições no fim de 1895 e no começo de 1896, na medida em que o suprimento de filme virgem aumentou (Chanan, 1990, p. 174).

Como os filmes eram comprados pelos donos de espaços de entretenimento diretamente de seus fabricantes, em pouco tempo se desenvolveu um mercado de segunda-mão, iniciado por exibidores que queriam movimentar seu estoque acumulado de cópias já exibidas, mas ainda em condições de serem exploradas. É o princípio de uma transformação na forma de comercialização das cópias, com o surgimento dos chamados *exchanges*. Chanan cita o depoimento de um dos empreendedores da época, E. G. Turner, da companhia Walturdaw:

> Num primeiro momento, o preço do filme caiu de 1 shilling para 8 dimes, e depois se estabilizou em 6 dimes por pé. Isso permitiu que aumentássemos nosso estoque. Mas logo ficou claro que a necessidade de oferecer novos filmes em cada sessão ficaria muito cara. Então pensamos na ideia de realizar uma troca entre exibidores que estavam com a mesma dificuldade

---

22 Para um aprofundamento no assunto, ver os artigos de Tom Gunning (1989) "Primitive" Cinema: A Frame-up? e *The Cinema of Attractions – Early Film, Its Spectator and the Avant-Garde*, disponível em Elsaesser (1990).

23 Chanan (1990, p. 179) compara essa situação ao surgimento do rádio, quando os fabricantes do aparelho criaram as estações pois, de outra forma, não haveria conteúdo a ser transmitido.

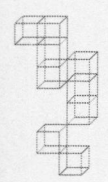

em relação a novos suprimentos. E daí acabamos evoluindo para o aluguel de filmes para outros exibidores, porque achávamos que tínhamos um estoque maior do que qualquer outro (Turner apud Chanan, 1990, p. 179).

Começam a emergir, nesse momento, algumas peculiaridades da organização do negócio da imagem em movimento. No modelo tradicional de comercialização de mercadorias industrializadas, o produto – sabão, por exemplo – passa do fabricante para o atacadista, do atacadista para o varejista e, finalmente, do varejista para o consumidor. Mas essa relação não se estabelece no cinema, já que o consumidor não tomava posse do filme. Na definição de Chanan (1990, p. 180), o cinema é "uma arte performática sintética" que depende de uma *performance* diante da câmera, mas estende e intensifica sua exploração para além do alcance de uma *performance* ao vivo. Isso significa que a maneira com que os preços são estabelecidos e o mercado se organiza será regida por princípios diferentes até mesmo de outros produtos culturais, como o gramofone ou o livro. Enquanto o disco e o livro são produtos convencionais, cada cópia de um filme pode permanecer no mercado e ser explorada até que suas exibições não sejam mais viáveis.

A peculiaridade da exploração do filme projetado e suas possibilidades de rentabilidade levam à mudança do sistema de negociação da compra e venda de cópias para o aluguel, detalhe determinante na estruturação das noções de propriedade e de controle da indústria da imagem em movimento. O contrato com o exibidor dará a ele o direito de exibir o filme, mas não sua propriedade; o exibidor, por sua vez, não vende o filme ao espectador, mas o direito de apreciá-lo em um espaço e circunstância específicos.

A mudança para o sistema de aluguel, no entanto, não se dará rapidamente e de uma só vez. Durante muitos anos, o "aluguel" e a "compra e venda" serão práticas correntes e simultâneas. Para os exibidores itinerantes, por exemplo, que tiveram imensa importância na expansão da atividade cinematográfica para além dos grandes centros urbanos em um país de dimensão continental como os Estados Unidos, a compra ainda era o melhor negócio: eles projetavam os filmes até que as cópias ficassem totalmente inutilizáveis e, assim, podiam amortizar os custos e multiplicar os lucros com numerosas exibições (muitas plateias para uma mesma cópia). Além disso, é claro, manter um suprimento regular e renovado era mais complicado para quem vivia na estrada. Para os donos de espaços fixos de entretenimento, no entanto, a possibilidade de alugar os filmes minimizava riscos e custos. O que fazer com uma cópia já exibida naquele espaço, em geral frequentado pelos mesmos consumidores, e que, portanto, perderia sua utilidade em poucos dias?

A organização dos *exchanges* se apresentou como alternativa vantajosa para a maioria dos donos de espaços de entretenimento. A circulação do filme começava a se reorganizar: mais filmes chegariam às plateias com mais agilidade, ampliando o mercado para os produtores. Ao mesmo tempo, como o dono do *exchange* adquiria cópias de um ou vários filmes (e de um ou vários produtores) e as alugava para muitos exibidores, conseguia arrecadar mais do que os valores de custo. Assim, a cadeia se retroalimentava, já que a racionalização dos custos e a difusão mais eficaz e rápida dos filmes estimulava a construção de espaços dedicados exclusivamente à exibição de filmes (como veremos com mais detalhes adiante).

Deu-se então uma transformação importante. Como relata Musser (1990, p. 256), a partir de 1904, aproximadamente, o rolo de filme, e não o equipamento, passou a ser a mercadoria principal do negócio da imagem em movimento nos EUA. Até aquele momento, alguns dos maiores fabricantes de equipamentos e filmes, como Biograph e Vitagraph, ofereciam um serviço completo para a grande maioria dos teatros de *vaudeville*, incluindo projetor, operador e cópias. A partir do fim de 1903, esse serviço entrou em decadência. À medida que a projeção de filmes se solidificou como parte integrante dos espetáculos, os donos de teatro *vaudeville* passaram a adquirir seus próprios projetores e a treinar funcionários para operá-los, agora que havia a opção de alugar os filmes por um preço mais barato nos serviços de *exchange*.

Não por acaso, foi também por volta de 1903 que começaram a aparecer em várias cidades americanas os espaços de exibição dedicados prioritariamente, quando não exclusivamente, ao filme. Pequenas lojas de frente para a rua transformadas em espaços de exibição, conhecidas como *nickelodeons* – assim batizados porque boa parte desses espaços cobrava como preço de entrada cinco centavos, moeda popularmente conhecida como "nickel" –, se espalharam rapidamente pelo país, atraindo pequenas multidões e acumulando fortunas para seus donos. Nesse momento, começava a ficar claro também que a imagem em movimento não era apenas um bom negócio, mas um fenômeno cultural de grande impacto social:

> Foi uma época antes das Guerras Mundiais, mas apenas um pouco antes. [...] As pessoas estavam falando sobre paz, direitos da mulher, Lei Seca, relações trabalhistas, bem-estar da criança e do cinema [*moving picture*]. O que apareceu inicialmente como a *mania do cinema* [*moving-picture craze*] era algo maior do que se imaginava. As reações foram desorientadas e con-

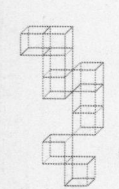

fusa. [...] A América estava confrontando pela primeira vez o fenômeno conhecido como comunicação de massa. Jornais e revistas faziam parte disso também, mas não compartilhavam a empolgação e a apreensão que cercavam a imagem em movimento. [...] Jovens empreendedores que conseguissem juntar um pouco de dinheiro para investir num cinema estavam enriquecendo, abrindo um *nickelodeon* após o outro, criando redes de cinema ou *exchanges* (...). Em 1908 ou 1909, apenas as pequenas cidades não tinham algum espaço dedicado ao cinema. Onde a população não era grande o suficiente para sustentar um cinema permanente, um exibidor itinerante faria um circuito de várias cidades, exibindo filmes uma noite por semana em cada uma. Para os milhões de trabalhadores urbanos e novos imigrantes, ir ao cinema representava não só uma diversão acessível, mas também uma fascinação extraordinária. As pessoas iam noite após noite, ou de uma sessão para outra (Bowser, 1990, p. 1).

Para Richard Abel (1999, p. 50), tão impressionante quanto o *boom* dos *nickelodeons* entre os anos de 1906 e 1907 foi a explosão dos *exchanges* que lhes forneciam filmes. Exibidores que tinham acumulado estoque, donos de cinema que se associavam ou novos empreendedores que montavam *exchanges* também estavam obtendo grandes lucros.

À medida que a imagem em movimento foi ganhando protagonismo, os donos de espaços de entretenimento buscaram soluções para que a projeção não precisasse ser interrompida. Durante muito tempo, a projeção de filmes se alternava à já conhecida lanterna mágica ou a alguma outra atração até que fosse feita a troca. A partir de 1910, cada vez mais os espaços de entretenimento passaram a se equipar com pelo menos dois projetores 35 milímetros alinhados diante da tela, permitindo a exibição de um programa contínuo de qualquer duração.

Paralelamente, a tecnologia de base da indústria – equipamentos e suporte fílmico – passaria a ser fornecida por um setor independente, funcionando como base de provisão de serviços para produtores, laboratórios e exibidores. Esse processo é deslanchado justamente quando a separação entre produção dos filmes, sua distribuição organizada em larga escala e o estabelecimento de espaços dedicados exclusivamente ao cinema começa a ganhar um contorno mais claro. Definia-se, assim, um movimento fundamental na constituição da indústria, mas que costuma ser negligenciado pelos relatos históricos: a separação entre a fabricação e o fornecimento de equipamentos e a produção, distribuição e exibição dos filmes. Essa especialização permitiria que, de um lado, a tecnologia de captação e projeção recebesse atenção e investimentos específicos, acelerando aperfeiçoamentos técnicos como a redução do *flickering* (a tremulação da imagem durante a projeção); por outro lado, também o filme começaria a receber atenção e investimentos específicos, ganhando autonomia no interior da cadeia produtiva.

1.3.3. PIRATARIA, LITÍGIO E INSTITUCIONALIZAÇÃO

Rick Altman (1996, p. 8-9) chama atenção para o fato de que, em nome da construção de um discurso histórico coerente, as imagens em movimento projetadas no início do século foram denominadas "cinema" quando, de fato, tratava-se de um fenômeno recente e desconhecido, atravessado e influenciado por formas de entretenimento pré-existentes.

> O início do cinema comercial nos Estados Unidos não oferece ao cinema uma identidade clara e estável. Pelo contrário, este é um momento em que todos os aspectos do que viríamos a chamar, com o passar do tempo, de "cinema", se confundem de tal maneira com outras práticas existentes que nos perguntamos se alguém tem o direito de falar de "cinema".

Não por acaso, o léxico da atividade cinematográfica nos Estados Unidos tomou emprestado e adaptou o vocabulário já existente da fotografia e do teatro: *picture* (*motion picture*), *theater* (*movie theater*), *play* (*photoplay*, *screen play*) são apenas alguns exemplos. Durante anos, a imagem em movimento será um terreno pantanoso no qual se instaura um campo de batalha entre os poderes ao seu redor, em busca de um controle não só econômico, mas também simbólico. Na medida em que a nova atividade, ainda sem qualquer estatuto legal, se confirma altamente rentável, várias lutas de caráter jurídico acabaram desempenhando um papel importante na institucionalização e até mesmo na definição daquilo que viria a ser conhecido como "cinema". Alguns desses processos são exemplares nesse sentido.

Entre 1900 e 1906, aproximadamente, a prática de copiar filmes de outros fabricantes era absolutamente usual entre todas as principais produtoras dos Estados Unidos e da Europa. Havia duas formas mais comuns. Na primeira, conhecida como *duping*, um contratipo era produzido a partir de uma cópia, e com base nele novas cópias eram fabricadas e lançadas no mercado com outro título, sem a marca da produtora original. A segunda maneira era realizar um filme reproduzindo a narrativa de outro. Nesse momento, é fundamental lembrar, as imagens em movimento não eram reguladas pelas leis de direito autoral nos Estados Unidos. Durante esses primeiros anos, seu estatuto legal permaneceu confuso, muitas vezes sujeito a regulações diferentes

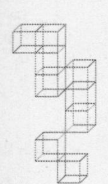

e regionais, sempre associadas a uma forma de entretenimento já existente. Como descreve Altman (1996, p. 8-9):

> Para o depósito legal, o novo produto é uma série de fotografias. No Estado de Delaware, [a imagem em movimento] é circo. Em Arkansas, uma exposição. A cidade de Nova York considera um espetáculo comum se for visto por menos de duzentos espectadores, e uma representação teatral se exceder duzentos, enquanto em Nova Orleans é tudo menos teatro. Em Chicago, o novo produto é integrado ao *picture show* (consideração igual para todas as diversões visuais, se há cinema incluído ou não).

Na Biblioteca do Congresso[24], os filmes eram registrados segundo as mesmas regras estabelecidas para a fotografia: uma companhia que desejasse proteger seu filme enviava duas impressões de cada fotograma (lembrando que os filmes eram curtos) e pagava 50 centavos de taxa de registro (o mesmo valor de uma fotografia). Eram os chamados *paper prints*.

Nesse contexto, a prática da cópia era absolutamente trivial e feita com relativa segurança jurídica. Thomas Edison, um dos principais fabricantes, obsessivo no controle das patentes de equipamentos, copiava fitas estrangeiras com frequência – especialmente da Pathé, já que essas companhias ainda não registravam seus filmes junto ao governo. O trecho de uma carta de Frank L. Dyer, advogado da Edison Co., para o gerente de produção da empresa, datada de 22 de janeiro de 1904, exemplifica essa prática: "Os filmes da Pathé não estão registrados, e, portanto, você pode produzir e vender quantas cópias desejar, sem que possa ser molestado pela Pathé" (Dyer apud Gaudreault, 1990, p. 115).

Há diversas evidências de que muitos filmes de sucesso foram copiados sem obstáculos. Um caso célebre é o de *Viagem à lua* (*Le Voyage dans la lune*, 1902), de Georges Méliès. Segundo Abel (1999, p. 8-9), no mesmo ano de produção do filme todas as principais companhias americanas comercializavam cópias piratas, mas apenas a Biograph o identificava como "um espetáculo de Méliès". Abel reproduz os anúncios da Edison e da Biograph publicados na mesma edição da *New York Clipper*

---

24 Na Biblioteca do Congresso americano funciona o United States Copyright Office. A biblioteca serve como depósito legal para proteção de direitos autorais e registro, tendo recebido essa função depois de um grande incêndio que destruiu parte de seu acervo. Depois disso, como forma de recompor o acervo, governo passou a exigir que todos os editores depositassem na biblioteca duas cópias de todo material publicado nos EUA. Fonte: https://en.wikipedia.org/wiki/Library_of_Congress. Acessado em 10 abr 2019.

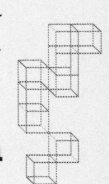

no dia 4 de outubro de 1902: a publicidade de Edison anuncia o filme como *A Voyage to the Moon*; a da Biograph, como *A Trip to the Moon*[25].

Mas se Edison copiava filmes estrangeiros regularmente, não se conformou quando seus próprios filmes começaram a ser copiados. Em maio de 1902, entrou na justiça contra a concorrente Lubin, com base na Filadélfia, para impedir que essa copiasse e vendesse o filme *Christening and Launching Kaiser Wilhem's Yatch 'Meteor'*, registro documental do lançamento de um navio realizado em fevereiro daquele mesmo ano. A argumentação dos advogados da Lubin era de que não havia qualquer habilidade específica, concepção intelectual ou efeito original incorporados nas fotografias do lançamento do navio Meteor que justificassem uma propriedade intelectual sobre o filme. Elas seriam o resultado automático do funcionamento mecânico das câmeras. A argumentação dos advogados de Edison caminhava para o sentido contrário:

> Nas tomadas fotográficas de imagens em movimento, muitas habilidades artísticas podem ser usadas. Como regra geral, a natureza do assunto em causa impede o artista de agrupar ou arrumar os objetos fotografados. Por outro lado, habilidades artísticas são necessárias para situar a câmera numa posição tal em que as luzes e sombras da imagem, quando registradas, tenham valores próprios, e o agrupamento de pessoas e o fundo constituam um todo harmônico e tenham uma composição graciosa (apud Gaudreault, 1990, p. 116).

Na primeira sentença, o juiz se deteve no caráter estritamente técnico-regulatório e argumentou que, apesar de o objeto ser composto por centenas de fotografias, ele havia sido registrado apenas como uma fotografia – portanto, o registro seria inválido. Mas o tribunal de apelação derrubou a decisão. Como a série de fotografias havia sido tomada de uma única câmera, durante uma única operação, e como o valor econômico ou de *commodity* da sequência dependia de seu *status* como entidade única, a série poderia, sim, ser considerada uma única fotografia. Logo, seu registro seria válido, o que dava vitória a Edison. Apesar de a decisão reconhecer um registro que iguala a imagem em movimento à fotografia, o importante é que sua justificativa reconhecia a sequência de imagens em movimento como "entidade única".

A decisão abriu precedente para um segundo processo, desta vez envolvendo uma obra de ficção, a refilmagem de uma comédia da Biograph

---

25 Ao tomar conhecimento da ampla exibição de seu filme, Meliès enviou seu irmão aos Estados Unidos e o encarregou de registrar suas obras. Pouco tempo depois, ele instalaria um escritório em Nova York. Parte dessa história é o pano de fundo do filme de ficção *A invenção de Hugo Cabret*, de Martin Scorsese (2011).

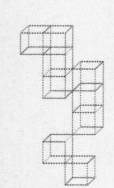

de 1904 chamada *Personal*, sobre um homem que só receberá uma herança na condição de se casar em um prazo de 24 horas[26]. O sucesso do filme da Biograph foi tanto que outras produtoras correram para lançar suas próprias versões. A de Edison, *How a French Nobleman Got a Wife through the New York Herald 'Personal' Colums'*, foi realizada por Edwin S. Porter e lançada no mesmo ano. (A versão da Lubin se chamou *Meet Me at the Fountain*, e a da Pathé, lançada no ano seguinte, *Dix femmes pour un mari*). A Biograph processou a Edison Co. e, dessa vez, a defesa de Edison alegou que o registro do filme não seria válido por dois motivos: ele protegia a obra apenas por sua natureza fotográfica, não pela história que contava, e, além do mais, o filme era composto de oito "fotografias" (oito planos), tendo sido registrado como apenas um. Os advogados da Biograph, por sua vez, argumentaram demarcando as diferenças da imagem em movimento em relação à fotografia, e descrevendo as especificidades de uma linguagem: "A arte da fotografia avançou para além de uma vista única de um único objeto ao mostrar não apenas tomadas únicas de objetos e pessoas em movimento, mas também a ação contínua de objetos e pessoas no registro de episódios, funções públicas e eventos" (apud Gaudreault, 1990, p. 120). Em maio de 1905, a decisão do juiz Lanning deu vitória à Biograph reconhecendo que uma série de fotografias exibidas em sucessão rápida sobre uma tela contando uma história única e contínua poderia ser registrada como uma obra também única. Na prática, a decisão do juiz reconheceu e legitimou a unidade narrativa e reconheceu também que "o direito de fazer cópias de um filme negativo, em outras palavras, estava legalmente protegido pela lei de direitos autorais" (Hoyt, 2014, edição digital).

Como veremos adiante com mais detalhes, a comercialização de um filme de determinada marca por vários agentes foi comum também no mercado internacional por muitos anos. A questão da propriedade intelectual e do registro de marcas será um dos principais estímulos para que os estúdios de produção americanos abram escritórios próprios em mercados estrangeiros durante o movimento de expansão internacional, como uma forma de coibir o uso de cópias não autorizadas e incentivar medidas para disciplinar (e controlar) o mercado.

Segundo Hoyt (2014, edição digital), a imagem em movimento permaneceu durante anos ausente da Lei de Direitos Autorais, instituída

---

26 A mesma situação será recorrente em vários filmes, dentre eles um dos melhores de Buster Keaton: *Os sete amores* (*Seven Chances*, 1925).

nos Estados Unidos em 1790 e desde então constantemente atualizada. Em 1909, o Congresso americano promoveu uma revisão que concedeu proteção às reproduções mecânicas da música, mas não incluiu as imagens em movimento, possivelmente como resultado do *lobby* dos próprios agentes da atividade, que defendiam a autorregulação e pretendiam continuar resolvendo as questões de direitos autorais na justiça[27]. A revisão de 1909, no entanto, promoveu alterações que contribuíram para moldar alguns aspectos futuros da indústria do cinema. Primeiro, o período de proteção das obras dobrou de 14 para 28 anos, com a possibilidade de uma extensão pelo mesmo período. Em segundo lugar, a revisão concedeu às corporações o direito de reivindicar a autoria de um trabalho protegido por direitos autorais, beneficiando as empresas que produzem "obras feitas por contrato". Ou seja, mesmo que um filme tenha sido feito por uma grande equipe, a empresa era dona da obra. Apenas em 1912, por meio de uma emenda à lei, o Congresso reconheceu formalmente os filmes como obras protegidas por direitos autorais.

Em 1911, o resultado do processo "Kalem Company vs Harper & Brothers", que chegou à Suprema Corte, expandiu algumas definições não contempladas pela Lei de Direitos Autorais, relacionadas à adaptação de obras literárias ou teatrais para o cinema. Até esse momento, produtores utilizavam livremente peças de teatro ou livros (inteiros ou trechos) como base para filmes, sem licença ou autorização. A Kalem Company, em 1907, lançou um filme de um rolo que encenava trechos do livro *Ben-Hur – A Tale of the Christ*, de Lew Wallace, obra lançada em 1880, mas ainda de imensa popularidade. Como conta Hoyt (2014, edição digital), os herdeiros de Wallace, a editora do romance (Harper & Brothers) e os produtores da Broadway que haviam comprado os direitos de adaptação processaram a Kalem por infringir a lei de direitos autorais. A Kalem perdeu e apelou duas vezes, com a argumentação de que filmes não poderiam ser considerados dramatizações porque eram gravados mecanicamente, e não produzidos ao vivo. Mas a Suprema Corte deu a palavra final entendendo que a companhia havia, sim, violado os direitos do autor. Se naquele momento o resultado pareceu negativo para os produtores, criou um precedente que foi apropriado pela indústria como um de seus "ativos" mais importantes:

---

27 Parte da estratégia de Thomas Edison, por exemplo, era apostar na judicialização e na incerteza jurídica da longa duração dos processos como forma de estender sua vantagem mercadológica.

O que os produtores perderam no pagamento de taxas de licenciamento, ganharam em exclusividade; depois de obter os direitos de imagem para um romance, um produtor podia avançar com confiança sabendo que nenhum concorrente poderia produzir legalmente um filme baseado no mesmo trabalho. Como resultado, os produtores investiram mais na produção e comercialização de filmes baseados em propriedades conhecidas. O reconhecimento do nome de uma obra literária famosa, combinada com o direito de exclusividade, funcionou para distinguir certos filmes do resto da multidão. Era mais uma forma de diferenciação que, como as estrelas de cinema, aumentava o valor de certos negativos (Hoyt, 2014, edição digital).

Com o tempo, os direitos literários e, mais especificamente, os direitos literários subjacentes (quer dizer, a oportunidade de produzir uma refilmagem, uma continuação ou até mesmo de revender os direitos de adaptação para um outro produtor) se tornaram um dos maiores patrimônios dos produtores, contribuindo também para transformar a valoração dos filmes e estimular sua exploração como catálogo, ou seja, para além de sua estreia comercial.

1.3.4. AS RELAÇÕES ENTRE PRODUÇÃO E DISTRIBUIÇÃO E A FORÇA DOS FILMES ESTRANGEIROS

Nos primeiros anos da imagem em movimento nos EUA, os modos de circulação dos filmes variavam conforme a forma e os espaços de exibição. De 1896 aos primeiros anos da década de 1900, projecionistas ambulantes viajavam de cidade em cidade com seu equipamento e um estoque de rolos, promovendo projeções pagas em praças, parques, feiras, circos, teatros de *vaudeville*, igrejas. Nos principais centros urbanos, os donos de espaços de diversão que incorporaram a projeção de imagens em movimento podiam contar com um serviço completo oferecido pelos fabricantes de equipamentos, dando conta de todos os elementos para a exibição, incluindo projetor, operador e filmes. De forma legitimada ou em cópias piratas, os filmes importados tinham presença abundante no mercado. E as cópias, em geral, eram exibidas até se inutilizarem. Em 1903, o surgimento dos primeiros *exchanges* iniciaria um processo de reorganização da circulação dos filmes e uma transformação na principal operação econômica da indústria, com a gradual substituição do modelo de compra e venda das cópias pelo sistema de aluguel.

Durante muitos anos na historiografia do cinema americano, prevaleceu a teoria de que, a partir de 1900, o cinema teria enfrentado sua primeira grave crise nos Estados Unidos. Problemas de padronização tecnológica, disputas de patente e direitos, uma competição feroz e, principalmente, a saturação do público com a novidade tecnológica teriam levado a uma redução da atividade. Richard Abel (1999, p. 1), no entanto, contestou essa visão:

> Se o foco se deslocar da produção para a exibição e os mais proeminentes locais de consumo, onde filmes eram mostrados frequentemente e regularmente, como as casas de *vaudeville* e os parques de diversões, o que se vê não é uma "crise comercial", mas sim um mercado mais ou menos em expansão. O "alarde comum" de que os filmes estavam "perdendo apelo sobre seu público" [...] pode ter circulado amplamente (e enganosamente) em 1900, mas não depois. Além disso, de acordo com a imprensa que cobre os espetáculos de palco [...], assim como algumas publicações locais, as *fairy plays* de Georges Méliès e os filmes da Pathé Frères, da França, fossem eles comprados legalmente ou circulando em cópias contratipadas ou piratas [a mesma cópia, com créditos trocados], foram cruciais para a expansão da atividade.

Ou seja, se houve uma estagnação ou retração da produção de filmes pelas companhias americanas, isso não significa que tenha havido uma retração do mercado como um todo. Essa visão teria sido motivada por uma perspectiva que assume *a priori* o ponto de vista da produção, e pela presunção de que filmes não americanos seriam sempre periféricos ou minoritários.

Abel levantou a hipótese de que a produção estrangeira, com destaque para a francesa, e notadamente a produção da Pathé, teve um papel essencial na manutenção e expansão do mercado americano nos primeiros anos da década de 1900. Mais do que isso, os filmes franceses e particularmente as práticas da companhia francesa teriam influenciado a constituição da imagem em movimento nos EUA tanto nos seus modelos industriais como em suas formas narrativas.

Em 1902, por exemplo, o sucesso excepcional de *Viagem à lua*, de Georges Méliès (pirateado e comercializado por praticamente todas as companhias americanas, como vimos anteriormente), teria contribuído para acender a faísca que despertaria uma maior atenção para o cinema narrativo. Abel (1999, p. 21) lembra registros de que Edwin S. Porter teria estudado *Viagem à lua* para fazer *Life of an American Fireman*, lançado pela Edison Co. em janeiro de 1903. Abel levantou evidências de um mercado cinematográfico em contínua expansão entre 1903 e 1904, e a principal delas seria justamente a rápida propagação dos *exchanges* a partir de 1903, constatado em anúncios de revistas especializadas e catálogos.

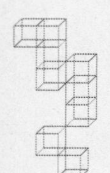

A inegável repercussão de *The Great Train Robbery*, produção da Edison Co. dirigida por Edwin S. Potter que se seguiu a *Life of an American Fireman*, indica que de fato este foi um dos grandes sucessos de 1903. No entanto, apesar de os filmes americanos – e as produções da Edison Co. em especial – ganharem muito mais espaço na imprensa, a observação dos programas dos teatros de *vaudeville* revelaria uma variedade muito grande de títulos em circulação. Entre 1903 e 1904, atualidades, filmes de viagens, as produções de Méliès (chamadas de *fairy plays*), os filmes de perseguição ingleses como *The Poachers*, de British Gaumont (outro grande sucesso de 1903) estavam entre as atrações principais de vários programas. A presença dos produtos da Pathé era particularmente forte, e só não teria sido percebida pois boa parte era comercializada em versão pirata – e, portanto, não era identificada pela marca da companhia.

Percebendo a demanda por seus filmes no mercado americano, a Pathé abriu um escritório em Nova York em 1904 – o que Méliès já havia feito um ano antes. Os anúncios da companhia argumentavam que o fato de seus filmes serem fartamente copiados era uma prova de sua qualidade e reputação. O melhor, no entanto, seria obter os originais, que a companhia passou a oferecer a preços mais baixos. Estabelecida em Nova York e representada em Chicago pelo agente de vendas Georges Kleine, a produtora francesa estava em posição favorável para aproveitar o contínuo crescimento das projeções de imagem em movimento no mercado de *vaudeville*, que naquele momento vivia uma proliferação de pequenas casas populares, ao preço de dez centavos. Esse momento coincide com a expansão dos primeiros *exchanges*, cujos anúncios também indicam que a Pathé se tornava a principal fornecedora de filmes novos no mercado americano.

> Se, como escreve [Charles] Musser, ecoando as palavras de Fred Aiken, o "momento de prosperidade do *nickelodeon* nos Estados Unidos representou uma "mudança radical" ou uma "revolução na escala sem precedentes", isto decorreu em boa medida graças à Pathé Frères e sua capacidade de produzir e entregar, já em 1905-1906, uma variedade de filmes de alta qualidade em quantidade maciça, com regularidade previsível. [...] Ao atender aos imperativos econômicos básicos da padronização e da diferenciação, ao orquestrar simultaneamente o "efeito da estabilidade" e o "efeito da novidade", a empresa francesa garantiu quase sozinha a viabilidade de um novo tipo de entretenimento barato (Abel, 2013, p. 39).

A pesquisa de Abel sobre a Pathé, revelando como a companhia francesa teve peso e influência cruciais nos primeiros anos da indústria do cinema dos Estados Unidos, contribui para "desnaturalizar" a noção

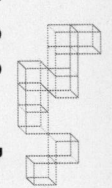

de que o filme americano teria sido sempre dominante em seu próprio país. Ao contrário, a produção estrangeira – e especialmente a da Pathé – não só chegou a ter uma participação de mercado majoritária por um período significativo, como também influenciou métodos de produção, práticas econômicas e estruturas narrativas do cinema americano. Pioneira na fabricação de películas em massa e no investimento em mercados internacionais, a Pathé desencadeou na França vários movimentos que estabeleceriam modelos para as engrenagens da indústria, como o incentivo ao aluguel, em detrimento da compra e venda de cópias, e o estímulo à construção de salas fixas, dedicadas exclusivamente ao cinema. Condé (2012, p. 34-35), a partir da pesquisa de Laurent Creton, conta, por exemplo, que em 1907 a companhia dividiu o território francês em cinco concessionárias. Cada uma delas recebeu o direito de exploração dos filmes e aparelhos da Pathé e ficou obrigada a pagar as respectivas comissões, comprometendo-se a investir na construção de salas fixas. A mesma estratégia de divisão de territórios para concessionárias foi implantada na Itália em 1909.

A partir do fim da primeira década do século XX, quando se inicia a primeira tentativa de controle oligopolista da indústria do cinema americano (entre 1907 e 1908), os filmes estrangeiros terão sua participação de mercado gradualmente reduzida. Com a criação da Motion Pictures Patents Company (MPPC), no fim de 1908 (veremos mais detalhes adiante), várias medidas conduziriam ao controle do mercado pelos produtores americanos. "Em 1907, 60% dos filmes lançados no mercado americano eram de origem estrangeira, mas até o segundo semestre de 1909 as produções estrangeiras representariam menos de 50% dos filmes lançados, um percentual que a partir daí só diminuiria" (Bowser, 1990, p. 23).

A Pathé, em particular, foi gradualmente marginalizada do mercado não apenas por meio de estratégias comerciais, mas também por práticas discursivas incentivadas pela imprensa especializada. Se, na virada do século XIX para o século XX, o que era "parisiense" era altamente valorizado, a partir de 1907, com a mesma frequência e ênfase ainda maior, uma outra concepção da cultura francesa começa a circular, desta vez como "inconveniente, depravada e decididamente diferente da cultura norte-americana, em especial na sua exibição da sexualidade, violência sensacionalista e cenas cômicas ofensivas" (Abel, 1999, p. 97). Essa concepção ilícita ou "baixa" tornou-se cada vez mais frequente durante o ano de 1908. A *Variety*, uma das mais influentes revistas do mercado do entretenimento, passou a criticar de forma agressiva os filmes da Pathé. E o processo se intensificou na mesma medida em que aumentava a demanda por filmes.

Segundo Bowser (1990, p. 23), o objetivo de eliminar a competição estrangeira pode não ter sido abertamente discutido, mas certamente estava no radar de Edison e seus associados. Esse fato se evidencia em referências repetidas à "indesejada" produção estrangeira e no fato de que, mais tarde, vários líderes da indústria tomariam como virtude o fim da predominância estrangeira. "Dizia-se que os filmes europeus não expressavam os valores morais do produto nativo. Mas, nesse momento, os valores expressos em filmes do mundo todo eram muito parecidos [...]. É possível argumentar que alguns filmes franceses traziam nudez real, enquanto os americanos mostravam nudez fingida (atrizes vestindo roupas cor de pele). Mas o espírito malicioso era o mesmo".

As demandas pelo controle social da imagem em movimento, que despontaram com força a partir do fenômeno dos *nickelodeons*, convergiam com as demandas do controle econômico: em março de 1909, era instituído o National Board of Censorship (Conselho Nacional de Censura), com o objetivo de acalmar os setores mais conservadores da sociedade que atacavam o cinema como um perigoso desvio moral. Durante 1909 e 1910, os filmes da Pathé foram rejeitados ou devolvidos para alterações com muito mais frequência do que os filmes das produtoras norte-americanas (Abel, 1999, p. 101).

Na medida em que o cinema cresceu como mercado e como fenômeno social, inseriu-se de maneira determinante na "crise de ansiedade" em torno da construção da identidade americana, detonada principalmente pelas ondas imigratórias que naquele mesmo período redefiniram as populações trabalhadoras e urbanas – e que constituíam, justamente, a grande massa de espectadores dessa nova e "assombrosa" forma de entretenimento. A expansão e o sucesso dos "indesejados" filmes estrangeiros foram igualmente tomados como uma ameaça à "identidade americana".

Para Abel (1999, p. 179), a Pathé se tornou uma espécie de "estrutura ausente" na memória cultural do cinema americano. O apagamento da presença dos filmes da companhia e sobretudo do papel que eles teriam desempenhado numa fase crucial foram etapas determinantes no processo em que o cinema nos Estados Unidos foi sendo definido como "um fenômeno puramente americano", marginalizando e tornando invisível o "elemento estrangeiro".

> Nos EUA, onde a industrialização do cinema constituiu um dos momentos definidores da modernidade – momento esse que transformou o espaço social alternativo do *nickelodeon* na esfera pública comercial de uma cultura de consumo cada vez mais homogênea –, o processo de americanização atuou como um discurso de enquadramento significativo e mesmo determinante. E, no córtex do debate em torno desse processo, a Pathé veio a servir como a crucial criadora dessa fronteira, garantindo que o cinema americano seria verdadeiramente americano (Abel, 1999, p. 179).

A perda de força da Pathé, porém, não significou sua retirada total e imediata do mercado americano. Em 1910, a companhia abriu um estúdio em New Jersey – nos anos seguintes, as também francesas Gaumont e Éclair seguiram seus passos. Investiu inclusive na produção de *westerns*, o gênero mais popular no período. A abertura desses estúdios acabou tendo uma importância crucial para a sobrevivência da companhia durante a Primeira Guerra, permitindo uma continuidade da produção fora do território francês (Thompson, 1985, p. 57). Gradualmente, no entanto, a Pathé foi minguando no mercado americano, até praticamente desaparecer.

1.3.5. PRIMEIRA TENTATIVA DE OLIGOPÓLIO: FORMAÇÃO DA MOTION PICTURE PATENTS COMPANY E DA GENERAL FILM COMPANY

Uma das características centrais do capitalismo nos primeiros anos da Segunda Revolução Industrial foi uma forte tendência à concentração. Nas palavras do historiador Eric Hobsbawm (2017, p. 74), qualquer que seja o nome (capitalismo monopolista, oligopolista ou corporativista), o importante é o reconhecimento de que, no período, "o cartel avançou à custa da concorrência de mercado, as sociedades anônimas às custas das companhias privadas, as grandes empresas comerciais e industriais à custa das menores; e que essa concentração implicou uma tendência ao oligopólio".

Entre 1870 e o começo dos anos 1900, vários tipos de combinações (*trusts*, cartéis, *holdings*) se formaram na economia americana. A reação de alguns setores da sociedade levou à aprovação, em 1890, da Lei Sherman (Sherman Antitrust Act), cujo objetivo era tentar coibir ou pelo menos limitar o surgimento de conglomerados, *trustes* e outras combinações que pudessem restringir o comércio e eliminar a concorrência. Contudo, com um texto vago e pouco claro, a Lei Sherman era aplicada de acordo com a orientação da política econômica dos governantes eleitos. Durante quase todo o período da presidência de Theodore Roosevelt (1901-1909), praticamente não foi utilizada e, portanto, não foi capaz de conter o processo de concentração. A maior onda de fusões na economia americana ocorreu justamente após a aprovação da lei, entre 1895 e 1904. Até 1910, quase todos os maiores e mais influentes negócios da nação haviam passado por um processo de crescimento horizontal ou vertical (Segrave, 1997, p. 6).

A emergente indústria do cinema não ficaria de fora do processo de concentração – ainda que ele tenha se dado por um caminho diferente das indústrias tradicionais. Enquanto em outros setores da economia o processo se iniciava com a alta concorrência, o excesso de oferta e a baixa de preços, que acabavam inviabilizando a presença das empresas menores no mercado (absorvidas pelas maiores ou eliminadas do jogo), no cinema esse movimento ocorreu pela via das batalhas legais.

Segundo Staiger (1990, p. 191), o caminho litigioso foi resultado de duas singularidades. Primeiro: a indústria do cinema não atravessou uma crise de superprodução como as outras, já que seu desenvolvimento se deu de forma assimétrica, com o setor da produção, demorando para conseguir atender às demandas de um mercado de exibição e distribuição em constante crescimento. Segundo: Thomas Edison, um dos principais líderes da indústria no começo do cinema americano, construiu sua trajetória na exploração do controle de patentes, e aplicou a mesma lógica à imagem em movimento.

Na segunda metade da década de 1900, a indústria do cinema americano – particularmente o setor dos fabricantes – se encontrava em estado beligerante, um período conhecido como "guerra das patentes". Na liderança do litígio, estava Edison, que clamava para si a patente da câmera de cinema e queria coibir o uso de contrafações e outras marcas. Em março de 1907, uma decisão judicial de termos ambíguos aparentemente confirmou a patente de Edison e teve como efeito, no mínimo, uma intimidação das produtoras em atividade no mercado. Edison entendeu a decisão como uma autorização para exercer o controle da patente da câmera. Até fevereiro de 1908, já a havia licenciado para sete importantes companhias em atividade no mercado: Lubin, Selig, Vitagraph, Pathé Frères, Georges Méliès, Kalem e Essanay. Mas a Biograph, principal concorrente, não chegou a um acordo sobre a divisão de *royalties* e se recusou a assinar o licenciamento.

Em fevereiro de 1908, a Biograph adquiriu a patente de um dispositivo do projetor chamado "laço de Lathan" (Lathan Loop), responsável por uma função amortecedora que minimizava as chances de danificar o filme no momento em que ele passasse em frente à objetiva, que se revelou essencial para uma maior durabilidade das cópias e acabou sendo incorporado a praticamente todos os projetores. A companhia abriu 12 processos referentes à patente do laço de Lathan e outros três referentes ao obturador Pross, patente que havia adquirido em 1903 (Enticknap, 2005, p. 135). Dessa forma, conseguiu constituir sua própria aliança de produtores, afirmando-se como principal força opositora a Edison. O setor se dividiu, então, entre duas associações de fabricantes e seus respectivos conjuntos de patentes: a de Edison, cujas patentes eram importantes para câmera e negativo, e a da Biograph, com suas patentes essenciais para projetores e úteis para a câmera. Para que pudessem atuar legalmente, Edison e Biograph precisaram se licenciar de forma cruzada, até que, em dezembro desse mesmo ano, chegaram a um acordo para colocar fim à disputa. Edison e Biograph, com seus respectivos licenciados, se uniram para formar a Motion Pictures Patents Company (MPPC) – logo batizada como "*The Trust*" por seus rivais (Staiger, 1990, p. 191-192).

Nos anos que antecederam a formação da MPPC, exibição e distribuição se expandiam com força graças ao sucesso dos *nickelodeons* e dos *exchanges*. Na historiografia do cinema americano, não há consenso em torno de qual teria sido o perfil das salas e do público frequentador dos *nickelodeons*[28], mas não existem dúvidas quanto à importância do fenômeno no desenvolvimento da indústria e da cultura de cinema nas grandes cidades dos Estados Unidos. Os números divulgados na época divergem, mas de qualquer forma são indícios de um crescimento exponencial. Até 1907, segundo estimativa da *Variety*, existiam 2.500 espaços de exibição espalhados pelo país; a *Moving Picture World* divulgou algo entre 2.500 e 3.000 salas; em julho de 1908, um jornal da Califórnia afirmou que havia 8.000 cinemas no país (Bowser, 1990, p. 4).

Balio (1976, p. 15) afirma que, em 1910, o número de espaços de exibição havia chegado a 10.000 e possivelmente, no período de uma década, entre 10 e 20 milhões de pessoas incorporaram o cinema aos seus hábitos cotidianos. A arrecadação dos *nickelodeons* teria tomado a

---

28 Para mais detalhes sobre o debate em torno do papel e o perfil dos *nickelodeons* na historiografia do cinema americano ver Allen (1979) e Singer (1995).

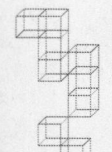

frente absoluta do mercado de entretenimento, tornando-se um negócio maior do que todos os teatros, museus, casas de variedades, *concert halls* e circos combinados. O setor da produção, porém, às voltas com a "guerra das patentes", não conseguiu acompanhar esse crescimento. Criou-se um descompasso: exibição e distribuição com demanda massiva; produção ainda em escala inferior (Musser, 1990, p. 257). Os filmes estrangeiros, como vimos, supriram essa lacuna.

Constituída em dezembro de 1908 (operando efetivamente a partir de janeiro de 1909), a MPPC orientou sua atuação em torno de dois objetivos principais: por um lado, organizar a produção e a distribuição para atender à demanda da exibição; por outro, inibir produtores, distribuidores e exibidores independentes – isto é, aqueles que não aderiram às exigências do licenciamento, seja por opção própria ou por terem sido excluídos pelo "*Trust*" – numa tentativa de controlar o mercado por completo.

A MPPC se formou como uma *holding* reunindo 16 patentes da Edison Co., da Biograph, da Armat e da Vitagraph. Cabia à empresa licenciar os direitos para o uso dessas tecnologias. Fabricantes de equipamentos, produtores de filmes e espaços de exibição pagariam *royalties* que seriam divididos entre as quatro companhias.

O primeiro movimento mais agressivo da MPPC contra os independentes foi a assinatura de um contrato com a Eastman Kodak, que detinha o monopólio da fabricação de negativo no país, garantindo exclusividade de fornecimento de filme virgem aos membros da MPPC. Apesar de a Eastman Kodak ter saído do "*Trust*" pouco depois, em 1911, foi tempo suficiente para deixar os produtores não-licenciados em fúria, pois, se quisessem continuar na atividade, precisariam importar negativo. A MPPC também ameaçava com processos na justiça qualquer produtor independente que utilizasse uma câmera com elementos patenteados pelo "*Trust*".[29] No campo da exibição, era condição para o fornecimento de licenças que os espaços se comprometessem a não exibir filmes de produtores ou distribuidores não associados. Por fim, o "*Trust*" também cobrava *royalties* no valor de cinco

---

29 Na história oral dos primeiros anos da indústria do cinema americano são famosos os relatos de equipes "clandestinas" que tentavam se esquivar dos detetives/capangas contratados pelo "Trust" para coibir o uso de equipamento não licenciados. Esses homens usavam as mais diversas táticas, até mesmo atirar nas câmeras à distância para impedir essas filmagens. Peter Bogdanovich reconstituiu alguns desses relatos em seu filme sobre o período, *No mundo do cinema* (*Nickelodeon*, EUA, 1976).

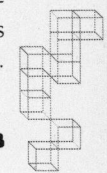

dólares por equipamento e uma taxa de dois dólares por semana dos exibidores que utilizassem os projetores licenciados – essa última medida, em especial, era campeã de reclamações entre os donos de espaço de exibição (Quinn, 1998, p. 54-55).

Dez produtoras associadas formavam o corpo da MPPC: Edison, Biograph, Vitagraph, Essanay, Lubin, Selig, Pathé, Kalem, Kleine e Méliès. Um dos objetivos declarados da companhia era elevar o cinema ao patamar de uma indústria como as outras, *status* que nenhuma atividade ligada ao entretenimento possuía na época. "Para tanto, o '*Trust*' desenvolveu uma variedade de novas práticas, particularmente na distribuição, que ajudaram a criar um suporte para a regularização e a sistematização da produção, enquanto regulava (mas não controlava) a exibição" (Quinn, 1998, p. 45). No fim de 1909, a base de organização pretendida pela MPPC estava formada. Os produtores começaram a investir em novos e maiores estúdios e laboratórios, contrataram mais funcionários e estabeleceram métodos de produção, iniciando também o processo de especialização da mão-de-obra que se acentuaria mais adiante (Bowser, 1990, p. 33). Estava montada a estrutura básica para uma produção industrial próxima de uma "linha de montagem", que permitiria a entrega regular de filmes com padrão técnico de qualidade, atendendo às demandas do mercado exibidor.

Paralelamente, a MPPC começou a trabalhar medidas para "disciplinar" o mercado. Entre seus objetivos estava incentivar o aluguel como prática dominante, desestimular a venda de cópias, definir prazos para a exploração de uma mesma cópia (evitando assim a circulação de cópias velhas e riscadas, reclamação constante de exibidores e espectadores na primeira década do cinema), proibir a sublocação e a prática de "bycicling" (exibição de uma mesma cópia por vários espaços de exibição diferentes, que ganhou esse nome porque as cópias costumavam ser levadas de um cinema para outro de bicicleta), e, principalmente, coibir o uso de cópias "não autorizadas", prática frequente de suas próprias companhias até a formação da MPPC (Quinn, 1998, p. 52-53).

Para que esse projeto pudesse ser implementado, no entanto, era preciso ter um maior controle sobre a distribuição. Em um primeiro momento, a MPPC licenciou cerca de cem *exchanges* em operação em todo o território americano (Staiger, 1990, p. 192). Em abril de 1910, porém, organizou uma distribuidora própria, a General Film Company (GFC), com o objetivo de ampliar esse controle. A primeira estratégia da GFC foi um investimento agressivo na compra de *exchanges* licenciados. A proposta de aquisição envolvia valores abaixo do mercado em troca de ações na companhia, e quem se recusasse a vender teria sua licença revogada (Quinn, 1998, p. 54-55). Em menos de um ano, a GFC havia comprado 58 dos cem *exchanges* licenciados. A estratégia, porém, não envolvia a compra de todos os licenciados, apenas daqueles necessários para montar uma rede de alcance nacional. Os outros foram excluídos do negócio pelo corte de oferta de filmes ou diminuição de preços (Balio, 1976, p. 104-105).

Com uma base nacional de *exchanges* formada, a GFC passou a atuar como um único distribuidor para todos os produtores da companhia, num modelo que funcionou de 1910 a 1915. A distribuidora trabalhava com programas fechados de filmes curtos, em geral de um rolo, que podiam ser entregues duas ou três vezes por semana ou, como era mais comum, diariamente, já que essa era a frequência com que maior parte dos *nickelodeons* trocava seus programas. Os filmes eram adquiridos diretamente das filiadas da MPPC por um preço fixo determinado pela metragem das cópias (a unidade utilizada eram "pés" – um pé equivale a cerca de trinta centímetros –; os valores variaram de oito a doze centavos por pé) e eram alugados para os exibidores por um preço estipulado por rolo, variável de acordo com o tempo passado desde a primeira exibição. Os programas eram montados de forma a incluir gêneros variados, compreendendo em geral um *western*, uma comédia, um drama e um cinejornal (Quinn, 1998, p. 55-56).

Como aponta Hoyt (2014, edição digital), a GFC codificou várias práticas de distribuição que vinham sendo testadas de forma descentralizada e aleatória, mas duas foram particularmente importantes. A primeira foi o sistema de precificação, com base na data de lançamento. Um curta inédito e um rolo, em 1914, custava US$ 7,50 por dia para o exibidor, mas o preço caia rapidamente e chegava a cinquenta centavos por dia depois de pouco mais de um mês após o lançamento. Exibidores de pequeno e médio porte frequentemente agendavam programas mistos que combinavam não apenas gêneros variados, mas filmes com diferentes períodos de circulação no mercado (um novo lançamento, um filme de uma semana a um mês, e um filme em circulação há mais de trinta dias, desde que ainda inédito naquela sala). Começava um processo de diferenciação que conferia valor aos filmes mais novos. A segunda inovação foi a padronização dos preços pela medida (em "pés") para cada rolo entregue. Os filmes das produtoras licenciadas eram alugados para os exibidores a uma taxa padrão por rolo. Esse sistema acalmou os exibidores, que por anos reclamavam de fornecimento incerto e preços discriminatórios, e ajudou os fabricantes a planejar o volume de produção e o orçamento para um mercado no qual podiam prever retornos com mais precisão.

Apesar dos efetivos resultados nos esforços de padronização e disciplinamento do mercado, a tentativa de controle absoluto da atividade não foi totalmente bem-sucedida. Se a MPPC acreditava que os exibidores deixados de fora do "*Trust*" – que chegavam a nada menos que três mil salas – seriam atrofiados pela falta de produto, eles rapidamente passaram a ser atendidos por novos produtores e distribuidores que se lançavam num mercado em constante expansão. Ao longo de 1909, três companhias expressivas começaram a lançar filmes: a Independent Moving Picture (IMP), de Carl Laemmle; a New York Motion Picture Company ("Bison"), e a Powers Company of Mont Vernon, New York. Em abril de 1910, parte dos independentes se uniu para criar a Motion Picture Distributing and Sales Company (Sales Co.), que em menos de dois anos conquistou uma posição significativa oferecendo programas para as salas independentes (Quinn, 1998, p. 53-54) [30].

A MPPC tampouco conseguiu impedir produtores não licenciados de realizar filmes com câmeras patenteadas. Mesmo espalhando "detetives" por todo o país, esse controle era simplesmente impossível. As brechas que se abriram em meio a todos os esforços também foram ocupadas, em parte, por produtoras estrangeiras. A importação foi uma das principais alternativas para complementar a demanda das três mil salas que, em 1909, estavam de fora do sistema da MPPC. Ao mesmo tempo, em médio prazo, o modelo de produção e distribuição estabelecido pelo "*Trust*" trazia limitações que se revelaram fatais à medida que os produtores e distribuidores independentes tornaram-se cada vez mais competitivos, apostando em um formato que não cabia nos padrões estabelecidos pelo "*Trust*".

1.3.6. OS SISTEMAS DE DISTRIBUIÇÃO ALTERNATIVOS

A GFC estabeleceu um modelo sistemático de distribuição estruturado para atender à principal demanda da grande maioria dos espaços de exibição: o fornecimento estável e constante de filmes curtos, organizados

---

30 Segundo Staiger (1990, p. 194), até 1910 o número de salas que alugavam os programas da Sales Co. chegou a quatro mil.

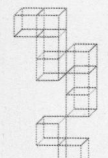

em programas fixos que poderiam ser trocados com frequência. Quinn (1998, p. 47) denomina esse serviço de *variety model* ("modelo de variedades", em tradução literal). Esse mesmo modelo também foi adotado pela segunda maior distribuidora depois da GFC, a Sales Co., tornando-se portanto o padrão de distribuição predominante. Às margens do *variety model*, porém, dois outros sistemas de distribuição, já praticados anteriormente, mas de forma bastante limitada, foram aos poucos ganhando importância: o *states' rights system* (em tradução literal, "sistema de direitos por estado"; ou "sistema de distribuição regional", em tradução mais livre) e o *road show* ("show itinerante" em tradução aproximada, termo "importado" de um método de itinerância utilizado pela indústria para apresentar novos produtos em diferentes mercados).

No *states' right system*, um empresário ou uma pequena empresa distribuidora comprava os direitos de um filme por um preço fixo para explorá-lo em um determinado território (em geral, um único estado ou um conjunto de estados). Cabia ao distribuidor conseguir os espaços de exibição – em geral teatros, escolas, igrejas e associações, ou seja, fora do circuito convencional –, negociar preços e criar estratégias promocionais. No *road show*, por sua vez, o próprio produtor viajava com uma cópia de seu filme (em geral um "filme de prestígio") e a exibia em espaços simbolicamente também associados ao "prestígio" como teatros "legítimos" e casas de ópera. Esses filmes cumpriam carreiras mais longas e os preços dos ingressos cobrados eram bem acima da média dos *nickelodeons* e pequenos teatros de *vaudeville*. Depois de encerrar seu circuito no sistema de *road show*, alguns filmes completavam suas carreiras nas salas de cinema (Rogers, 2016, p. 4-5). Em comum, esses dois sistemas traziam para os produtores interessados em investir em filmes com mais de um rolo a possibilidade de gastar mais (na produção) e tentar lucrar mais rapidamente, em menos espaços.

Nos primeiros anos da década de 1900, o sistema de distribuição regional se firmou como o principal mercado para filmes multirrolo que tinham um público fiel, mas que, por conta de seu formato, não encontravam espaço no circuito tradicional, como por exemplo registros de lutas de boxe, que representaram o mais robusto volume de lançamentos pelo modelo regional nesses anos. *Travelogues* (filmes que reproduziam viagens), reencenações históricas, documentários sobre expedições ou safaris também circularam intensamente por esse modelo. Em 1907, a francesa Pathé optou pelo sistema para lançar o drama religioso *Passion Play* (*Vie et Passion de N. S. Jésus-Christ*, Ferdinand Zecca, 1907), que se tornou um fenômeno (Rogers, 2016, p. 1-5; Quinn, 1998; Abel, 1999, p. 56). Entre 1910 e 1913, o número de filmes distribuídos pelo modelo regional cresceu excepcionalmente: foram 10 em 1910, 20 em 1911, chegando a nada menos que 100 em 1912 e 200 em 1913, sendo que filmes importados da Europa representavam uma fatia significativa desse mercado (Rogers, 2016, p. 11). Tal crescimento apontava para um movimento que passava completamente ao largo dos modelos de produção e distribuição implementados pela MPPC e a GFC.

A Monopol, companhia com sede em Nova York, apostou, com sucesso, no lançamento de épicos europeus pelo sistema de distribuição regional. Começou em 1911 com *Temptations of a Great City* (*Ved Sangslet Port*, dir. August Blom, 1911), uma produção de três rolos (cerca de 40 minutos) da dinamarquesa Nordisk, estrelada por Valdemar Psilander. Em seguida, nesse mesmo ano, vieram os épicos italianos *Dante's Inferno* (*L'Inferno*, dir. Franceso Bertolini, Adolfo Padovan, 1911) e *Homer's Odissey* (*L'Odissea*, dir. Franceso Bertolini, Giuseppe de Liguoro, 1911), ambos com cinco rolos. A partir de 1913, a francesa Gaumont e a dinamarquesa Nordisk também passaram a utilizar o sistema de distribuição regional para lançar suas produções de mais de um rolo, em geral melodramas, policiais e filmes de suspense (Rogers, 2016, p. 8-11).

Se entre 1905 e 1912 a distribuição regional funcionou como opção ao modelo de variedades, a partir de 1912 passou a rivalizar diretamente com o modelo da MPPC:

> A chegada de épicos históricos europeus de múltiplos rolos a partir de 1912 [...] apontou para uma mudança crucial nas vendas regionais e também para a indústria do cinema americano como um todo, na medida em que proporcionou os primeiros passos para o desenvolvimento dos *feature films*, que se tornariam a unidade comercial básica do sistema de estúdios nas décadas seguintes. Na verdade, os épicos históricos europeus importados ajudaram a definir o próprio significado de *feature film* não apenas como um filme mais longo, mas também mais espetacular e suntuoso (Rogers, 2016, p. 2).

1.3.7. A ASCENSÃO DO *FEATURE FILM*, O ESTRELISMO E A DECADÊNCIA DA MPPC

Apesar de nenhuma das companhias da MPPC ter sobrevivido às transformações do mercado nas décadas seguintes, os anos entre a fundação e a dissolução do "*Trust*" definiram algumas características que permaneceram na mecânica da indústria, associadas e moldadas a uma nova con-

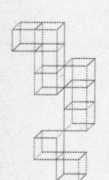

cepção e estrutura. No período de cerca de uma década de ações da MPPC, entre 1905 e 1915, a exploração da imagem em movimento viveu um processo em que diversos tipos de filmes e estratégias comerciais conviveram e disputaram espaço, enquanto a MPPC experimentava e implementava práticas de sistematização e controle, muitas das quais se tornariam padrões recorrentes, ainda que adaptadas e operadas por outros agentes.

A principal ação da MPPC, basicamente, foi equacionar a regularidade de fornecimento e estabelecer uma organização para a produção e distribuição massiva e centralizada. No campo da produção, isso significou uma especialização cada vez maior do trabalho, em que o gerenciamento de cada unidade se organizou em torno de profissionais específicos – primeiro o cinegrafista, depois o diretor (ver Staiger, 1985, p. 85-153). Tanto as estruturas de produção como distribuição foram organizadas para atender às necessidades dos *nickelodeons* e pequenos teatros de *vaudeville*, salas de bairro que em sua grande maioria tinham como principal clientela a vizinhança – trabalhadores, mulheres e crianças. Era um público fiel que precisava ser mantido, o que exigia uma alta rotatividade dos filmes. O formato do programa permitia que o espectador entrasse em qualquer momento com a certeza de que o próximo filme começaria em poucos instantes (daí a importância do filme curto), e a troca constante era desejada para evitar que esse mesmo espectador assistisse a um filme repetido se quisesse voltar nos dias seguintes. O tratamento dado ao filme era o de uma mercadoria padrão – afinal, o *"Trust"* era uma típica corporação da era da produção em massa, e este foi seu entendimento do "produto" cinema. Pelo menos até 1914, os filmes realizados pelas companhias associadas à MPPC tinham um rolo, no máximo dois, e as únicas preocupações com diferenciação estavam na identificação das marcas dos fabricantes e na diversidade de gêneros, para garantir a variedade dos programas.

Como é comum nos processos industriais, toda sistematização montada para organizar modos de produção e circulação tendem a se cristalizar. Quando os filmes de mais de um rolo começaram a chamar atenção, principalmente a partir de 1912, o "modelo de variedades" implementado pela MPPC sofreu abalos. Para os distribuidores dos programas fechados, os filmes multirrolo representavam um estorvo que poderia comprometer o sistema de alta rotatividade. Temiam, ainda, que um possível aumento no preço dos ingressos afastasse os fiéis espectadores das salas de bairro, sua principal base de clientes.

Aos poucos, foi se delineando uma disputa entre formatos que carregavam com eles lógicas de exploração diferentes: os programas padronizados de filmes de um rolo (em que o foco é na manutenção do hábito da frequência às salas), e o filme "diferenciado", o *feature film* (em que o produto a ser vendido era o filme em si). No meio dessa luta, um terceiro formato exerceu papel fundamental: o dos filmes seriados. À moda dos folhetins publicados em jornais, os seriados eram histórias narradas em episódios interligados (em geral policiais e aventuras) com uma linha narrativa dominante. Eram diferentes das séries, é importante frisar. Os filmes em série de Tom Mix, por exemplo, eram histórias independentes. No caso do filme seriado, os capítulos eram exibidos num mesmo espaço em intervalos regulares (dois a cada semana, por exemplo), com uma estrutura narrativa e uma publicidade que enfatizavam a necessidade de se assistir aos episódios em sequência (Freire, 2011, 141). Ou seja, como o *feature film*, o filme seriado era um produto diferenciado que recebia tratamento publicitário específico, mas que se adaptava mais facilmente ao modelo de distribuição dos programas padronizados: eram filmes multirrolo, de formato longo, porém divididos em capítulos que podiam ser exibidos separadamente, em sessões distintas[31].

Hoje, a expressão "*feature film*" costuma ser automaticamente traduzida como "longa-metragem", mas é importante ressaltar que, na época, não tinha exatamente esse significado. A origem do termo *feature* vem do teatro *vaudeville*: *featured acts* eram as atrações principais de um programa de variedades. No cinema, começou a ser usado no contexto da exibição: um *feature* poderia ser um filme particular (uma fita religiosa ou educativa, uma adaptação teatral), ou também um elemento não-fílmico, como uma palestra ou uma apresentação de orquestra. Poderia, ainda, ser um filme multirrolo exibido excepcionalmente em um cinema adepto ao modelo de variedades. Uma sala de bairro que exibia curtas durante a semana, por exemplo, podia passar um *feature film* aos domingos. As exibições dominicais foram comuns para os filmes religiosos e educativos da Vitagraph, uma das poucas produtoras americanas que apostaram desde cedo no formato. Em 1909 a companhia lançou três: *The Life of Moses*, de cunho religioso, e os "educativos" *The Life of Na-*

---

31 Os filmes seriados foram alvo de investimento principalmente da Universal Pictures, de Carl Laemmle, e foram inclusive o formato que serviu de "cartão de visita" quando a Universal se instalou no Brasil, em 1915, como veremos adiante.

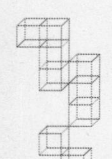

poleon e *The Life of George Washington*[32]. Quando utilizada pelos agentes do cinema da época, portanto, a palavra *feature* designava o destaque de cada programa; a correlação que se tornou comum entre *feature* e filmes de longa duração prevaleceu a partir do momento em que as produções de cinco rolos ou mais se tornaram predominantes, o que só ocorreu em torno de 1915 (Quinn, 1998, 65-68)[33].

Ironicamente, o que chamou atenção para as possibilidades de lucro com os *features* foi o cinema estrangeiro, aquele mesmo que havia sido sistematicamente marginalizado pela MPPC. Também na Europa, como frisa Rogers (2016, p. 5), o crescimento dos filmes épicos e de prestígio foi viabilizado por um sistema de distribuição regional que abriu caminhos para a circulação desses filmes, fomentando um crescimento que também se deu às margens do mercado amplamente dominado pelo filme curto.

Algumas companhias da MPPC além da Vitagraph abriram os olhos para o crescimento dos *features* e procuraram investir no formato, mas foram poucas, e esbarravam nas limitações da distribuição. Hoyt (2014, edição digital) detalha como a estrutura montada pela MPPC/GFC gerou essas limitações. Durante o *boom* dos *nickelodeons* entre 1905 e 1907, um *exchange* comprava os filmes diretamente dos produtores por um preço fixo e podia recuperar o investimento da compra de um filme após cinco aluguéis – tudo além disso era lucro. Boa parte dos *exchanges* explorava as cópias até que elas literalmente se desfizessem, o que aborrecia os exibidores obrigados a mostrar filmes em más condições de projeção. Alguns copiavam os filmes ainda no início de sua circulação ou adquiriam cópias antigas ou pirateadas. Dessa forma os produtores da MPPC não tinham motivos para investir mais na produção dos filmes. Mesmo nos maiores sucessos, o grosso das receitas ficava com os *exchanges*. Nesse ambiente, diz Hoyt, "a cópia era rainha". Por fim, quando produtoras associadas investiam em *features* e os entregavam para a GFC, eles eram adaptados à estrutura dos programas. Os rolos de um mesmo filme eram exibidos em dias separados, às vezes na semana seguinte, sem o investimento publicitário necessário e sem a mobilização para

---

32 Em vários estados dos EUA, por pressão das igrejas, que temiam queda na frequência, foram aprovadas leis que proibiam a exibição de filmes aos domingos (tradicionalmente o dia de ir à igreja). Os filmes religiosos foram uma estratégia para quebrar a resistência da igreja.

33 Durante muitos anos, mesmo após a sclidificação da exploração comercial do formato longa-metragem, essa característica seria mantida, com a exibição de *trailers*, publicidade e eventualmente curtas antes do longa.

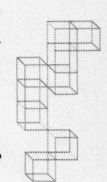

que a plateia compreendesse o que estava vendo. No fundo, a mudança que começava a se esboçar era bem mais profunda, de caráter estrutural, e teria implicações cruciais no desenho do futuro da indústria: a cópia perdia protagonismo para o filme negativo, ou seja, a película que já foi atravessada pela luz e que serve de base para a feitura das cópias.

No modelo MPPC/GFC, o custo do negativo não era muito maior que o do filme virgem. É sempre importante lembrar que as companhias da MPPC começaram como fabricantes de equipamentos que passaram a produzir filmes para alimentar seus projetores. O *hardware* era o centro do negócio e a principal fonte de renda; os filmes representavam um conteúdo barato, de consumo rápido e praticamente descartável. Com o início da "individualização" dos filmes, a produção do negativo passaria a custar bem mais que a da produção das cópias.

A geração de empresários que cresceu às margens das tentativas de controle da MPPC entrou para a indústria pela porta da exibição (*nickelodeons*) e/ou da distribuição (*exchanges*) – ou seja, já não tinha nos equipamentos o centro de seus negócios; pelo contrário, valorizavam a diferenciação do espetáculo nas telas. A maior parte deles apostaria na diferenciação dos filmes, ainda que com cautela. Mas isso dependia de um rompimento com a lógica organizada pela MPPC e a GFC. O filme não teria mais seu preço determinado por sua materialidade como suporte (a película, a lata) e pela metragem (ou seja, o tempo que mantinha o projetor funcionando), mas pelo valor material e simbólico daquilo que foi impresso na película: os "valores de produção" e seus investimentos correlatos em cenários, figurinos, narrativa, efeitos visuais e, o que vinha ganhando cada vez mais importância: os investimentos em estrelas.

Na lógica padronizada da MPPC, qualquer diferenciação que não fosse de gênero (comédias, dramas etc.) ou marcas (Edison, Biograph etc.) era vista com desconfiança. Daí a resistência do "*Trust*" quando, durante a febre do *nickelodeon*, apareceram indícios de que atores e atrizes despertavam curiosidade especial das plateias. Os espectadores escreviam para as fábricas procurando saber mais sobre as pessoas que apareciam repetidamente nas fitas das mesmas marcas. Os fabricantes da MPPC, no entanto, temiam que a valorização de "estrelas" provocasse um aumento de salários e acirrasse a concorrência entre estúdios, que passariam a disputar os nomes mais populares (o que, de fato, ocorreu). Uma parte dos produtores independentes, no entanto, apostou que a alta dos custos poderia ser compensada pelo fato de que um filme com uma estrela passaria a valer muito mais do que um filme sem uma estrela[34]. Um dos primeiros movimentos em direção ao estrelismo foi a iniciativa de Carl Laemmle, em 1909, quando contratou para a IMP Films "a garota da Biograph" Florence Lawrence e investiu em uma campanha publicitária para anunciar o feito (Silver, 2007, p. 99).

A principal consequência da valorização do negativo era evidente: custos mais altos para as filmagens, que precisariam ser viabilizados. Mas como? O "modelo de variedades" não tinha margem para absorver ingressos mais caros ou temporadas mais longas. As salas pequenas também não favoreciam o retorno rápido dos investimentos do produtor. E ainda pairava grande incerteza se o público aceitaria pagar mais para se divertir. Seriam necessários novos modelos de distribuição e exibição que permitissem um controle ainda maior sobre a circulação dos filmes e, sobretudo, uma mudança no balanço da distribuição das receitas, aumentando a fatia do produtor. A precificação padronizada implicava uma produção padronizada:

> Se uma produção de um rolo custasse cem ou mil dólares, o fabricante recebia a mesma taxa – algo entre oito e onze centavos – por pé de filme positivo entregue. Da mesma forma, o exibidor sempre pagava a mesma taxa por rolo. Os fabricantes compartilhavam as taxas de exibição apenas indiretamente – filmes de sucesso vendiam mais cópias para o GFC –, e tinham pouco incentivo para investir em produções mais caras e ambiciosas. O que era mais problemático: mesmo se você alterasse a equação de pagamento por pé, a estrutura geral de distribuição, construída em torno das necessidades do pequeno exibidor, limitava a quantia que qualquer filme poderia gerar (Hoyt, 2014, edição digital).

As transformações do mercado se intensificaram na década de 1910. Em 1911, o sucesso dos *features* europeus lançados pela Monopol deixou produtores em estado de alerta. No ano seguinte, em agosto de 1912, Adolph Zukor, que construiu sua primeira fortuna como dono de *nickelodeons*, se arriscaria nesse mesmo terreno com o lançamento da produção francesa *Les amours de la reine Elisabeth*, drama histórico

---

34 Um terceiro fator essencial no processo de valorização do negativo impresso foi apontada por Eric Hoyt (2014) e já analisada anteriormente. As mudanças nas leis de direitos autorais ofereceram segurança para que os produtores investissem na adaptação de materiais conhecidos do público (livros, peças de teatro), e conferiram aos produtores maior controle legal sobre seus filmes, incentivando a formação de catálogos.

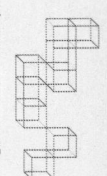

de cerca de 45 minutos estrelado pela dama do teatro Sarah Bernhardt, que ele distribuiu como *Queen Elizabeth*[35].

Alguns meses antes, em junho, Zukor havia lançado a Famous Players Motion Picture Company, resultado de sua associação com o produtor teatral Daniel Frohman e o diretor Edwin S. Porter. Seu projeto vinha de sucessivas viagens ao mercado europeu, para compreender melhor o fenômeno dos *features*. "Como a Pathé antes dele, [Zukor] viajava para se manter em contato com as condições de mercado no exterior" (Silver, 2007, p. 98-99). A partir principalmente do sucesso de *The Passion Play*, da Pathé, em 1908, o empresário vinha defendendo a teoria de que as plateias estavam se cansando dos filmes curtos e enxergava uma saída na exploração de *features*.

A Famous Players foi concebida com o intuito específico de realizar *feature films* de maior orçamento, adaptados de textos teatrais e estrelados por grandes nomes do teatro – como o próprio nome da empresa anunciava. A principal inspiração foi a Societé Films D'Art, subsidiária da Pathé criada para realizar filmes de prestígio e acalmar pelo menos em parte as cobranças das elites culturais francesas que desprezavam a popularidade da imagem em movimento.

A Famous Players prometia entregar doze *features* por ano (um por mês), assumindo, de partida, o compromisso de um fornecimento regular. "Zukor argumentava que mesmo os exibidores que queriam os *features* não podiam trocar o mercado estabelecido dos filmes curtos por um que entregava filmes de forma inconsistente. Com lançamento regular, pretendia eliminar a inconsistência e a especulação que caracterizaram o mercado no passado" (Quinn, 1998, p. 106). Até aquele momento, porém, os *features* eram eventos excepcionais que atraíam um público frequentador de teatros e casas de ópera, não associados à imagem em movimento. Se a maioria dos *features* havia feito sucesso, acreditava-se que o êxito se devia à excepcionalidade do produto. Zukor, evidentemente, encontraria dificuldades para lançar doze *features* por ano, em parte por conta da dúvida se o formato sobreviveria a uma suposta banalização, mas, principalmente, diante de um modelo de

---

35 A grande estrela do teatro francês era um símbolo da influência cultural francesa nos EUA, fortalecida por nove turnês teatrais entre 1800 e 1918 (ver Goss; Ritchey, D., 2009). Além disso, como aponta Musser (2013, p. 158), a atriz se interessou pelas novas formas de reprodutibilidade de mídia como veículo para sua arte e ideias, gravando discos para Edison e protagonizando filmes, o que encorajou outros atores de teatro a fazer o mesmo.

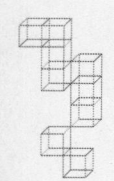

distribuição e exibição ainda predominante formatado para o programa de curtas. Os custos bem mais altos representavam a necessidade de um investimento muito superior. Uma aposta cuja viabilidade precisava ser testada, e *Queen Elizabeth* foi a cobaia.

Durante uma de suas viagens à Europa, Zukor adiantou US$ 40 mil (soma excepcional para a época) ao produtor Louis Mercanton para completar o financiamento de *Queen Elizabeth*, em troca dos direitos de distribuição nos Estados Unidos[36]. O filme foi lançado nos EUA em agosto de 1912, em teatros e casas de ópera, pelo sistema de distribuição regional, por um aluguel de US$ 50 por dia, bem maior do que os US$ 15 cobrados pela GFC para seus filmes de dois e três rolos. Apesar do alto custo, a empreitada se confirmou um imenso sucesso (Quinn, 1998, p. 110). A experiência de *Queen Elizabeth* convenceu Zukor e seus sócios de que havia um mercado potencial para *features* longos e caros. A Famous Players partiu para a produção própria e lançou seu primeiro *feature*, *The Prisioner of Zenda*, em fevereiro de 1913. Daniel Frohman, sócio de Zukor, próximo de Thomas Edison, conseguiu que a MPPC licenciasse tanto *Queen Elizabeth* como *The Prisioner of Zenda*, abrindo espaço nas salas atendidas pela GFC. Mas Zukor preferiu o lançamento pelo sistema de distribuição regional, graças à experiência desses distribuidores com filmes longos e diferenciados. Apesar do sucesso, *The Prisioner of Zenda* rendeu pouco à Famous Players e confirmou a desvantagem do modelo regional para os produtores americanos: o pagamento de um preço fixo para o distribuidor. A partir dessa constatação, Zukor concluiu que, se quisesse recuperar seus investimentos e obter lucro, precisaria montar (e controlar) um novo modelo de distribuição (Quinn, 1998. p. 110-112).

A principal consequência do sucesso dos *features*, particularmente *Queen Elizabeth*, se deu no campo da exibição. Até aquele momento, os teatros "legítimos" e casas de ópera exibiam *feature films* ocasionalmente, como alternativa à programação ao vivo. No entanto, muitos desses espaços encontraram tamanho sucesso com os *features* que decidiram aderir por completo à imagem em movimento. Esses novos exibidores, no entanto, não estavam interessados nos programas fechados de curtas de um só rolo; queriam a garantia de um suprimento constante de filmes mais longos, de preferência espetaculares ou com algum tipo de diferen-

---

36 Ao comprar os direitos de distribuição de um filme ainda não filmado, Zukor antecipou uma lógica financeira que mais tarde também se tornaria padrão na indústria: a distribuição financia a produção.

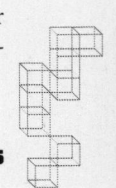

cial. Além disso, apostando no potencial de lucro do formato, alguns empreendedores começaram a construir salas maiores. Começava uma nova transformação que alteraria radicalmente o perfil do mercado, no braço da exibição: a ascensão dos chamados *movie palaces*, grandes casas luxuosas, com um número muito maior de assentos.

Até pelo menos 1914, o "*Trust*" manteve uma fatia substancial do mercado, lançando seus filmes em mais de 40% dos cinemas do país, mas esses espaços foram se tornando menos lucrativos à medida que os "palácios cinematográficos", interessados na exibição de *features*, foram sendo abertos. Os palácios não precisavam de uma grande rotatividade de programas para obter lucro. Cobravam entradas mais caras e ofereciam muito mais conforto, mas os valores do ingresso não eram tão superiores aos das salas pequenas justamente porque podiam abrigar um número muito maior de espectadores por sessão. Segundo um levantamento da *Variety* de 1916, naquele ano 85% dos espaços de exibição em funcionamento nos Estados Unidos tinham menos de 600 lugares, e metade desses tinham menos de 300[37]. Os cinemas pequenos dominavam numericamente, mas não em termos de capacidade e, principalmente, de rentabilidade. Longe de ser mera "tendência", a ascensão do *feature film* trazia implicações para toda a cadeia da indústria. Para Rogers, a própria definição de *feature* foi forjada pela distribuição, mais especificamente pelas práticas possibilitadas no modelo da distribuição regional:

> Entre 1912 e 1915, componentes definidores do *feature film* – como a longa duração, a permanência em circuito por mais tempo, a publicidade especializada e espaços de exibição exclusivos para filmes – foram construídos pelo circuito regional. Isso foi possível, em parte, porque o modelo regional incentivava orçamentos mais altos e facilitava uma estratégia de lançamento flexível, que permitia a amortização de custos e a possibilidade de visar aos espectadores de classe média (Rogers, 1999, p. 2).

Em 1912, dois episódios em particular apontam para o princípio de um realinhamento mais definitivo da indústria. O primeiro foi uma série de decisões da justiça que ameaçavam a base jurídica do domínio da MPPC. O segundo foram rompimentos internos tanto na MPPC como nas maiores associações independentes, relacionados justamente aos conflitos em torno da exploração dos *features films*.

Em fevereiro de 1912, a justiça anulou a patente do laço de Lathan. Nesse mesmo ano, William Fox, dono de *exchanges* que se recusara a vender seu negócio à General Film Company, acionou a MPPC sob a acu-

---

37 *Variety*, 22 dez 1916, p. 12, apud: Quinn, 1998, p. 48.

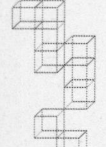

sação de restrições ao comércio. Fox perdeu, apelou e terminou chegando a um acordo extrajudicial, mas o caso ganhou notoriedade e chamou a atenção do governo, que no dia 16 de agosto de 1912 abriu um processo contra a MPPC por violação da Lei Sherman. Também em agosto de 1912, uma assembleia da Motion Pictures Exhibitor's League of America (Liga dos Exibidores da América) aprovou uma resolução para acionar a MPPC na justiça contra a taxa de dois dólares cobrada de cinemas licenciados pelo uso de projetores patenteados e solicitar o fim da proibição do "*Trust*" de exibição de filmes independentes nos cinemas licenciados (Rogers, 1999, p. 217). Até esse momento, a Lei Sherman praticamente não era acionada. Em 1914, porém, com base nessa lei, a Suprema Corte condenou a Standard Oil por restrição ao comércio, estabelecendo um prazo de seis meses para a dissolução do *Truste* do petróleo, uma demonstração de que a política de tolerância com as combinações havia mudado desde a posse de Woodrow Wilson, em março de 1913 (Silver, 2007, p. 70). O processo movido pelo governo contra a MPPC demorou a ser concluído, mas, em outubro de 1915, a justiça deu vitória ao governo e ordenou a dissolução do "*Trust*".

Paralelamente, os agentes do mercado que apostavam em *features*, cada vez mais numerosos, começaram a se organizar para abrir caminhos para o formato. Em novembro de 1912, oito pequenos produtores que realizavam principalmente *features* multirrolo anunciaram a organização de uma aliança de distribuição nacional alcançando 200 exibidores. Apesar de a iniciativa nunca ter produzido resultados importantes, ela demonstrava que, definitivamente, a distribuição regional e o *road show* não eram a solução definitiva para a circulação do formato. Enquanto isso, crescia a pressão dos novos exibidores por um suprimento constante de *features*.

Em outubro de 1913, numa tentativa de se aproximar do novo mercado de exibição, a GFC anunciou a criação de um plano de distribuição especialmente para atender aos *features*, garantindo a exclusividade do filme por 90 dias para qualquer exibidor disposto a pagar. A distribuidora ressaltava que, ao optar por esse modelo, um exibidor poderia potencializar a publicidade e cobrar ingressos mais caros. No entanto, possivelmente por seu alto custo, o plano não despertou interesse, já que em dezembro a companhia abandonou a estratégia e a substituiu por uma série especial de filmes de três a oito rolos, sem promessa de exclusividade.

Enquanto isso, o estrelismo ganhava força. Produtores independentes, ao perceberem a popularidade de alguns atores e atrizes, apostavam alto em *features* de um rolo – como os filmes da Keystone estrelados por

Charles Chaplin, produzidos ao longo de 1914. Conforme a popularidade de Chaplin se confirmava e se ampliava, a Mutual, distribuidora da Keystone, passou a cobrar um valor mais alto por seus filmes. Outros produtores independentes também fizeram *features* de um ou dois rolos, como os *westerns* que Thomas Ince produziu (também entre 1914 e 1915) estrelados por William S. Hart (Hoyt, 2014, edição digital).

Em 1914, novas alianças nacionais de distribuição de filmes longos foram organizadas – e, desta vez, mantidas. Uma das primeiras foi a Warner's Features, que foi fundada em 1913 e no ano seguinte distribuía três filmes longos por semana, vindos de onze produtoras diferentes. Em junho de 1914, Louis Selznick e Arthur Spiegal reorganizaram a World Film Company como uma distribuidora de *features*, e banqueiros da Filadélfia capitalizaram a empresa com US$ 3 milhões.

Os anos de 1915 e 1916 foram particularmente movimentados e decisivos, a começar pela decisão da justiça pela dissolução da MPPC e a possibilidade de abertura de processos contra o *Trust* por danos materiais. A Greater New York Film Rental Company, de William Fox, abriu caminho instaurando um processo de reparação de danos em janeiro de 1915 solicitando US$ 1,8 milhão (Staiger, 1990, p. 202).

Mesmo antes da dissolução da MPPC, diante das hesitações e dificuldades em torno da distribuição de *features*, a GFC já vinha sendo esvaziada. Em abril de 1915, Vitagraph, Lubin, Selig e Essanay anunciaram a criação de uma nova companhia, a V-L-S-E, para cuidar da distribuição de filmes mais longos (os de um só rolo continuariam sendo distribuídos pela GFC). Em julho de 1915, Kleine e Edison também organizam uma distribuidora à parte, só para *features*. Apenas a Biograph (na ocasião já praticamente inativa), Kalem e David Horseley's Ace Films ainda não tinham distribuidoras alternativas.

Mas o evento que crava 1915 como um ano chave na transformação da indústria foi a estreia de *O nascimento de uma nação* (*The Birth of a Nation*), de David W. Griffith. Como resume Hoyt (2014, edição digital):

> Nenhum filme representou com maior precisão a ascendência do *feature*, do estrelismo e da indústria pós-MPPC do que *O nascimento de uma nação*, de Griffith. Um épico de três horas sobre a Guerra Civil e a Reconstrução, *O nascimento de uma nação* se tornou uma sensação imediata, aclamada por seu talento artístico e emocional, atacado por seu racismo vil. O público correu para ver o raio da controvérsia por si mesmo. Griffith distribuiu o filme em todo o país pelo sistema de *road show*; o filme era exibido em grandes teatros e a sessão incluía uma grande orquestra, lugares marcados e preços

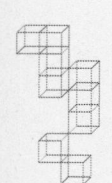

mais altos do que os das atrações de primeira linha [*first run*]. O filme continha estrelas – Mae Marsh e Lilian Gish, entre outras –, mas a verdadeira estrela era o diretor do filme, que recebeu ampla cobertura na imprensa.

Inicialmente lançado pelo modelo de *road show*, mas depois estendendo sua carreira no circuito "tradicional", *O nascimento de uma nação* impressionou por estabelecer um novo patamar na capacidade de arrecadação de um único filme. Apesar de não existirem dados sobre sua bilheteria final, a revista *Epoch* reportou, em 1917, que os sócios da produção haviam recebido US$ 4,8 milhões em receitas (apud Schickel, 1984, p. 281).

Os anos que se seguiram à derrocada da MPPC foram marcados por muitas mudanças nas práticas de produção, distribuição e exibição – transformações que se revelaram vitais para a própria concepção do que seria o cinema. Até o fim da década de 1910, os filmes de cinco a seis rolos já formavam a grande maioria dos lançamentos. O longa-metragem, as estrelas, a publicidade, a companhia verticalmente integrada e os palácios cinematográficos tomaram forma nesse período. A Famous Players Film Company, fundada por Adolph Zukor em 1912, e a Jesse L. Lasky Feature Play Co, criada por Jesse L. Lasky, Samuel Goldwyn e Cecil B. de Mille no ano seguinte, entraram no mercado precisamente com o objetivo de fazer filmes diferenciados de longa duração e já montaram suas estruturas para atender prioritariamente a esse novo modelo. Foram essas mesmas companhias que também dariam o pontapé inicial para outra mudança importante da indústria americana: o estabelecimento de um núcleo de produção na Costa Oeste do país.

1.3.8. HOLLYWOOD E A NOVA CONFIGURAÇÃO DA INDÚSTRIA

Nos primeiros anos do cinema e no período da MPPC, os principais polos da indústria cinematográfica americana estavam situados em Nova York e seus arredores e em Chicago (onde operavam duas grandes produtoras do *Trust*, Selig e Essanay, e o importador e distribuidor Georges Kleine, além de dezenas de *exchanges*). Mas as duas cidades apresentavam uma grande desvantagem para a produção: um longo e rigoroso inverno, numa época em que ainda era necessário filmar com luz natural (mesmo os estúdios tinham tetos transparentes para permitir a entrada de luz). Todos os anos, profissionais especificamente designados pelas produtoras saíam estrada afora em busca de locações e clima ensolarado. Quando essas locações eram encontradas, seguiam técnicos, atores e equipamentos para a filmagem de exteriores. Na imprensa especializada, há relatos de trupes inteiras que pegavam o trem em Nova York e partiam para filmar em outros estados – em muitos casos, novos técnicos e atores se juntavam em cada parada do trem.

Segundo Bowser (1990, p. 151), a primeira companhia produtora a estabelecer um estúdio fixo na Costa Oeste, na outra extremidade do país, foi a Essanay. O produtor e diretor Francis Boggs passou por Los Angeles no outono de 1907 em busca de locações e voltou à cidade em 1908, onde filmou os exteriores de *O conde de Monte Cristo*. Em 1909, Boggs comprou um terreno em Olive Street com o objetivo de construir um estúdio fixo da Essanay na região.

Quase todas as grandes produtoras em atividade nos Estados Unidos chegaram à Califórnia entre o fim de 1910 e os primeiros meses de 1911. Embora a maioria ainda não tivesse a intenção de permanecer, em 1911 já estava claro que Los Angeles e seus arredores caminhavam para se tornar um polo de produção permanente. Neste ano, exatamente, a Nestor Company adquiriu o galpão situado na esquina de Gower e Sunset no bairro de Hollywood (Bowser, 1990, p. 161).

Mas por que o sul da Califórnia, uma região ainda inóspita e carente de infraestrutura, foi eleito pela indústria? Em primeiro lugar, as viagens constantes em busca de locações variadas num país da dimensão dos EUA evidentemente não representavam uma solução prática, muito menos econômica. O sul da Califórnia acumulava diversas vantagens: terrenos de custo mais baixo se comparados aos de Nova York e Chicago; mão de obra mais barata, já que a região ainda não havia sido sindicalizada e contava com uma grande quantidade de imigrantes; e sobretudo um ambiente favorável para filmagens, com luz do sol abundante e uma variedade de paisagens situadas a curtas distâncias.

Durante muito tempo, prevaleceu ainda a hipótese de que as produtoras independentes teriam se instalado por ali para fugir dos "detetives" da Motion Pictures Patents Company, mas essa versão já foi bastante contestada, pois há relatos de detetives do "*Trust*" agindo em Los Angeles desde muito cedo, sem mencionar o fato de que algumas companhias do "*Trust*", e não só as independentes, também se estabeleceram por lá nessa mesma época. De qualquer maneira, do ponto de vista jurídico, os independentes ganhavam tempo, pois os processos, agora, precisavam correr entre jurisdições diferentes (Sklar, 1994, edição digital; Silver, 2007, p. 71).

A transferência do polo de produção da indústria do cinema americano para o sul da Califórnia teve profunda influência nos filmes. Em primeiro lugar, a região permitia a exploração de uma diversidade de paisagens externas atraentes e espetaculares, elemento crucial para o crescimento do *feature film*. A possibilidade de realizar muitas cenas externas teve consequências diretas na estética dos filmes[38].

> [...] Os cineastas foram retirados dos estúdios fechados e ainda não contavam com novas instalações. Os filmes feitos em locações distantes foram em sua maioria realizados ao ar livre, e por isso refletem o posicionamento mais livre de câmeras, e o movimento dos atores, dos cavalos e de todas as criaturas vivas no espaço mais profundo. Como a ação se espalhou por um alcance maior do que em um estúdio, era difícil manter o centro do quadro, e o cinegrafista tinha que se deslocar para segui-lo. [...] Naturalmente, alguns cineastas podiam viajar três mil milhas e ainda montar um enquadramento rígido como um palco, no qual homens cavalgavam e posavam rigidamente de frente para a câmera, mas os mais talentosos descobriram que filmar em locações os libertava de alguns dos métodos e lhes dava novas ideias [...]. (Bowser, 1990, p. 162).

Mas se o polo produtor se deslocou para Los Angeles e Hollywood alcançou o *status* de mito, o centro de tomada de decisões da indústria, na verdade, permaneceu em Nova York. Os executivos e produtores instalados em Los Angeles estavam subordinados aos escritórios nova-iorquinos onde trabalhavam seus superiores e onde ficavam os principais sócios e investidores de Wall Street, a quem os executivos se reportavam. Se Los Angeles controlava a produção, Nova York controlava a distribuição. Uma frase publicada no *The Journal of the Screen Producers Guild*, em setembro de 1966, resume a situação: "A política é feita em Nova York; os filmes são feitos em Hollywood" (apud Gomery, 2005, p. 3).

Outra mudança de cenário radical, no interior mesmo da indústria, começou a se desenhar ainda a partir do começo dos anos 1910, quando uma nova série de fusões deu início às companhias que formariam

---

38 Uma breve história curiosa: em 1923, Cecil. B. De Mille filmou as sequências passadas no Egito de sua primeira versão de *Os dez mandamentos* (*The Ten Commandments*, 1923) nas dunas de Guadalupe, no condado de Santa Barbara, na Califórnia. Sessenta anos depois, em 1983, um grupo de cinéfilos, a partir de uma pista na autobiografia de Mille, localizou vestígios do cenário. Arqueólogos foram convocados para desenterrar reproduções imensas de estátuas e colunas egípcias construídas para as filmagens. Parte do material foi recuperada e hoje está na exposição "A cidade perdida de De Mille", no pequeno museu The Dunes Center (http://dunescenter.org/visit-the-dunes/dunes-center/exhibits-and-activities-research/the-lost-city-of-demille/).

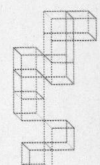

as chamadas *majors*, os futuros "grandes estúdios de Hollywood". A maioria delas nasceu a partir das reações à tentativa de Edison de monopolizar o mercado pela MPPC. Um dos primeiros esforços de organização dos produtores independentes foi a criação de uma distribuidora para centralizar o lançamento de seus filmes, a Sales Co., mas logo surgiram rivalidades internas que resultaram na formação de duas novas companhias distribuidoras: Universal Pictures e Mutual Film. Ambas distribuíam um programa semanal de filmes curtos para cinemas independentes num modelo semelhante ao da General Film Company. Quando o mercado iniciou seu processo de transição para os *feature films*, a Universal seguiu e prosperou, mas a Mutual não sobreviveu (Silver, 2007, p. 70).

Em 1912, a Universal se tornou um grande estúdio graças à fusão de várias companhias capitaneada por Carl Laemmle, da Independent Moving Pictures Company (IMP). Bowser (1990, p. 223) afirma que "o começo tempestuoso da Universal seria um bom tema para uma nova versão de *Rashomon*, de Kurosawa, com cada participante contando sua versão" (a frase facilmente se aplica também ao processo de formação da Paramount Pictures, como veremos daqui a pouco). A intensa disputa de poder entre Carl Laemmle e o produtor Pat Powers, marcada por intrigas e compras de ações, terminou com a saída de Powers da companhia em fevereiro de 1913. Curiosamente, mesmo tendo vindo da oposição à MPPC, Laemmle não era um entusiasta dos *features*. Ao contrário de outros opositores, no entanto, ele se rendeu às evidências do fortalecimento do formato e, em março de 1914, inaugurou uma unidade destinada à produção de *special features* de quatro a seis rolos.

Depois de deixar a Universal, Pat Powers se associou aos irmãos Warner e assumiu a presidência da Warner's Features, Inc., fundada em 1º de agosto de 1913, com Albert Warner como vice-presidente. Em 1914, agora com o nome United Film Service, a Warner já lançava três *features* de três rolos por semana. William Fox, conhecido exibidor e distribuidor, fundou em janeiro de 1914 a Box Office Attraction Company, que inicialmente seria apenas uma distribuidora especializada em *features*, mas logo entrou também para a produção. O processo de constituição da Paramount Pictures, no entanto, merece atenção especial, não só pelas intrigas envolvidas, mas pela posição de liderança que a companhia logo assumiria e pelo poder e influência que viria a acumular nos primeiros anos dessa nova configuração da indústria.

A formação da Paramount é complexa e envolve a união de forças de uma série de "pioneiros" dos *feature films*. O principal deles é Adolph Zukor, entusiasta dos *features* desde o lançamento de *Queen Elizabeth*, que partiu para a produção de seus próprios filmes no formato. O segundo é Hobart Bosworth, que formou a Bosworth, Inc. a partir de um contrato de exclusividade com o escritor Jack London para produzir *features* baseados em seus romances (mas que logo depois incorporou outras produções). O terceiro é Jesse Lasky, produtor de *vaudeville* que havia fundado uma companhia batizada com seu próprio nome, também voltada para a produção de *feature films*. Eram sócios de Lasky seu genro, Samuel Goldfish (que mais tarde mudaria seu nome para Samuel Goldwyn) e o autor e diretor teatral Cecil B. De Mille. O quarto é W. W. Hodkinson, ex-executivo do *Trust* que abandonou a General Film Company para fundar uma distribuidora própria, dedicada aos *features*, a Paramount Pictures. Hodkinson, entre outras inovações, sistematizou o modelo em que a distribuição adianta recursos em troca de um percentual da bilheteria – instituindo uma das práticas que até hoje funcionam como motor da indústria audiovisual (a distribuição que financia a produção). "Pelos direitos de distribuição, a Paramount receberia 35% das receitas; em troca, providenciaria adiantamentos para financiar os custos de produção e garantir um retorno mínimo ao produtor. O sistema imaginado por Hodkinson apontou o caminho para a futura organização dos grandes estúdios" (Bowser, 1990, p. 227).

Em maio de 1914, os três primeiros grupos se juntaram para formar uma só companhia, a Famous Players, Lasky and Bosworth Inc., que acertou um acordo de distribuição com a recém-organizada Paramount Pictures Corporation. Hodkinson apostava que o público pagaria mais por filmes longos e de *alta classe*, convencendo banqueiros a financiar a Paramount Pictures, com a condição de garantir contratualmente um fluxo constante de "filmes de qualidade". Ele prometeu aos exibidores, mais uma vez sedentos por um fornecimento constante e confiável, nada menos que 104 filmes por ano – o suficiente para trocar seus programas duas vezes por semana.

Assim como no caso da Universal, intrigas palacianas marcam a formação da Paramount. Segundo versão do próprio Zukor em sua biografia autorizada (Kramer, 1953, p. 125), o empresário teria ficado insatisfeito com o valor negociado para o aluguel dos filmes da Famous Players e, sobretudo, com a perspectiva de que a distribuidora, cada vez mais poderosa, pudesse determinar os tipos de filmes realizados pela produtora. Discreta e lentamente, Zukor foi adquirindo ações da Paramount até obter o controle majoritário da distribuidora, e na primeira assembleia de 1915 destituiu Hodkinson e assumiu a direção da empresa. Uma semana depois, Zukor e Lasky concordaram em fundir definitivamente seus dois estúdios e usaram essa nova entidade, a Famous Players-Lasky, para comprar as ações remanescentes da Paramount, um acordo que mobilizou US$ 25 milhões em dinheiro e ações. Teria havido, no entanto, um possível segundo motivo para o conflito entre Zukor e Hodkinson, ligado aos modos de gerenciamento do negócio. Zukor seria um ferrenho defensor da venda de pacotes fechados para os exibidores – uma prática conhecida como *block booking*[39]. Ele também seria a favor da integração de todos os elos da indústria (produção, distribuição e exibição), ou seja, da verticalização absoluta do negócio. Hodkinson, por sua vez, seria contra o *block booking* e defenderia a autonomia dos três elos da cadeia (Quinn, 1998, p. 132-133)[40].

De fato, quando Zukor assume o controle da Paramount, o *block booking* se torna a prática da distribuidora. Na teoria, a Paramount oferecia ao exibidor a opção de adquirir títulos separadamente, mas os

---

39 O termo vem de "to book a film", atribuição do funcionário do departamento de vendas de uma distribuidora, ou seja, "vender" os filmes para os exibidores e convencê-los a programá-lo nas melhores condições para o distribuidor. Alguns pesquisadores, como Quinn (1998, p. 5), defendem que o *block booking* seria um prolongamento do programa fechado desenvolvido pela General Film Company no "modelo de variedades". No entanto, ainda que as práticas fossem semelhantes, é preciso considerar que, no tempo do "modelo de variedades", os filmes eram curtos, indiferenciados e baratos, enquanto a Paramount trabalhava com longas específicos e caros, e sua posição proeminente lhe dava um poder de negociação muito maior. Se o exibidor quisesse exibir um filme *high profile* da Paramount, precisaria exibir (ou pelo menos se comprometer a pagar) todos os outros.

40 Afastado da Paramount e esvaziado de poder, Hodkinson será uma voz dissonante em Hollywood. Segundo Higson e Maltby (1999, p. 9-10), depois de uma viagem à Europa, em 1926, Hodkinson reconheceu, por exemplo, a importância das produções locais: "Um filme alemão medíocre, ele argumentou, "agrada mais o público alemão e produz um retorno maior em dinheiro na Alemanha do que um filme americano consideravelmente melhor". Ele achava que o futuro estava em cada país produzindo "mais e mais imagens próprias para consumo próprio, para a exclusão gradual dos filmes menores importados de outros países", e argumentava que a hegemonia americana era mantida muito mais pelas estratégias de distribuição baseadas no *block booking* do que pela popularidade universal de seus artefatos culturais em massa. Às vezes, ele afirmou, essas estratégias pareciam "ter sido levadas a extremos para excluir a concorrência local".

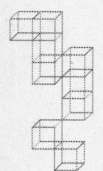

preços cobrados eram exorbitantes. Na verdade, o exibidor era forçado a aceitar a compra do pacote (*block booking*) sem ter visto o conjunto dos filmes (*blind buying*). Como esse pacote trazia uma quantidade de filmes capaz de preencher a programação anual de uma sala, o exibidor que quisesse exibir fitas de outras companhias teria que deixar de mostrar filmes já adquiridos pelo comprometimento do pacote. Numa tentativa de enfrentar a Paramount, que ainda elevava seus preços constantemente, alguns exibidores se associaram e fundaram em 1917 a First National, e em seguida criaram a First National Pictures, uma companhia de produção. A reação de Zukor foi imediata. Se os exibidores estavam se movimentando para produzir filmes, a Paramount seria dona de cinemas. O empresário levantou um alto financiamento em Wall Street para comprar salas, iniciando um processo de integração vertical. Num primeiro momento, comprou um pequeno número de salas de "primeira linha" em Nova York e Los Angeles. Entre 1919 e 1921, intensificou a estratégia e comprou mais de 600 cinemas, todos em locais considerados nobres, espalhados pelo país. Em termos numéricos, o estúdio possuía apenas 5% do mercado de exibição, mas controlava os espaços mais rentáveis (SKLAR, 1994, edição digital).

First National e Paramount travaram uma batalha pelo controle do setor da exibição. Em 1923, Zukor atacou, adquirindo com ofertas generosas as principais salas da First National, dando seu golpe de misericórdia ao adquirir a mais poderosa cadeia do grupo, a Balaban Katz Chicago Theatres. Em 1929, a Paramount já possuía a maior rede de cinemas dos EUA (mil e duzentos, em comparação com 500 da Fox e 500 da Warner).

O que todas essas novas companhias traziam em comum era o fato de seus líderes terem vindo dos setores da exibição e da distribuição. Como afirma Gomery (2005, p. 4-5), as grandes empresas de Hollywood podem ser identificadas com a produção cinematográfica, mas o que elas de fato procuravam era controlar a distribuição – primeiro em nível doméstico, pouco depois também em nível internacional: cada corporação do sistema de estúdios tinha, no núcleo de seu poder, o controle nacional e global da distribuição de suas produções.

No começo da década de 1920, as peças estavam posicionadas para a formação de um novo oligopólio, a estrutura que o cinema americano assumiria ao longo do chamado "período clássico" e que assim permaneceria por muitas décadas. Esse oligopólio se consolidaria no fim dos anos 1920 formado por um núcleo de oito empresas: as *big five* ("cinco grandes": Paramount, Fox, Warner, MGM, RKO), e as *little three* ("três pequenas": Universal, Columbia, United Artists). As *big five* reuniam três características: um sistema de produção industrial, um modelo de distribuição agressivo na negociação com exibidores e com altos investimentos em publicidade, e uma estrutura verticalizada, que incluía o controle da produção, da distribuição, e da fatia mais rentável do setor da exibição. As *little three* não possuíam cinemas, portanto não eram totalmente verticalizadas.

Quando a indústria do cinema americano partiu de forma mais agressiva para a conquista dos mercados internacionais, esse movimento não implicou a simples exportação de filmes, mas a criação de toda uma estrutura que teve como base uma série de convenções consolidadas no mercado interno nas décadas de 1910 e começo dos anos 1920. Boa parte dessas convenções foram implantadas em países importadores como o Brasil – evidentemente, com as adaptações, negociações e agenciamentos necessários para seu efetivo funcionamento.

CAPÍTULO 2.

RELATÓRIOS, MEMORANDOS, CARTAS: A CORRESPONDÊNCIA CONSULAR DOS ESTADOS UNIDOS SOBRE O MERCADO DE CINEMA NO BRASIL (1914-1931)

2.1. AS BASES DO "ESTADO PROMOCIONAL" AMERICANO E O MERCADO DE CINEMA NO BRASIL

No dia 14 de setembro de 1931, Jalmar Bowden, cidadão americano residente em Juiz de Fora, Minas Gerais, enviou para o gabinete do senador do Partido Democrata, Morris Shepard, uma carta em que extravasava sua indignação com os filmes americanos exibidos na cidade:

> Como cidadão do Texas, embora atualmente viva no Brasil, gostaria de fazer uma pergunta. Muitos filmes americanos são exibidos aqui que deturpam e são maléficos em relação à vida nos Estados Unidos. [...] A minha pergunta é a seguinte: por que o governo americano permite que as empresas americanas prejudiquem o bom nome dos EUA e diminuam a boa vontade de outros povos em relação ao povo americano? Essas empresas estão, desta forma, reduzindo a influência americana, prejudicando o comércio americano e, até para si mesmos, matando a galinha dos ovos de ouro.
> Respeitosamente,
> Jalmar Bowden, Granbery College, Juiz de Fora, MG, Brasil[41]

Quase um mês depois, no dia 8 de outubro, o próprio secretário de Estado, Henry L. Stimson, escreveu a Sheppard[42] para informá-lo que a missiva de Bowden, recebida em 30 de setembro, havia sido encaminhada para a diretoria da Motion Picture Producers and Distributors

---

41 Jalmar Bowden, Granbery College, para Morris Sheppard, Senador, Washington DC. 14 de setembro de 1931. National Archives Microfilm Publications, rolo 18, target 2, 832.4061 Motion Pictures, Public Entertainment: Motion Pictures; National Archives at College Park, College Park, MD.

42 Henri L. Stimson, Departmento de Estado, para Morris Shepard, Nova York, NY. 8 de outubro de 1931 (Thurston para MPPDA). National Archives Microfilm Publications, rolo 18, target 2, 832.4061 Motion Pictures, Public Entertainment: Motion Pictures; National Archives at College Park, College Park, MD.

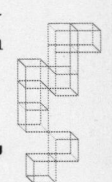

Association (MPPDA), a associação criada em 1922 para representar as maiores corporações da indústria do cinema americano. De fato, nesse mesmo dia a carta de Bowden foi encaminhada à MPPDA pelo diretor da Divisão de Assuntos Latino-americanos do Departamento de Estado, Walter C. Thurston, acompanhada do seguinte bilhete:

> O Departamento transmite para sua consideração, se for o caso, e conforme julgar conveniente, uma cópia de uma carta endereçada pelo Sr. Jalmar Bowden, do Granbery College, em Juiz de Fora, Minas Gerais, Brasil, ao senador Sheppard, que por sua vez a encaminhou para esse Departamento. Como você notará, o autor da carta afirma que muitos filmes americanos que deturpam e difamam a vida americana estão sendo mostrados em Juiz de Fora[43].

Pouco mais de duas semanas depois, em 24 de outubro, um memorando com o título "Defesa dos Filmes Americanos"[44] foi distribuído a todas as seções do Departamento de Estado. Em anexo, a carta escrita pelo presidente da MPPDA, Will Hays, em resposta a Bowden. O memorando assinalava que Hays apresentava ali uma "defesa muito interessante" e "em alguns pontos convincente" do que seria a tendência predominante da produção de filmes americanos e, por isso, deveria ser lida por todos. Tendo partido – segundo palavras do próprio memorando – de um "cidadão obscuro residente no interior do Brasil", a reclamação de Bowden poderia facilmente ter sido ignorada ou motivado uma resposta burocrática. No entendimento da MPPDA, porém, mereceu uma réplica longa e elaborada, assinada pelo próprio presidente da organização, e que, hoje, pode ser lida como um documento exemplar do tipo de mediação realizada pela MPPDA.

Voltaremos ao papel da MPPDA e aos argumentos de Hays mais tarde. No momento, o que nos interessa é Bowden e, sobretudo, o caminho traçado por sua carta – do gabinete do senador Morris para o Departamento de Estado, de lá para a MPPDA –, na medida em que essa trajetória é reveladora do canal de comunicação estabelecido entre a indústria do cinema e o Estado americano.

---

43 Walter C. Thurston, Divisão de Assuntos Latino-americanos, para MPPDA, Nova York, NY. 8 de outubro de 1931 (Thurston para MPPDA). National Archives Microfilm Publications, rolo 18, target 2, 832.4061 Motion Pictures, Public Entertainment: Motion Pictures; National Archives at College Park, College Park, MD.

44 Defesa dos filmes americanos (memorando). 24 de outubro de 1931. National Archives Microfilm Publications, rolo 18, target 2, 832.4061 Motion Pictures, Public Entertainment: Motion Pictures; National Archives at College Park, College Park, MD.

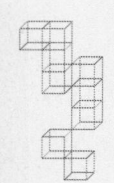

A carta de Will Hays soma-se às tantas defesas que a MPPDA precisou elaborar em resposta à reação de setores conservadores da sociedade diante da ascensão do cinema como fenômeno social. Bowden foi, ele próprio, integrante de um grupo conservador e um participante ativo no processo de expansão internacional que os Estados Unidos iniciaram no fim do século XIX, intensificado nas primeiras décadas do século XX. Nascido no estado de Arkansas, em 1892, Jalmar Bowden se formou em teologia na Escola Perkins da Universidade Metodista do Sul, em Dallas, no Texas[45]. Assim como outros alunos da mesma universidade, depois de formado ele viajou para o Brasil como missionário, no início dos anos 1920. Seu destino foi Juiz de Fora, interior de Minas Gerais, onde se tornou professor do Instituto Metodista Granbery[46], fundado em 1889 pelo também missionário americano JM Lander. Mais tarde, organizou a biblioteca da Universidade Metodista de São Paulo, que hoje leva seu nome. Ele morreu em 1975, em São Paulo.

Em *Spreading the American Dream* (1982), Emily Rosenberg descreve os cinco princípios do "liberalismo desenvolvimentista", a ideologia que embasou a expansão econômica e cultural dos EUA a partir do fim do século XIX: a crença de que outras nações poderiam (e deveriam) replicar a experiência de desenvolvimento americana; a fé na livre iniciativa privada; o apoio ao acesso livre e aberto ao comércio e ao investimento; a promoção do fluxo de informação e cultura; e, paralelamente, uma crescente aceitação da atividade governamental na proteção da iniciativa privada e no estímulo e regulação da participação americana no "intercâmbio" econômico e cultural internacional. O uso das palavras "crença" e "fé" não são aleatórios. Como explica Rosenberg (1982, p. 8), "na década de 1890, essa fórmula estava intimamente relacionada a um novo sentido da missão dos Estados Unidos, com raízes religiosas e laicas. A maioria dos americanos acreditava que o cristianismo protestante era uma pré-condição espiritual para a modernização. (...) Dever religioso e destino nacional se fundem".

Outra forte justificativa para a expansão internacional dos Estados Unidos teria sido a influência formativa da "conquista do Oeste" na vida americana. A exploração de mercados estrangeiros seria como a continuação "natural" de um processo interno.

---

45 As informações sobre nascimento e morte de Jalmar Bowden foram encontradas no *website* Ancestry.com (https://goo.gl/VyffQa). Já os dados sobre sua presença no Brasil estão disponíveis em http://granbery.edu.br e http://portal.metodista.br/biblioteca/sobre. Acesso em 15 jul 2018.

46 Uma das instituições que, mais tarde, dariam origem à Universidade Metodista Brasileira.

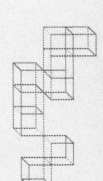

E a expansão de fato continuou. O derramamento de influência econômica e cultural americana, encabeçado pelos esforços de cidadãos particulares e acelerando rapidamente depois de 1890, forneceu a base para a preeminência global dos EUA – um papel dependente de tecnologia avançada, capital excedente e cultura de massa. (...) Comerciantes, investidores, missionários, filantropos e empreendedores do entretenimento: todos contribuíram tanto para a expansão quanto para o paradigma liberal-desenvolvimentista que a acompanhou (Rosenberg, 1982, p. 14-15).

Boa parte dos defensores do expansionismo enxergava a supremacia comercial americana como uma "necessidade evolutiva". O principal assessor econômico do Departamento de Estado, Charles Conant, descreveu a expansão comercial como "uma lei natural de desenvolvimento econômico e racial"[47] (apud Rosenberg, 1982, p. 16). Os esforços rapidamente se traduziram em números: entre 1895 e 1914, o valor das exportações americanas aumentou de US$ 800 milhões para US$ 2,3 bilhões (crescimento de 240%). Entre os produtos manufaturados, o aumento foi de quase 500% (Rosenberg, 1982, p. 16).

Enquanto a economia americana se expandia, filantropos e missionários religiosos como Jalmar Bowden formavam grupos ativos no processo de expansão cultural. A eles se uniria, em breve, o emergente negócio de cultura de massa que surgiu no início do século XX – sendo o cinema, possivelmente, seu representante mais poderoso, social, cultural e economicamente.

Foi neste contexto que a indústria cinematográfica americana iniciou um movimento mais sistemático de expansão. Muito embora não tenha tomado corpo até a segunda metade da década de 1910, em muitos aspectos seguiu o padrão de expansão de outras indústrias que iniciaram esse processo algumas décadas antes. Em vez de depender de representantes locais e agentes para vender seus produtos, por exemplo, as principais produtoras de cinema optaram por estabelecer filiais de distribuição em países estrangeiros, apesar dos custos e desafios logísticos.

Na nova configuração da economia capitalista a partir da Segunda Revolução Industrial, o gigantismo da capacidade de produção e a escalada dos custos tornaria as empresas cada vez mais agressivas na busca por receitas internacionais. Mais importante, no entanto, era a percepção de que o melhor desempenho em mercados estrangeiros dependeria de um

---

47 A associação entre supremacia econômica e de raça será uma constante na produção dos discursos de naturalização, como veremos, também no caso da indústria cinematográfica.

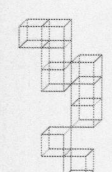

entendimento profundo das especificidades econômicas, legais e culturais de cada país. Conforme Rosenberg (1982, p. 39), já nos primeiros anos do século XX gigantes como Standard Oil (empresa petrolífera), International Harverster (fabricante de máquinas agrícolas) e a New York Life (companhia de seguros) dependiam radicalmente de rendimentos estrangeiros.

Assim que a importância de receitas internacionais se tornou clara, as primeiras empresas de caráter multinacional e aquelas que cultivavam aspirações internacionais passaram a pressionar o governo por formas de apoio. Muito embora a ideologia do "desenvolvimentismo liberal" afirmasse a crença nos impulsos privados e rejeitasse ingerências estatais, a indústria organizada pressionou o Estado para desenvolver estratégias de envolvimento que se adequassem à estrutura liberal. O conjunto dessas estratégias estabeleceu a sustentação do que Emily Rosenberg (1982) chamou de "Estado promocional".

> Durante a década de 1890, o governo lançou as bases de um Estado promocional que empregava novas formas de estimular a expansão externa dos EUA (...). O Estado promocional se desenvolveu em duas direções: seus arquitetos deram uma assistência mais ativa aos empresários americanos que desejavam exportar ou investir no exterior, e conceberam políticas econômicas destinadas a reduzir as barreiras estrangeiras contra o comércio ou o capital americano (Rosenberg, 1982, p. 48).

Por meio de suas embaixadas e consulados, o Estado constituiu uma ampla estrutura para coletar informações sobre mercados locais, políticas e especificidades culturais, ao mesmo tempo que atuou para reduzir ou bloquear restrições – principalmente aquelas relacionadas a possíveis legislações tributárias de regulação do comércio exterior – que pudessem servir de barreira à penetração americana. Essas técnicas seriam concebidas de tal forma que o Estado não faria intervenções diretas (pelo menos em sua face mais pública). Do ponto de vista legal, a aprovação da Lei Webb-Pomerene de 1918, que isentou exportadores de responderem à Lei Sherman (Sherman Antitrust Act), contribuiu para criar um ambiente ainda mais favorável à expansão econômica americana (Ulf-Moller, 1998, p. 168). A partir do fim do século XIX, as indústrias americanas começaram a se organizar em associações com o objetivo de "transcender a rivalidade intraindústria e operar em nome do grupo como um todo" em mercados internacionais (Rosenberg, 1982, p. 39). Alguns exemplos são a National Association of Manufacturers (formada em 1895), a Associação Asiática Americana (1898), a Câmara de Comércio dos Estados Unidos (1912) e a Associação Americana de Exportadores de Fabricantes (1913).

As grandes empresas que constituiriam o oligopólio do cinema americano começavam a tomar forma em 1914 e estariam plenamente estabelecidas no início da década de 1920. A primeira tentativa de construir uma associação representativa desse grupo se deu em 1916, com a criação da National Association of the Motion Picture Industry (NAMPI), que incluiu as principais empresas de produção, distribuição e exibição. Naquele momento, a prioridade declarada era lidar com as questões de censura que se proliferavam dentro e fora dos Estados Unidos.

Nessa época, iniciaram-se as primeiras prospecções do Estado americano a respeito de mercados cinematográficos no exterior. No dia 15 de dezembro de 1916, foi distribuída a consulados e embaixadas dos Estados Unidos ao redor do mundo uma "instrução geral" assinada por Wilbur J. Carr, diplomata que na época ocupava o cargo de diretor do serviço consular do Departamento de Estado:

> O Departamento já recebeu de certas repartições consulares excelentes relatórios sobre o mercado de seus respectivos distritos para filmes cinematográficos de manufatura americana. Eles foram levados à atenção de empresas interessadas nos Estados Unidos, que expressaram ao Departamento seu valor prático e solicitaram mais informações sobre o mercado no exterior para esses produtos. É, portanto, desejável que você envie relatório em três vias (quatro da América Latina) sobre o mercado dos filmes e acessórios americanos em seu distrito, com particular atenção aos seguintes pontos:
> 1. Número de cinemas, tamanho, preço de ingressos e tipos de filmes exibidos nos mesmos.
> 2. De quais agências os cinemas obtêm seus suprimentos de filmes e quanto pagam por seus serviços, dando nome às agências e que tipo de filmes eles comercializam.
> 3. Recomendações de melhorias necessárias, particularmente aplicáveis aos fabricantes de filmes americanos, não apenas de filmes, mas de acessórios.
> 4. Informações gerais sobre a popularidade de filmes no que diz respeito à classe de clientela etc. (General Instruction 497, 15 December 1916, WNRC, RG 84, Post Records Consul-General, Paris, 1916-1935, apud Jarvie, 1992, p. 276).

A primeira linha do comunicado indica que o Departamento de Estado já havia recebido relatórios sobre o mercado de cinema anteriormente à distribuição dessa instrução, possivelmente como resultado de uma primeira aproximação de líderes da indústria. A ressalva especial de que os "países latino-americanos deveriam encaminhar quatro vias dos relatórios" confirma que as nações da região haviam recebido a demanda. Na correspondência entre os departamentos de Estado e Comércio e o corpo diplomático americano no Brasil depositada no Arquivo Nacional dos Estados Unidos, não há registro do recebimento (ou de uma resposta) da

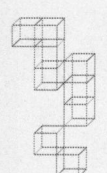

instrução geral de 15 de dezembro de 1916 citada na pesquisa de Jarvie (que, por sua vez, foi encontrada nos arquivos do consulado americano na França). Há que se considerar a hipótese de que esses registros tenham se perdido ou não tenham sido disponibilizados.

No entanto, a presença de textos praticamente idênticos reproduzidos em publicações especializadas (*trades*) confirma a produção de relatórios sobre o mercado de cinema no Brasil desde, pelo menos, 1914. As revistas *Motion Picture News* e *The Moving Picture World* divulgaram, em suas edições de 19 de setembro e 3 de outubro de 1914, respectivamente, um relatório detalhado produzido pelo cônsul geral no Rio de Janeiro, Julius G. Lay[48]. Em *Motion Picture News*, o texto foi incluído na coluna "Film News From Foreign Parts" e ganhou ares de uma reportagem em tons exóticos; em *The Moving Picture World*, apareceu na seção "Motion Picture Trade Abroad", que, segundo Thompson (1985, p. 69), passou a publicar relatórios consulares sobre o mercado de cinema a partir dessa data. As duas revistas trazem informações sobre outros países – em *Motion Picture News*, China, Espanha, Áustria e Rússia; em *The Moving Picture World*, apenas China. No texto sobre o Brasil, algumas frases da versão publicada em *Motion Picture News* não aparecem em *The Moving Picture World*. Veja, a seguir, a versão mais completa:

> As casas de espetáculos da imagem em movimento [*moving pictures*], ou cinemas, como são conhecidas aqui, escreve o Cônsul Geral Julius G. Lay, do Rio de Janeiro, constituem a forma mais popular de diversão pública no Rio de Janeiro, e a manutenção bem-sucedida de pelo menos cinco grandes cinemas no Centro da cidade, com cerca de 30 outros espalhados por toda a cidade, é uma evidência de que eles têm boa frequência.
> A Companhia Cinematográfica Brasileira, Largo do Carioca, 13, controla alguns dos mais importantes cinemas do Rio de Janeiro e de muitas outras cidades brasileiras. Tem quatro casas nessa cidade – o Pathé, com capacidade de seiscentos lugares; Odeon, com quinhentas cadeiras; Avenida, com quatrocentos; e Parc Fluminense, com mil. Na cidade de Belo Horizonte, estado de Minas Gerais, existem três cinemas primeira classe, um dos quais, o Cinema Commercio, com capacidade para quatrocentos, é de propriedade dessa empresa, que também controla a maior casa de espetáculos de Juiz de Fora, no estado de Minas Gerais, com capacidade para mil pessoas, e outras em cidades além desse distrito consular.
> Outro grande distribuidor de filmes é J. R. Staffa, na Avenida Rio Branco, 179, Rio de Janeiro, Brasil, que além de possuir e operar o Parisiense,

48 *The Motion Picture News*, 19 set 1914, p. 37; *The Moving Picture World*, 3 out 1914, v. 22, n.1, p. 79. Confira a visualização das páginas nos anexos 2 e 3.

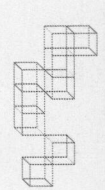

com capacidade para quinhentos espectadores, fornece filmes para cerca de cem outras casas de espetáculos em todo o Brasil.

O Sr. Gustavo José de Mattos está reformando várias lojas e, ao longo do mês, abrirá o Cine Palais, na Avenida Rio Branco, 147, no Rio de Janeiro. Além das empresas citadas acima, a Blum e Cisteine [sic, Blum e Sistine], da Rua S. José, no Rio de Janeiro, compra e aluga filmes, e a Bastos Diaz e Co., da Rua Gonçalves Dias, importa e lida com equipamentos cinematográficos.

Características da exibição

Há de seis a oito sessões por dia em cada casa de espetáculos, começando à 1h30 da tarde e terminando às 10h30 da noite, cada espetáculo, em média, exibindo cerca de 2.000 metros (metro = 3,28 pés) de filmes, geralmente incluindo dois ou três filmes [*subjects*] separados, exceto em certas ocasiões, quando filmes históricos ou dramáticos especiais, extremamente longos, são exibidos. Os programas são trocados às segundas e quintas no Rio de Janeiro, mas, nas cidades menores, a cada dois dias.

Todos os equipamentos de projeção da cidade são operados por eletricidade, de maneira que há fornecimento de iluminação.

O público é muito específico em relação à classe e à qualidade dos filmes produzidos e é facilmente perceptível para qualquer pessoa que tenha visitado as casas de espetáculo de cinema daqui que apenas os melhores filmes são usados. Filmes de amor, intrigas, drama, espetaculares e trágicos, nessa ordem, parecem ter a maior demanda. Filmes cômicos, de viagem e de guerra também são mostrados, e filmes históricos, quando bem executados, são bem frequentados. Filmes recentes sobre a vida de Napoleão, a queda de Roma e similares foram bem recebidos. Até recentemente os *westerns* e filmes de caubói foram populares, mas o público parece ter se cansado deles. Filmes educacionais e industriais não são muito solicitados, enquanto filmes sobre indígenas e aqueles que envolvem a questão negra não serão exibidos pelos gerentes[49]. A leitura [*the reading matter*] deve, em todos os casos, ser em português, a língua do Brasil. As seguintes são as marcas de filmes mais populares no Rio de Janeiro: Gaumont, francesa; Pathé, francesa; Cines, italiano; Nordisk, dinamarquesa; Messter, alemã; e Vitagraph, americana.

Atitude em relação aos filmes americanos

---

49 É extremamente significativo, e merece atenção de pesquisas futuras, que o primeiro relatório produzido pelo consulado americano no Rio de Janeiro sobre o mercado de cinema no Brasil ressalte que "filmes sobre indígenas e aqueles que envolvem a questão negra não serão exibidos pelos gerentes". A frase, além de reforçar a questão do racismo na construção das narrativas hegemônicas e nas práticas do mercado, levanta uma série de questionamentos. Que filmes seriam esses? Como circulavam e onde eram exibidos os filmes "sobre questões indígenas"? Seriam eles os "naturais" produzidos por Silvino Santos ou durante as expedições do Marechal Rondon? Quais exatamente seriam os filmes "sobre a questão negra"? A frase ainda pode suscitar paralelos com os textos de Stephen W. Bush na *Moving Picture World*, em que ele enfatiza a necessidade de os produtores americanos conhecerem melhor a "raça latina" para agir no mercado sul-americano.

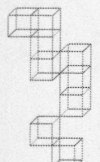

Filmes americanos foram mostrados aqui no passado, e os importadores afirmam que receberam um tratamento justo, mas o comércio de filmes americanos caiu consideravelmente nos últimos anos porque o preço é maior do que filmes europeus que falam mais ou menos dos mesmos assuntos, e a maneira de apresentar os enredos e situações com interesse nos filmes europeus atrai mais fortemente o público aqui.

O gerente de uma das maiores empresas importadoras afirmou que os fabricantes americanos aparentemente negligenciaram uma característica muito importante, de empregar um tradutor competente para a leitura dos filmes. O preço do aluguel depende muito da qualidade e do preço original de compra, mas um programa médio custa Rs20$000 ($6,47) por dia, com permissão para mudar duas vezes por semana. O custo médio dos filmes europeus é de cerca de 25 centavos (moeda americana) por metro (39,37 polegadas). O imposto de importação extremamente alto sobre os filmes é a principal razão pela qual seu uso não foi mais extenso aqui: eles são tributáveis em Rs.25$000 por quilo, o que equivale a $5,63 por libra, em moeda americana. Os filmes têm em média 100 metros por quilo (2,2 libras). Eles são embalados em latas redondas individuais, e estas, por sua vez, embaladas em caixas de madeira, o tamanho em conformidade com a ordem, alcançando assim este mercado em bom estado.

Equipamentos cinematográficos são tributados em Rs.60$000 cada, o que equivale a $29,75 (moeda americana). Existem vários pequenos impostos adicionais para manuseio, selos etc., bem como taxas de corretagem de aduana. Há vários fabricantes de filmes aqui, mas esta indústria prossegue apenas em pequena escala[50].

O detalhe importante a ser observado é o tipo de informação e sua organização em blocos temáticos, que parecem atender a demandas elaboradas pelo Departamento de Comércio (que, por sua vez, parece reunir informações que possam ser úteis às companhias em processo de expansão). A publicação dos relatórios produzidos pelo corpo consular dos EUA nas páginas de *The Moving Picture World* também confirma o papel dos *trades* como canal para fazer chegar aos agentes da indústria as informações coletadas pelo governo.

Nos arquivos do Departamento de Estado e de Comércio dos EUA, os relatórios específicos sobre o mercado de cinema enviados pelo corpo consular brasileiro disponíveis para consulta datam do começo dos anos 1920. No entanto, há correspondências anteriores sobre aspectos indiretamente relacionados ao funcionamento do negócio cinematográfico no Brasil que precisam ser analisados.

---

50 *The Motion Picture News*, vol. 10, n. 11, 19 set 1914, p. 37. *Tradução nossa.* Confira o texto original no Anexo 2. Obs.: A reprodução da *The Moving Picture World* omite a frase sobre J.R. Staffa e a frase sobre o sucesso dos filmes *The Life of Napoleon* and *The Fall of Rome*.

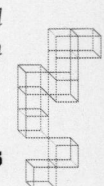

2.2. PROPRIEDADE INTELECTUAL E REGISTRO DE MARCAS: LITÍGIOS E A REFORMA DA LEGISLAÇÃO BRASILEIRA

Nos arquivos dos departamentos de Estado e Comércio, o que salta aos olhos no período entre 1911 e o começo da década de 1920 é a abundância de documentos relacionados a litígios envolvendo o registro de marcas e patentes no Brasil. Alguns envolveram nomes ligados ao mercado de cinema e de entretenimento – e um deles, em especial, estimulou uma mobilização mais direta da embaixada e de agentes do comércio americanos para pressionar por mudanças na legislação referente à propriedade intelectual no país. Um dos casos envolveu Frederico Figner – importador de fonógrafos e quinetoscópios da Edison Co. e fundador da Casa Edison no Brasil, futuro pioneiro da gravação musical mecânica no país (Souza, 2018, p. 21; Moraes, 2014, p. 52) – e a American Gramophone Company, posteriormente representada pela Columbia Phonograph Company. Em 1911, os advogados da companhia escreveram ao Departamento de Estado pedindo apoio da embaixada dos EUA no Brasil aos advogados da empresa no país[51].

Alegando deter os direitos sobre o gramofone, Figner havia entrado com um processo solicitando o cancelamento do registo de patente feito pela concorrente. O caso se estendeu por quatro anos. Em 1913, J. B. Moore, secretário de Estado interino, informou à Columbia Phonograph Company[52] o recebimento de um despacho do embaixador no Brasil alertando para o fato de que Figner "poderia recorrer a métodos ocultos" para garantir uma decisão a seu favor. A carta reforçava que a embaixada proporcionaria "toda assistência informal" necessária. No mês seguinte, o tribunal de apelação brasileiro decidiu a favor da companhia[53]; contudo, mais de dois anos depois, em dezembro de 1915, o Departamento

---

51 Carta de Mauro, Cameron, Lewis e Massie, Patents and Patents Causes, para Hon. Secretary of State. 17 de março de 1911 (Mauro, Cameron, Lewis e Massie para Secretary of State). General Records (1914-1955). Record group 151; file class 281. National Archives at College Park, College Park, MD.

52 Carta de J.B. Moore, State Department, para The Columbia Phonograph Company. 1 de maio de 1913 (J.B. Moore para Columbia Phonograph Company). General Records (1914-1955). Record group 151; file class 281. National Archives at College Park, College Park, MD.

53 Carta de Edward Burns, The Columbia Phonograph Company, para William Bryan, Secretary of State. 3 de junho de 1913 (Edward Burns para William Bryan).

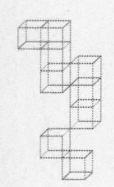

de Estado foi informado de que o juiz havia postergado a decisão final e, quase um ano depois, deu ganho de causa a Figner. Burns solicitava então que, diante da "estranha demora" na divulgação da sentença final e da "surpreendente reversão do resultado" esperado, o Departamento de Estado renovasse suas instruções ao embaixador Morgan por uma "indicação informal" às devidas autoridades no Brasil para garantir "a realização da justiça" e o retorno a uma decisão favorável à companhia[54].

Em outro caso revelador de 1913, a empresa Copeland-Raymond, representante de vendas da Biograph com base em Nova York, solicitava ajuda ao Departamento de Estado para a resolução de um impasse com o importador brasileiro Angelino Stamile[55]. Três anos antes, Stamile havia reclamado com a Copeland-Raymond que cópias dos mesmos filmes da Biograph adquiridas por ele via Nova York foram exibidas no Rio de Janeiro antes das suas. As cópias não autorizadas teriam vindo de Paris. Com a intenção de proteger o cliente, os representantes recomendaram que Stamile registrasse temporariamente a marca Biograph no Brasil. Agora, Stamile alegava ser dono da marca e recusava-se a retirar da alfândega quatro remessas de filmes, que estavam retidos e gerando prejuízo. Segundo parecer de advogados americanos, os registros de Stamile seriam facilmente anuláveis pela legislação dos EUA, pois a Biograph teria como provar posse anterior da marca. O secretário de Estado respondeu à Copeland-Raymond[56] informando que, devido à natureza da reclamação, sob as regras aplicáveis do direito internacional, o Departamento de Estado não poderia intervir a seu favor, mas que encaminharia a carta a Edwin Morgan, o embaixador dos EUA no Brasil, com a recomendação

General Records (1914-1955). Record group 151; file class 281. National Archives at College Park, College Park, MD.

54 Carta de Edward Burns, The Columbia Phonograph Company, para The Honorable Secretary of State. 28 de dezembro de 1915 (Edward Burns para Columbia Phonograph Company). General Records (1914-1955). Record group 151; file class 281. National Archives at College Park, College Park, MD.

55 Carta de Copland-Raymond Co., para The Honorable Secretary of State. 11 de fevereiro de 1913 (Copland-Raymond Co., para Secretary of State). General Records (1914-1955). Record group 151; file class 281. National Archives at College Park, College Park, MD.

56 Carta de P. C. Knox, State Department, para Copland-Raymond Company. 14 de fevereiro de 1913 (P.C. Knox para Copland-Raymond Company). General Records (1914-1955). Record group 151; file class 281. National Archives at College Park, College Park, MD.

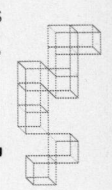

de prestar a assistência necessária para resolver a questão, e que instruiria o Embaixador a, se necessário, "levar o caso informalmente à atenção do Brazilian Foreign Office", na tentativa de isentá-lo das cobranças da aduana durante seus esforços para efetivar a liberação dos filmes. Como se nota, a busca por soluções informais para impasses de casos difíceis será sempre uma sugestão do corpo consular.

O terceiro caso foi encontrado nos arquivos da Warner depositados na University of South California (USC), em Los Angeles. Com a aquisição da Vitagraph pela Warner em 1925, a companhia herdou toda a documentação anterior da Vitagraph, incluindo papéis referentes a esse litígio ocorrido no Brasil. Em correspondência de março de 1923[57], advogados representantes da Universal, que na época negociavam os direitos da Vitagraph para o Brasil, relatavam ao Departamento de Estado a descoberta de que, desde 1910, a marca Vitagraph estava registrada em nome de Genarino Stamile (irmão do exibidor e importador Angelino Stamile, o mesmo do caso anterior, que durante alguns anos fora seu sócio).

Mas Genarino Stamile havia falecido, e a marca Vitagraph passou a fazer parte de seu inventário. A situação entraria, então, em um (longo) impasse. Angelino estaria disposto a entrar em um acordo, mas não estava entre os herdeiros de Genarino, apenas a viúva e seus filhos menores de idade. Como o interesse dos filhos menores de Genarino estava em jogo, o juiz determinou que a marca Vitagraph deveria ser vendida em leilão público. Momsen cogitou participar do leilão para arrematar a marca, mas desistiu da ideia alegando que qualquer pessoa poderia elevar o preço para muito além do que estariam dispostos a pagar. Resolveram então propor um acordo: uma pessoa de confiança da família e dos advogados arremataria a marca pelo lance mínimo, e a família receberia o valor acordado diretamente: quatro contos de réis (o que na época representava uma quantia alta)[58]. A marca só iria a leilão um ano depois e, segundo relato de Momsen, de fato foi comprada pelo lance mínimo por um parente de Stamile, que se comprometeu a devolvê-la quando a

57 Carta de D.B. Lederman, Universal Film Manufacturing Company, para J.V. Bryson, Universal Film Company, NY. 22 de março de 1923. Brazilian Files, Box 1, Folder 1970B, Warner Bros. Archives, School of Cinematic Arts, University of Southern California, Los Angeles.

58 Carta de Richard P. Momsen, Rio de Janeiro, para Herbert Langner, Langner, Parry, Carnd e Langner, New York. 21 de janeiro de 1924. Brazilian Files, Box 1, Folder 1970B, Warner Bros. Archives, School of Cinematic Arts, University of Southern California, Los Angeles.

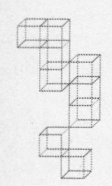

recompensa fosse paga[59]. Nesse meio tempo, porém, a Universal desistiu de distribuir os filmes da Vitagraph no Brasil. A essa altura, um outro distribuidor (referido na troca de correspondência como Mr. Grain) havia comprado os filmes da Vitagraph por intermédio da companhia inglesa Jupiter Films Corporation. Grain não estava a par da situação e foi surpreendido quando os exibidores se recusaram a programar os filmes da Vitagraph, alegando que a marca estava sob juízo e as cópias seriam apreendidas pela polícia. Ele entrou em contato com Momsen em 26 de maio de 1924, por telefone, pedindo uma rápida resolução e solicitando à companhia que explicasse a situação à Jupiter Film Corporation, já que seu contrato exigia a programação dos filmes num prazo de no máximo 30 dias, sob pena de multa. Aparentemente, a situação se resolveu um pouco depois, já que Momsen relatou em carta de 24 de junho de 1924[60] que a venda feita em leilão havia sido aprovada pelo juiz e o proprietário efetuaria em breve a transferência do registro, para que a marca Vitagraph pudesse voltar aos seus donos originais, "em conformidade com as suas instruções cabeadas e para o qual devemos pagar-lhes o montante de quatro contos".

A partir de 1919, a correspondência entre agentes privados americanos no Brasil e os Departamentos de Estado e Comércio sobre a questão da propriedade intelectual se intensificou. No dia 15 de março desse ano, uma comissão especial nomeada pela Câmara de Comércio Americana do Rio de Janeiro[61] (entidade fundada em 1916) apresentou ao conselho administrativo um amplo relatório com o título "As leis de

59 Carta de Richard P. Momsen, Rio de Janeiro, para Herbert Langner, Langner, Parry, Carnd e Langner, New York. 27 de abril de 1924. Brazilian Files, Box 1, Folder 1970B, Warner Bros. Archives, School of Cinematic Arts, University of Southern California, Los Angeles.

60 Carta de Richard P. Momsen, Rio de Janeiro, para Herbert Langner, Langner, Parry, Carnd e Langner, New York. 24 de junho de 1924. Brazilian Files, Box 1, Folder 1970B, Warner Bros. Archives, School of Cinematic Arts, University of Southern California, Los Angeles.

61 Participaram do comitê especial para estudar a legislação de marcas Richard P. Momsen, presidente do comitê e conselheiro legal da Câmara; W. C. Downs, representante da United States Steel Products Company; John Snowden, American Steel Export Company; Reginal Gorham, S.S. White Dental Manufacturing Company; Leon Bensabat, sócio da Paul J. Christoph Company; E.E. Van, National City Bank of New York; G. K. Stark, United Shoe Machinery Co; Andrew A. Robbottom, Galena Signal Oil Company of Brazil

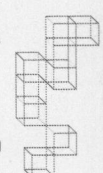

marca no Brasil e sua relação com o comércio americano"[62]. Segundo o embaixador Morgan, o relatório serviria como base para um memorial a ser encaminhado às autoridades competentes do governo brasileiro[63]. O texto introdutório destacava o fato de que interesses americanos estariam sendo seriamente prejudicados e recomendava a adoção de medidas urgentes para contornar a situação. Ressaltava ainda que o Ministério da Agricultura, Indústria e Comércio havia nomeado uma comissão especial para investigar a questão e o Congresso estudava mudanças nas leis existentes. "O momento é oportuno, portanto, de apresentar os fatos ao governo brasileiro, para que os interesses americanos sejam mais amplamente protegidos no futuro".

Seguiu-se então um relatório de onze páginas com um amplo painel da situação da legislação de marcas registradas no Brasil e, especificamente, de que forma os interesses americanos estariam sendo afetados por esse cenário.

De acordo com o relatório, a legislação de direitos de propriedade de marcas costumava ser dividida em três modelos: no primeiro, "declarativo", a propriedade de uma marca é um direito adquirido por uso. Nesse caso, o registro é uma presunção que pode ser superada por evidências, ou seja, caso o autor do registro da marca não consiga provar seu uso e um reclamante apresentar essas provas, o registro original pode ser anulado a favor do reclamante. O segundo modelo, dito "atributivo", considera que a marca é adquirida no momento do registro. No caso, sua posse é definida apenas pelo ato administrativo (o do próprio registro), não importando qualquer histórico. Nesse modelo, o registro da marca é definitivo, sendo, portanto, mais difícil contestá-lo na justiça. Vários países, de acordo com o relatório, adotariam um sistema misto, em que o registro é declarativo até determinado prazo e atributivo após o término desse período preliminar. Ou seja, o modelo misto prevê a prescrição do direito de anular o registro de uma marca, em geral depois de cinco anos. Nos Estados Unidos, vigorava apenas o modelo "declarativo", ou seja, o direito de reclamar a posse de uma marca mediante prova de uso não estava sujeito a prescrição.

---

62 The Trade mark laws in Brazil and their relations to American trade (relatório). 15 mar 1919. General Records (1914-1955). Record group 151; file class 281. National Archives at College Park, College Park, MD.

63 Carta de Edwin Morgan, embaixador, para The Honorable Secretary of State, Washington DC. 30 de outubro de 1919. Record group 151; file class 281. National Archives at College Park, College Park, MD.

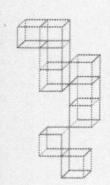

Brasil e Estados Unidos haviam assinado um acordo de reciprocidade nos direitos relacionados ao registro de marcas em 1878, mas, para que a reciprocidade funcionasse, o Brasil precisaria adotar o modelo "declarativo" ou, pelo menos, o híbrido. Mas, segundo o relatório, a legislação de registro de marcas no país era confusa e sem a necessária regulamentação. O assunto era matéria de três leis diferentes (1875, 1887 e 1904)[64], com texto semelhante e pouco claro, a mais recente determinando que, para proteger a exclusividade de marcas, era necessário que estas fossem "gravadas, depositadas e publicadas". Na prática, o que valia no Brasil era o modelo atributivo: qualquer pessoa poderia fazer o registro de uma marca e automaticamente tomar posse dela. O resultado era o frequente registro de marcas estrangeiras por pessoas que não tinham qualquer relação com estas, ou por pessoas que teriam um direito temporário, acordado com o dono original (como era comum nos EUA), mas se recusavam a transferi-la para os donos originais passado esse período (como foi o caso entre Stamile e Biograph)[65]. Por fim, o relatório chamava atenção para o fato de que, como o texto das leis não era claro em relação à validade dos registros em todo o território nacional, havia ainda diversos casos de registros estaduais confirmados e validados regionalmente. O relatório sugeria uma série de alterações na legislação, entre elas um decreto presidencial emergencial, a adoção definitiva do sistema declarativo ou híbrido, e o estabelecimento de um órgão centralizador do registro de marcas com validade nacional.

Em outubro desse mesmo ano, um caso em especial intensificaria ainda mais a troca de correspondência entre a embaixada no Brasil e o Departamento de Estado, aparentemente aumentando também a pressão por alterações na legislação. Um telegrama enviado no dia 11 de outubro de 1919 pelo cônsul geral no Rio de Janeiro[66] alertava o secretário de Estado de que, desde julho, a empresa Isnard e Company – que vendia projetores

64 Os decretos estão disponíveis no *site* da Câmara Legislativa nos seguintes *links*:

Decreto nº 2.682, de 23 de outubro de 1875: http://bit.ly/out1895;

Decreto nº 3.346, de 14 De Outubro De 1887: http://bit.ly/out1887;

Decreto nº 1.236, de 24 De Setembro De 1904: http://bit.ly/set1904.

65 Uma situação semelhante ocorreu durante o começo da internet, quando vários domínios com nomes de marcas conhecidas foram registrados antes que houvesse uma regulação sobre o assunto.

66 Telegrama do cônsul americano no Rio de Janeiro para o Departamento de Estado, Washington DC. 11 de outubro de 1919. Record group 151; file class 281. National Archives at College Park, College Park, MD.

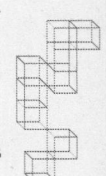

Pathé Baby no Rio de Janeiro – havia registrado cerca de 50 marcas americanas, pelo menos 20 delas facilmente identificáveis, e solicitara o registro de outras 50, o que deixaria sujeitos a confisco todos os produtos americanos exportados para o Brasil de marcas registradas pela companhia. O cônsul avisava que enviaria uma lista com as marcas já identificadas e pedia a notificação, nos EUA, das empresas afetadas. O caso, mais uma vez, terá como intermediário o escritório de advocacia de Richard P. Momsen, no Rio de Janeiro, e, em Nova York, Lawrence Lagner.

A troca de correspondências se estendeu ao longo de todo o ano de 1920. No dia 19 de julho, um relatório de quatro páginas destinado ao Departamento de Estado descrevia casos de registros de marcas americanas em diferentes estados brasileiros e sugeria uma "intervenção diplomática para assegurar o cancelamento de alguns registros"[67]. Em maio de 1921, o consulado encaminhou a tradução de um trecho do pronunciamento do presidente Epitácio Pessoa no Congresso Nacional, realizado no dia 3 de maio: "Nosso atual sistema de patentes e *trade marks* deixa muito a desejar (...). É indispensável, como já declarei anteriormente, que adotemos métodos mais modernos em harmonia com o que tem sido feito nos maiores centros industriais do mundo"[68] – sinal mais claro de que a pressão estava gerando resultados.

Mas a questão só chegaria a um desfecho quatro anos depois. No dia 22 de janeiro de 1924, o embaixador Ewin V. Morgan escreveu ao Departamento do Estado[69] comemorando a assinatura, no dia 19 de dezembro de 1923 (com publicação no Diário Oficial de 23 de dezembro), do decreto 16.264, criando o Departamento de Propriedade Industrial no Brasil e regulamentando o registro de marcas e patentes no país. Anexa à carta, uma tradução completa do decreto e de sua regulamentação, que se estende por 31 páginas. Segundo Morgan, o novo órgão simplificaria e padronizaria uma questão que, durante muito tempo, havia sido motivo de confusão e que havia trazido "muita inconveniência" aos estrangeiros que patentearam invenções e marcas no Brasil.

67 *The situation of foreign trade marks in Brazil* (relatório). 19 de julho de 1920. Record group 151; file class 281. National Archives at College Park, College Park, MD.

68 *Industrial Property (excerpt from the president's message delivered to the National Congress on May 3rd 1921).* 4 de maio de 1921. Record group 151; file class 281. National Archives at College Park, College Park, MD.

69 Carta de Edwin Morgan, embaixador, para The Honorable Secretary of State, Washington DC. 22 de janeiro de 1924. Record group 151; file class 281. National Archives at College Park, College Park, MD.

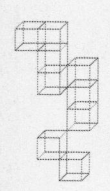

Esses quatro casos sugerem um cenário confuso na questão da propriedade intelectual no Brasil ao longo dos anos 1910, que certamente se refletia no mercado cinematográfico, sobretudo na distribuição dos filmes. Esse período coincide, justamente, com o momento em que o comércio entre Brasil e Estados Unidos se intensificou exponencialmente, em parte por conta da eclosão da Primeira Guerra Mundial, em 1914.

No dia 10 de março de 1915, o chefe do Bureau de Comércio Exterior e Doméstico, E. E. Pratt, recebeu da embaixada no Brasil um relatório[70] com uma vasta relação de centenas de produtos dos mais variados gêneros importados pelo Brasil entre 1910 e 1912 – de matérias-primas como algodão, ferro e cobre a produtos industrializados como máquinas de costura, motores de automóvel e locomotivas, passando ainda por produtos alimentícios como azeite, farinha de trigo e frutas secas, entre tantos outros. Além dos produtos, o relatório informava a quantidade, o valor e os países de origem (todos europeus). Informava ainda que os estoques de bens importados no Brasil estavam se esgotando e que, apesar da crise econômica, os sinais indicavam uma forte retomada das importações para breve. Como boa parte dos países europeus havia interrompido completamente sua exportação (como Alemanha, Bélgica e Áustria-Hungria), alguns estavam menos acessíveis (como França e Inglaterra) e nenhum estava operando em plena capacidade, o relatório recomendava aos exportadores americanos concentrar esforços na exportação dos produtos de necessidade mais urgente que antes vinham de países agora excluídos do mercado. Nesse período, portanto, houve um incentivo a vários setores da economia americana em aumentar sua atividade exportadora para a América Latina, e foi nesse contexto que a indústria do cinema americano também iniciou essa expansão.

---

70 Carta do adido comercial no Rio de Janeiro para E.E. Pratt, chefe do Bureau de Comércio Doméstico e Estrangeiro do Departamento de Comércio, Washington DC. 10 de março de 1915. Record group 151; file class 281. National Archives at College Park, College Park, MD.

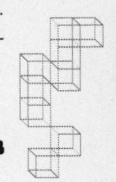

2.3. O FORTALECIMENTO DA MPPDA E A ESTRUTURAÇÃO DO "ESTADO PROMOCIONAL" NO BRASIL

Apesar das evidências da existência de relatórios sobre o mercado de cinema no Brasil a partir de 1914, há indícios de que até o começo dos anos 1920 essa produção tenha sido reduzida e espaçada. Nesse período, intensificam-se as correspondências entre Departamento de Estado e o corpo consular no Brasil que revelam um esforço de estruturação interna para atender às demandas crescentes do Estado promocional. Essas mesmas correspondências revelam, também, uma sofisticação do serviço de coleta e análise de informações, com a submissão dos relatórios produzidos à avaliação crítica de profissionais de várias divisões do Departamento de Comércio americano.

Nos arquivos dos Departamentos de Estado e Comércio dos Estados Unidos, as correspondências e relatórios relativos ao mercado de cinema no Brasil se fazem presentes principalmente a partir do começo dos anos 1920 – não por coincidência depois da substituição da NAMPI pela MPPDA[71].

De acordo com seu estatuto, a MPPDA foi criada "para promover os interesses comuns de todos os envolvidos na indústria cinematográfica nos Estados Unidos"[72], mas, na prática, dela faziam parte apenas as grandes empresas verticalizadas, que começavam a construir uma sofisticada ferramenta de defesa da sua hegemonia. Apesar de ter ficado mais conhecida pelo estabelecimento do Código de Produção nos anos 1930 (conhecido como "Código Hays"), a mais longeva tentativa do setor de regular o conteúdo dos filmes por mecanismos internos, o papel da MPPDA foi muito mais amplo e complexo, envolvendo também a gestão das relações públicas e a defesa de interesses econômicos e políticos tanto internamente quanto nos mercados estrangeiros, incluindo negociações diretas com o governo federal, governos locais (estaduais e municipais) e governos e agentes econômicos de outros países.

---

71 Anteriormente à NAMPI houve outras tentativas de organização da indústria, a começar pela MPPC, que surgiu em 1908 sob a liderança de Thomas Edison, como já vimos no primeiro capítulo; o National Board of Censorship of Motion Pictures (NBC), de 1909, que se transformou em National Board of Review of Motion Pictures (NBR) em 1915, e a Motion Picture Board of Trade, fundada em 1916, sendo rapidamente substituída pela NAMPI.

72 *History of the MPPDA*. MPPDA Digital Archive: https://mppda.flinders.edu.au/history/mppda-history/ (acessado em 10 dez 2018).

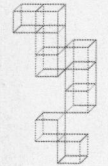

Os motivos pelos quais a NAMPI foi dissolvida para dar lugar a uma nova associação não são muito claros. Uma das funções da NAMPI teria sido combater as tentativas estaduais e municipais de regular e taxar a indústria que vinham se proliferando nos EUA a partir de 1907. Entre 1911 e 1916, estados como Kansas, Ohio e Pensilvânia estabeleceram conselhos de censura. Em 1915, a Suprema Corte decidiu pela constitucionalidade das censuras regionais, derrubando o apelo dos produtores à Primeira Emenda, que determina a liberdade de expressão, o que foi considerado uma imensa derrota para a indústria do cinema americano.

A NAMPI surgiu para tentar, com todos os esforços, barrar a propagação de novos conselhos de censura, e sua principal missão nesse sentido foi impedir a criação de um comitê no Estado de Nova York, na qual fracassou. Em 1921, a organização publicou uma resolução batizada de "Treze Pontos", que enumerava regras para a produção numa tentativa de convencer a sociedade de que a autorregulamentação era o melhor caminho – mas com poucos resultados efetivos. Para completar, a imagem da indústria, que ainda não havia se firmado institucionalmente no ambiente da economia americana, vinha se deteriorando com velocidade. Escândalos envolvendo dois grandes astros do período (o comediante Fatty Arbuckle, acusado de estupro e assassinato em 1921, e o assassinato de William Desmond Taylor, em fevereiro de 1922) alimentaram matérias em jornais e revistas, enquanto o voraz processo de integração vertical gerava hostilidade sobretudo entre os exibidores independentes. Já em 1921, a Comissão Federal do Comércio (Federal Trade Commission, órgão de regulamentação) entrou com uma ação contra a Famous-Players Lasky por monopolizar os cinemas lançadores (que nesse momento não foi adiante).

Para Segrave (1997, p. 8), a NAMPI nunca chegou a ser forte por conta de "muitas dissensões internas". No fim de 1921, foi "desmantelada em silêncio" e no seu lugar foi instalada a MPPDA, cuja diferença principal estava na total exclusão dos exibidores independentes. Na teoria, a MPPDA teria sido fundada pelos líderes das grandes corporações que começavam a se formar na época, mas, segundo Gomery (2005, p. 65), foi essencialmente articulada pelos dois nomes mais poderosos do negócio cinematográfico nos Estados Unidos naquele momento: Adolf Zukor, chefe da Paramount, e o exibidor Marcus Loew, que já trabalhava nas aquisições que resultariam na Metro-Goldwyn-Mayer.

Enquanto a NAMPI não aparece em nenhuma correspondência disponível entre o setor consular dos EUA no Brasil e os departamentos de

Estado e Comércio durante os anos de sua existência (1916 a 1921), a MPPDA, desde a sua criação, será um interlocutor constante e de importância visivelmente crescente. Ao longo da história, a associação – que em 1945 trocou seu nome para Motion Pictures Association of America, MPAA, "refletindo a crescente popularização dos filmes americanos no exterior"[73] – se tornará uma espécie de símbolo das estratégias de dominação do cinema americano no mundo, sobretudo após a Segunda Guerra.

Segundo Ian Jarvie (1992, p. 280) os líderes do setor teriam preferido encerrar a NAMPI e recomeçar do zero a partir da percepção de que a eficiência da entidade dependeria de um líder *de fora* da indústria, familiarizado não só com os negócios mas, principalmente, com política e relações internacionais.

> Uma das funções de uma organização comercial era tornar uma indústria coerente, representá-la no mapa da América corporativa. Para conseguir isso, era importante ter a bordo alguém que entendesse aquele mapa, que tivesse contatos na indústria e no governo, e que fosse ou pudesse ser persuadido da importância da causa de domesticar a indústria cinematográfica de forma que fosse aceita pelo conjunto do *American business*. A escolha final foi Will H. Hays (idem, p. 287).

Will Hays – o autor da carta para Jalmar Bowden, não custa lembrar – havia coordenado a bem-sucedida campanha do senador republicano Warren G. Harding para a presidência em 1920 e era considerado um exímio talento para gerenciamento e relações públicas. Em suas memórias, enumera dez áreas da indústria do cinema que considerava problemáticas quando assumiu a MPPDA: (1) distúrbios internos, como más práticas comerciais e escândalos; (2) censura e outras ameaças de restrições; (3) a crise diplomática com o México em torno da representação de mexicanos nos filmes americanos[74]; (4) a necessidade de construir uma união mais perfeita na indústria para viabilizar que fosse autogovernada; (5) melhorar a qualidade dos fil-

---

73 *Motion Pictures Association of America; Who We Are; Our History*. https://www.mpaa.org/who-we-are/. Acessado em 28 mar 2019.

74 Em 1922, o governo mexicano instituiu um embargo à importação de filmes americanos em protesto à representação estereotipada dos personagens mexicanos sobretudo como vilões em *westerns*. O embargo deu início a uma intensa negociação liderada pela MPPDA que resultou no emprego de estratégias formais para obscurecer a nacionalidade dos cenários e personagens (ver Serna, 2014, p. 156-157; Vasey, 1997, p. 19-20).

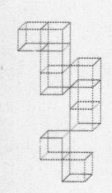

mes rapidamente; (6) melhorar a demanda pelos filmes por meio de uma opinião pública organizada; (7) assegurar a colaboração prática de educadores; (8) ajudar os distribuidores a superar fraude e perdas; (9) ajudar os exibidores a ajustar problemas de contrato e (10) melhorar a qualidade da publicidade (apud Jarvie, 1992, p. 287-288). A partir desse diagnóstico, Hays arquitetou a estrutura departamental da MPPDA, uma ampla e complexa instituição que contava em seus quadros com muitos profissionais de fora da indústria, inclusive militares.

Segundo Jarvie (1992, p. 294), com exceção do envio de um representante ao México para negociar a crise provocada pelo embargo do governo à importação de filmes americanos, em seu primeiro ano Hays esteve concentrado na missão de azeitar as relações internas da indústria, especialmente nos esforços de padronização de práticas comerciais e na eliminação, ou pelo menos diminuição, dos conflitos entre distribuidores e exibidores. Como conta Maltby (2013, p. 144), no ano em que a MPPDA foi criada, nada menos que quatro mil processos entre distribuidores e exibidores estavam em curso. Durante o conflituoso processo de integração vertical, as disputas internas puseram em risco a relação do setor com seu aliado mais importante até então: o capital financeiro.

Em seus dois primeiros anos, Hays concentrou esforços no desenvolvimento de um contrato padronizado de exibição, estabelecendo termos consistentes de comércio e a imposição de uma arbitragem interna compulsória, em nível local. Nos detalhes das disputas em torno dos termos do contrato uniforme emergia uma briga para determinar "se a indústria era um grande negócio ou uma coleção de pequenos negócios, se vendia um produto nacionalmente em massa ou uma experiência de entretenimento controlada localmente" (idem, p. 144). A partir de 1923, a MPPDA e os grandes estúdios/distribuidoras conseguiram impor o contrato uniforme e reduziram os litígios, trazendo mais estabilidade às práticas de negócios.

Essa teria sido a razão pela qual Hays só fez sua primeira viagem internacional como representante da MPPDA em 1923, por alguns países da Europa. Os dois primeiros anos de sua gestão foram totalmente focados na consolidação de uma estrutura que contribuiria para promover a aceitação da indústria do cinema no âmbito da economia americana da época e a inclusão definitiva do setor no ambiente do capitalismo corporativo, ao mesmo tempo que construiu laços sólidos com o governo e preparou o terreno para uma investida mais agressiva em direção à conquista de mercados externos. Entre 1921 e 1923, enfim, a indústria do cinema americano se organizou de forma que pudesse usufruir de forma mais ampla e segura das estruturas do Estado promocional, que já vinham sendo montadas pelo governo americano desde os anos 1910 e já serviam a outras indústrias.

Nos arquivos dos Departamentos de Estado e Comércio dos EUA, há vários indícios de um movimento de ampliação de estrutura do Estado promocional no corpo consular brasileiro a partir do começo dos anos 1920. Como, por exemplo, a seguinte carta do chefe da divisão latino-americana do Departamento de Estado, Ralph H. Ackerman, para o adido comercial no Rio de Janeiro, William L. Schurz, de fevereiro de 1922:

> Caro Sr. Schurz:
> Tendo em vista a crescente demanda do seu tempo pelas informações que lhe são enviadas de nossas divisões de mercadorias, é desejável que você nos mantenha cientes do progresso que está fazendo nos vários questionários enviados de tempos em tempos. No fim de cada mês, sugiro que insira em seu relatório um parágrafo informando quantos questionários tem em mãos sobre os quais ainda não conseguiu se dedicar, em quantos conseguiu trabalhar e o estágio de suas conclusões. É desejável em todos os momentos dar-lhe a mais plena cooperação, e dessa forma acreditamos que podemos direcionar de forma mais inteligente o fluxo desses questionários.
> Atenciosamente,
> Ralph H. Ackerman
> Chefe da Divisão Latino-Americana[75]

Em maio desse mesmo ano, Schurz informou por carta que "nove investigações" estavam em andamento, nessa ordem: "Valorização do café", "Sistema ferroviário brasileiro" (questionário), "Colonização no Brasil", "Investimentos estrangeiros no Brasil", "Custos de construção no Rio e em São Paulo", "Indústria de moagem de farinha e comércio de farinha no Brasil", "Arbitragem comercial" (questionário), "*O negócio de cinema no Brasil*" [grifo nosso] e "A produção de algodão no Brasil"[76].

Havia, portanto, uma ampla lista de solicitações e o serviço consular não dispunha de estrutura para atender a todos os pedidos com agi-

75 Carta de Ralph H. Ackerman, chefe da divisão latino-americana do Departamento de Comércio, para Willim L. Schurz, adido comercial, Rio de Janeiro. 21 fev 1922. Record group 151; file class 281. National Archives at College Park, College Park, MD.

76 Carta de William L. Schurz, adido comercial, Rio de Janeiro, para Ralph H. Ackerman, chefe da divisão latino-americana do Departamento de Comércio, Washington DC. 31 de maio de 1922. Record group 151; file class 281. National Archives at College Park, College Park, MD.

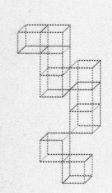

lidade – Ackerman fala de uma "crescente demanda de seu tempo". Não há menção a prioridades, mas considerando a possibilidade de a disposição das "investigações em andamento" enumeradas na resposta reproduzir a ordem de chegada dos pedidos, o relatório sobre "O negócio de cinema no Brasil" é o penúltimo entre os nove solicitados.

Contudo, é preciso destacar também que apenas três dos nove relatórios são dedicados a setores específicos da economia (café, cinema e algodão); todos os outros são sobre infraestrutura, distribuição da população pelo território brasileiro ("colonização"), e/ou sobre o funcionamento e os modos de operação da economia e do comércio no país. Os relatórios mais gerais, afinal, podem ser úteis a vários exportadores em potencial. Para as companhias de cinema, por exemplo, informações sobre o "Sistema ferroviário brasileiro" e "Custos de construção no Rio e em São Paulo" poderiam ser instrumentos valiosos na avaliação de viabilidade e estratégias para o estabelecimento de uma rede de distribuição de alcance nacional (que, como em todos os países nessa época, em geral era constituída a partir das linhas de trem existentes, em função do transporte das cópias) e estudar a possibilidade de construção de salas de cinema próprias. A menção a questionários, por sua vez, indica as diferentes metodologias na condução dos relatórios: ora levantamentos mais genéricos, ora respostas a perguntas específicas enviadas pelo Departamento de Comércio.

Mais duas correspondências, em particular, corroboram a hipótese de um processo de ampliação e aprimoramento da estrutura dos consulados do Rio e de São Paulo. Em 1º de janeiro de 1923, uma carta[77] do diretor do Bureau de Comércio Estrangeiro Julius Klein para o adido comercial W. L. Schurz citava três nomes responsáveis pela produção de relatórios no consulado do Rio (Cremmer, Noll e Connell) e informava que, desde a reorganização da Divisão de Comércio Estrangeiro (em outubro do ano anterior), o material produzido no exterior vinha sendo submetido a revisões e ao recolhimento de "críticas e comentários construtivos" de todas as divisões do Departamento de Comércio. Klein reproduzia então uma série de "críticas e sugestões" relativas a cinco relatórios apresentados no trimestre anterior: "Competição entre comerciantes de pneus de borracha", "A indústria do

---

77 Carta de Julius Klein, diretor do Bureau de Comércio Estrangeiro do Departamento de Comércio, Washington DC, para William L. Schurz, adido comercial, Rio de Janeiro. 1 de janeiro de 1923. Record group 151; file class 281. National Archives at College Park, College Park, MD.

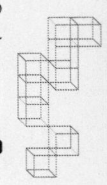

cacau no Brasil", "O mercado do maquinário têxtil no Brasil", "Condições econômicas e financeiras no Piauí" e "Auxílio governamental para o comércio marítimo".

A outra correspondência, de janeiro de 1926, refletia a crescente importância econômica de São Paulo e a necessidade de ampliar o serviço consular na cidade. O documento disponível é uma resposta[78] a uma carta do Departamento de Comércio com o assunto "Rapidez na resposta aos pedidos" ("Promptness in replying to enquiries"), ou seja, essa carta cobrava agilidade no atendimento às solicitações. A resposta, por sua vez, alegava que o escritório de São Paulo só possuía um adido comercial e por isso seria impossível dar conta de todas as demandas. Solicitava, então, a contratação de "um assistente, um brasileiro que fale inglês e conheça São Paulo, uma secretária estenógrafa e um *office boy*".

2.4. OS RELATÓRIOS SOBRE O MERCADO CINEMATOGRÁFICO NO BRASIL

A partir do começo dos anos 1920, a quantidade de relatórios disponíveis nos arquivos do Departamento de Estado sobre o mercado de cinema no Brasil se multiplica. Em sua grande maioria, são documentos repletos de informações úteis para orientar os executivos dos grandes estúdios em seus movimentos no mercado brasileiro. Há relatórios regulares, como os balanços anuais do mercado, e outros mais extensos, respondendo a demandas pontuais enviadas pelo Departamento de Comércio. Embora eventualmente fossem assinados pelo cônsul, quase sempre eram produzidos pelos adidos comerciais, que recorriam a diversas fontes, sobretudo estatísticas divulgadas pelo governo, textos jornalísticos e entrevistas informais realizadas com agentes do mercado (nunca nominados).

2.4.1. OS RELATÓRIOS ANUAIS

O mais forte indício de que o mercado de cinema se tornou alvo de interesse específico do Estado promocional está na produção de relatórios periódicos, divulgados sempre nos primeiros meses do ano, com

---

78 Carta do adido comercial em São Paulo (nome ilegível) para O. P. Hopkins, diretor em exercício, Bureau de Comércio Doméstico e Estrangeiro, Departamento de Comércio, Washington DC. 4 de janeiro de 1926. Record group 151; file class 281. National Archives at College Park, College Park, MD.

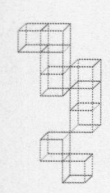

um balanço dos filmes lançados no ano anterior. Não sabemos exatamente quando começaram nem por quanto tempo foram produzidos, tampouco se a periodicidade foi respeitada todos os anos, mas, no intervalo de abrangência da pesquisa (de 1913 a 1935), encontramos quatro exemplos desse tipo de relatório, preparados entre fevereiro e março dos anos de 1923, 1925, 1927 e 1929 (referentes, portanto, aos anos de 1922, 1924, 1926 e 1928)[79].

Em primeiro lugar, é importante ressaltar que os relatórios tomavam como referência os números da cidade do Rio de Janeiro, então Distrito Federal. Uma justificativa aparece no documento de 1929: "Essa cidade é o principal centro de distribuição de filmes no Brasil e, como praticamente todos os filmes importados são exibidos aqui em algum momento, a censura do Rio de Janeiro, para fins práticos, representa o consumo brasileiro de filmes"[80].

O relatório de 1924[81] cita como fonte, especificamente, uma reportagem do jornal *O Paíz* de 11 de fevereiro de 1923, que, por sua vez, reproduzia os números divulgados por Roberto Etchebarne, chefe do departamento de censura do Distrito Federal, controlada pelo Departamento de Polícia. Como todos os filmes lançados comercialmente precisavam ser registrados pela censura, esse departamento da polícia federal passou a deter uma grande quantidade de informação sobre os filmes. Curiosamente, os relatórios da censura não se limitaram a abordar aspectos estritamente ligados ao tema, mas traziam informações de interesse dos agentes privados do comércio cinematográfico, com tabulações dos filmes lançados por agentes de venda, companhias produtoras, metragem e número de rolos.

Em 1924, os dados publicados em *O Paíz* foram reproduzidos em quase sua totalidade no relatório produzido pelo consulado: total de

---

79 O fato de só estarem disponíveis relatórios de anos ímpares (relativos aos anos pares, portanto) não parece um indício de que a produção era bienal, já que eles passam a ser cumulativos e a trazer tabelas com números de anos anteriores sucessivos. A exceção é o relatório de 1925, que em tabelas só comparam números de 1922 e 1924, mas o texto principal cita o total de filmes de 1923.

80 *Films censored in Rio de Janeiro during 1928* (relatório). 8 fev 1929. National Archives Microfilm Publications, rolo 18, target 2, 832.4061 Motion Pictures, Public Entertainment: Motion Pictures; National Archives at College Park, College Park, MD.

81 *Motion Picture Films censored during 1924* (relatório). 27 jan 1925. National Archives Microfilm Publications, rolo 18, target 2, 832.4061 Motion Pictures, Public Entertainment: Motion Pictures; National Archives at College Park, College Park, MD.

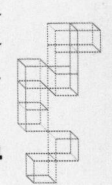

filmes submetidos à censura (1.341), metragem total (1.678.608), número de produtoras (104), total de filmes por número de rolos, país de origem (Estados Unidos, 78%; Alemanha, 10%; França, 6%; Itália, 2%), total de filmes cortados pela censura (68); metragem total cortada (88.152); filmes cortados pela censura por origem (37 americanos, 21 alemães, nove franceses e um austríaco), e filmes considerados "impróprios para crianças" (52 no total). Foram omitidas do relatório consular as especificações do número dos totais de filmes e metragem por distribuidora, além da observação de que "foram condenadas as legendas de 137 películas, não só devido à sua má redação, como também por conterem ofensas à moral ou à soberania de certos países"[82].

Curto e objetivo, o relatório de 1924 trazia, em três páginas, poucos comentários além dos números. Ressaltava que apenas um único filme havia sido totalmente proibido (uma produção alemã, da Kraft Film), e que, nas estatísticas dos filmes submetidos a cortes, os filmes americanos foram os menos afetados proporcionalmente. Apesar de a maioria das obras cortadas ter sido americana (37), esse o número correspondia a apenas 3,5% do total (de filmes americanos) lançados, contra 15% dos alemães, 11,5% dos franceses e 25% dos austríacos. Ou seja, o relatório sugeria que a censura não havia sido um grande problema para os filmes americanos no Rio de Janeiro naquele ano, e essa sugestão voltaria em relatórios posteriores.

A partir de 1925, os balanços anuais passaram a trazer nos seus cabeçalhos a informação: "Referência de solicitação: voluntário" – ou seja, tratava-se de um relatório não especificamente solicitado, mas preparado e enviado para o Departamento de Estado assim que as informações eram disponibilizadas no Brasil. Outra mudança importante a partir de 1925 é que os relatórios passaram a ser cumulatórios e comparativos – indicando a progressiva formação de um banco de dados sobre a atividade cinematográfica no Brasil nas dependências do Departamento de Comércio.

---

82 *O Paíz*, 11 de fevereiro de 1923, p. 2. O número de filmes lançados por companhia distribuidora foi o seguinte: Agência Universal, 341; Companhia Películas D'Luxo, 260; Fox-Film, 243; Rombauer e Co., 102; Marc Ferrez e Filhos, 76; Companhia Brasil Cinematográfica, 78; C. Bierckark and C, 58; Ariera e C, 43; Vital Ramos de Castro, 24; Natalini e Barreto, 21; Agência Pinfildi, 21; León Abran, 27; Aurélio Bocchino, 15; Claude Darlot, 11; Mendes de Moraes, 8; Guanabara Film; 7; R. Amaral e R. Gaudin, 2; Ildefonso Leão, Agência Ideal, A. Pugnaloni, Camerata e Mascigrande, Armando Costa, Ponce e Irmão e Antônio Quadros Jr, um cada.

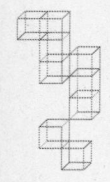

Em 1925[83], por exemplo, foram apresentadas as mesmas informações do relatório de 1923, desta vez acrescentando duas tabelas comparativas: uma com os totais separados por país de origem; outra, pelo número de rolos. No texto, três aspectos mereceram comentários específicos. A queda de filmes importados dos EUA em comparação a 1922, por exemplo, era relativizada, chamando atenção para o fato de que, em comparação com o total de 1924 (que também apresentou queda), houve um crescimento percentual da fatia de mercado dos filmes americanos por número de títulos (de 79% em 1922 para 83% em 1924). O texto também chamava atenção para a queda na importação de filmes alemães: mais de cem em 1922, apenas 23 em 1924. Por fim, nos comentários sobre a tabela comparativa por número de rolos, era enfatizada a "crescente popularidade dos filmes de sete rolos" e a "diminuição da demanda dos filmes de cinco rolos". Isto é, o mercado absorvia menos títulos, mas cada vez mais longos.

Ao longo dos anos, é possível perceber um monitoramento constante da presença da cinematografia de outros países e um acompanhamento bem menos intenso da produção nacional, aparentemente considerada menos ameaçadora, a não ser quando surgia algum grande projeto vinculado à produção. O relatório de 1927[84], afirmava que os filmes brasileiros se limitavam a algumas comédias leves e uma dúzia de cinejornais por ano, e concluía que o país não possuía companhias produtoras que pudessem ser comparadas aos produtores americanos.

Esse mesmo relatório dedicou um espaço significativo ao anúncio do projeto de Francisco Serrador de construir um grande estúdio de cinema na região serrana do Rio: "De acordo com Sr. Serrador, essa companhia comprou, nas montanhas perto de Petrópolis, um terreno de 2.400.000 metros quadrados que está sendo modelado como uma pequena cidade que será batizada Parque São Manuel". Os planos de Serrador incluiriam a construção de 500 bangalôs e a construção de estúdios modernos para a produção de filmes domésticos. "Será o futuro lar da Companhia Brasil Cinematográfica e se assemelhará, de certa

83 *Motion Picture Films censored during 1924* (relatório). 27 de janeiro de 1925. National Archives Microfilm Publications, rolo 18, target 2, 832.4061 Motion Pictures, Public Entertainment: Motion Pictures; National Archives at College Park, College Park, MD.

84 *Motion Picture Industry of Brasil* (relatório). 28 de março de 1927. National Archives Microfilm Publications, rolo 18, target 2, 832.4061 Motion Pictures, Public Entertainment: Motion Pictures; National Archives at College Park, College Park, MD.

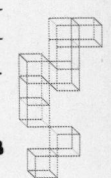

forma, ao centro cinematográfico de Hollywood". Cinco dias depois, no dia 28 de março, um despacho complementar ao relatório foi enviado ao Departamento de Estado com um envelope contendo seis fotografias dos terrenos adquiridos pela CBC no Parque de São Manuel[85].

Como lembra Freire (2018, p. 277-278), Serrador, um exibidor capaz de movimentar grandes capitais (voltaremos a ele com mais detalhes no capítulo 4), desenvolveu na época dois projetos ambiciosos. Um deles era justamente a criação de um estúdio de grandes proporções inspirado na Universal City, que conhecera em viagem a Hollywood entre 1921 e 1922. "O empreendimento ocuparia um castelo em estilo irlandês na fazenda São Miguel, em Correias, distrito de Petrópolis (...). Entretanto, se o megalomaníaco plano de criação de uma 'cidade do filme' na região serrana do estado do Rio não foi concretizado por falta de investidores, Serrador ao menos conseguiu, mesmo com dificuldades, tirar do papel o projeto de construção de um 'bairro de cinemas' na capital federal" – a futura Cinelândia carioca (à qual também voltaremos no capítulo 4).

Os relatórios anuais eram, portanto, essencialmente voltados para dados de distribuição, eventualmente contemplando a produção. Isso não representava, porém, um desinteresse pelo setor da exibição – ao contrário. Este foi tema de relatórios específicos, muito mais extensos e elaborados, principalmente sobre a exibição em São Paulo, como veremos a seguir.

Antes, porém, é importante observar que, nos relatórios anuais, os dados divulgados do número de filmes lançados, metragem etc., representam uma visão incompleta do mercado, já que os ingressos vendidos e/ou as receitas geradas pelos filmes não eram divulgados. Por outro lado, o destaque dado a essa informação também pode ser visto como um indício de que a quantidade de títulos por país era considerada um indicador válido. Ou seja: a ocupação das telas era suficiente para medir a presença do cinema americano no mercado brasileiro. No comentário que acompanhava a tabela comparativa por país no relatório de 1927[86], essa questão era colocada de forma evidente.

85 *Envelope containing six pictures of the Complexo São Manoel, of Francisco Serrador, in Petropolis (referring to the previous document)*. 28 de março de 1927. National Archives Microfilm Publications, rolo 18, target 2, 832.4061 Motion Pictures, Public Entertainment: Motion Pictures; National Archives at College Park, College Park, MD.

86 *Motion Picture Industry of Brasil* (relatório). 30 de março de 1927. National Archives Microfilm Publications, rolo 18, target 2, 832.4061 Motion Pictures, Public Entertainment: Motion Pictures; National Archives at College Park, College Park, MD.

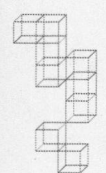

Fig. 09: Filmes censurados por país de origem (1925-1926)

País	Ano	
	1925	1926
Áustria	2	1
Brasil	52	10
Dinamarca	1	0
Inglaterra	1	1
França	85	21
Alemanha	24	15
Itália	19	8
Portugal	20	5
Suíça	5	0
Estados Unidos	1065	1198
Total	1274	1259

Fonte e tabulação: Motion Picture Industry of brasil
(relatorio). 30 de março de 1927. Tradução

O texto acompanhando a tabela afirmava que "os números acima manifestam um controle pelos produtores americanos praticamente impossível de ser quebrado. Os filmes de todos os países, incluindo brasileiros, declinaram em 1926 em comparação com 1925, com exceção dos Estados Unidos". No relatório de 1929 (referente aos filmes de 1928), a inclusão de uma ampla tabela comparativa com números acumulados de quatro anos sinaliza a formação de um bando de dados:

Fig. 10: Filmes censurados no Rio de Janeiro por país de origem (1925-1928)

País	Número de Filmes				Percentual			
	1925	1926	1927	1928	1925	1926	1927	1928
Estados Unidos	1.065	1.198	1.397	1.550	83,6%	95,15%	88,31%	84,22%
Brasil	52	10	68	38	4,08%	0,80%	4,30%	2,37%
Alemanha	24	15	47	103	1,88%	1,19%	2,97%	6,42%
França	85	21	43	82	6,67%	1,67%	2,72%	5,11%
Áustria	2	1	14	7	0,16%	0,08%	0,88%	0,44%
Portugal	20	5	5	7	1,57%	0,40%	0,52%	0,44%
Itália	19	8	3	3	1,49%	0,63%	0,19%	0,19%
Inglaterra	1	1	2	5	0,08%	0,08%	0,13%	0,31%
Dinamarca	1	0	1	1	0,08%	0	0,6%	0,06%
Argentina	0	0	0	4	0	0	0	0,25%
Outras	5	0	2	5	0,39%	0	0,12%	0,19%
Total	1.274	1259	1582	1805				

Fonte e tabulação: Films Censored in Rio de Janeiro
during 1928 (relatório). Tradução do autor.

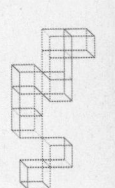

Como é possível observar, os filmes americanos continuavam em imensa maioria: 1.550 produções lançadas em 1928 – um número 15 vezes superior ao do segundo colocado, a Alemanha. Mas a significativa recuperação das presenças alemã e francesa – particularmente a alemã – motivou um alerta do autor do relatório: "Os produtores americanos fariam bem em dar a esse mercado uma atenção cuidadosa. Naturalmente, se o público do Rio de Janeiro se acostumar com os filmes europeus, vai preferi-los, assim como agora preferem os americanos, que se popularizaram graças a um grande custo de dinheiro e esforços". Como veremos adiante com mais detalhes, no período entreguerras a Alemanha foi o país que mais conseguiu recuperar sua indústria de cinema, e se beneficiou da desvalorização da moeda provocada pela crise econômica para impulsionar suas exportações, inclusive no cinema. Daí a atenção especial dos relatórios consulares à produção do país.

Outro aspecto particularmente marcante dos relatórios anuais está no acompanhamento dos filmes pela metragem e pelo número de rolos. O balanço de 1926, divulgado em março de 1927, é particularmente revelador nesse sentido. O texto de abertura analisava o declínio no número total de filmes observando que, apesar dessa diminuição, a metragem havia crescido. Além do mais, os relatos eram de "uma frequência muito superior à de 1925" – em raríssima referência ao público, mesmo assim em tons vagos.

A diferença da metragem teria como explicação a crescente demanda por filmes de seis e mais rolos, o que poderia ser verificado em uma tabela comparativa do total de filmes por número de rolos nesses dois anos:

Fig. 11: Filmes por número de rolos (1925-1926)

Filmes por número de rolos	1925	1926
Um	336	244
Dois	288	286
Três	5	2
Quatro	0	45
Cinco	164	114
Seis	187	207
Sete	183	211
Oito	50	89
Nove	18	19
Dez	14	16
Onze	0	6
Doze	0	6
Seriados	29	14
Total	1274	1259

Fonte e tabulação: Motion Picture Industry of Brasil (relatório). 30 mar 1927. Tradução do autor.

Apesar de os filmes de um e dois rolos ainda representarem uma grande fatia do mercado (42% do total), eles vinham apresentando declínio, enquanto todos os filmes com mais de seis rolos tiveram crescimento, sobretudo aqueles com seis, sete e oito rolos, e os de onze e doze rolos.

Não é possível estabelecer uma regra definitiva quanto ao padrão da velocidade de projeção dos filmes na era silenciosa que permita calcular com absoluta precisão o tempo de projeção dos filmes. Mas é possível fazer estimativas. Freire (2011) sugere que, no Brasil da década de 1920, possivelmente a velocidade mais comum fosse de 20 a 24 quadros por segundo. De acordo com as tabelas de conversão elaboradas por Usai (2000, p. 170-173, 190), e considerando que um rolo simples possuía cerca de 300 metros, podemos estimar o tempo de projeção dos filmes que apresentaram maior crescimento no período (de seis a doze rolos) e, dessa forma, avaliar a mudança que se operava na duração dos programas. A projeção de um filme de seis rolos ficaria entre 1h e 1h20; de sete rolos, entre 1h18 e 1h33; de oito rolos, entre 1h40 e 2h; de dez rolos, entre 1h49 e 2h11; de onze rolos, 2h e 2h24; e de 12 rolos entre 2h11 e 2h37. Ou seja, os filmes que mais se expandiram no mercado, em 1926, se aproximavam do formato do longa-metragem (com mais de 1h10 de duração) que se tornaria o formato padrão do produto explorado comercialmente em salas de cinema por décadas.

A ênfase dos relatórios no monitoramento dos filmes por número de rolos também nos mostra como o crescimento do chamado *feature film*, alvo de pesados investimentos das produtoras emergentes, era observado de perto. O texto comentando a tabela estabelecia uma associação direta entre os *features* e a produção americana: "O crescente interesse aparente por parte do público brasileiro por filmes de alta classe resultou favoravelmente para os produtores de filmes americanos que, em 1926, forneceram 95,15% desses filmes censurados. Isto se compara com 83,59% creditados a filmes de origem americana censurados em 1925.

2.4.2. MONITORAMENTO DO SETOR DA EXIBIÇÃO: SÃO PAULO EM FOCO

Desde 1915, quando as companhias americanas começaram a abrir seus escritórios de distribuição no Brasil, o mercado de exibição brasileiro, ainda que dinâmico, já estava relativamente estruturado (vamos voltar a esse assunto no capítulo 4). Conhecer o perfil do setor e seus principais empresários era fundamental para uma operação bem-sucedida. É preciso lembrar também que a chegada das companhias americanas se deu em etapas. Universal, Fox e Paramount se estabeleceram entre 1915 e 1916; as outras só desembarcaram por aqui a partir da segunda metade da década de 1920.

Dois dos relatórios específicos sobre o mercado de cinema no Brasil disponíveis nos arquivos do governo americano são estudos sobre o mercado de cinema de São Paulo – em plena ascensão como potência econômica – feitos com um intervalo de apenas um ano e meio. O primeiro foi produzido em março de 1923; o segundo, em setembro de 1924.

O documento de março de 1923, "A indústria do cinema em São Paulo"[87], estendia-se por oito páginas e começava, justamente, explicando que São Paulo, apesar de já ser considerado um mercado importante,

---

87 *Motion Picture Industry in São Paulo* (relatório). 6 mar 1923. National Archives Microfilm Publications, rolo 18, target 2, 832.4061 Motion Pictures, Public Entertainment: Motion Pictures; National Archives at College Park, College Park, MD.

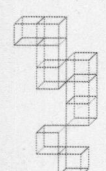

vinha se fortalecendo ainda mais desde o ano anterior. Em seguida, apresentava uma espécie de panorama geral do cinema na cidade, incluindo perfil das salas, estimativa de ingressos diários e formato dos programas:

> Nesta cidade de quase cem mil habitantes, há vinte cinemas de bom tamanho que abrem sete dias por semana, sem levar em consideração muitos outros estabelecimentos menores espalhados pelos subúrbios. Isso não inclui quatro ou cinco teatros importantes, dedicados exclusivamente a dramas legítimos ou comédias e óperas. Estima-se que há de quinze a vinte mil ingressos pagos diários para os cinemas apenas nesta cidade. Os programas são trocados diariamente, sendo compostos geralmente por um ou dois filmes cômicos, junto com um drama da vida real ou uma "superprodução", ou uma comédia, e, às vezes, notícias mostrando cenas de interesse mundial.

Sem citar fontes específicas, o relatório enumerava o que seriam os gêneros favoritos do público paulista. A preferência recairia sobre os "society pictures"; dramas reais com um ponto de vista moral; faroestes não eram mais aceitos pela elite, mas encontravam aprovação na "seção industrial da cidade" (os bairros operários); filmes seriados eram populares, desde que fossem românticos ou históricos e não se estendessem por muitas *performances*; só as comédias "de bom gosto" eram aceitas, pois o público de São Paulo seria "tão cosmopolitano" que rejeitava o velho estilo da comédia pastelão. Os filmes americanos seriam "inquestionavelmente os mais populares" devido à elegância dos cenários, à capacidade artística dos atores principais e à qualidade da fotografia em geral, "superior à de qualquer outro país". Os filmes franceses, apesar de ocuparem a segunda posição em participação no mercado, vinham perdendo espaço, segundo o texto. Por fim, o relatório mencionava as grandes transformações do circuito exibidor paulista, que atravessava um período de "expansão e melhoramento".

Apenas um ano e meio depois, um novo relatório sobre São Paulo[88] foi produzido pelo consulado, este com sete páginas, desta vez ainda mais focado no setor da exibição. A introdução explicava que a cidade teria cerca de "quinze casas cinematográficas de primeira ordem" e cinemas menores espalhados pelos subúrbios. Em seguida, o relatório se divide em três seções, "Construção", "Operação" e "Equipamento".

---

88 *Motion Picture Theaters in São Paulo* (relatório). 12 set 1924. National Archives Microfilm Publications, rolo 18, target 2, 832.4061 Motion Pictures, Public Entertainment: Motion Pictures; National Archives at College Park, College Park, MD.

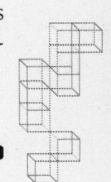

"Construção" descrevia todos os trâmites necessários para aprovar os projetos dos cinemas junto à prefeitura, para depois comparar os modelos arquitetônicos das salas de São Paulo aos dos Estados Unidos:

> A construção dos teatros de São Paulo difere materialmente dos teatros dos Estados Unidos. O tipo mais comum é o da Ópera de Paris ou uma modificação dela. Balcões e galerias não se estendem pelo térreo como no caso do Hipódromo de Nova York. O piso inferior tem frisas ao seu redor e é coberto apenas pelo teto do edifício. O segundo e sucessivos andares cobrem apenas os espaços ocupados pelas frisas do térreo. O último andar é a galeria, tendo, por via de regra, bancos de madeira não numerados. O piso intermediário (ou pisos intermediários) contém "boxes" conhecidos como "camarotes". Em cada andar há um corredor circular ao longo da parede do edifício.

A seção "Operação" dedicava-se ao formato da programação. Todos os cinemas apresentavam sessões noturnas entre 19h30 e 23h, sendo que dois deles também ofereciam sessões à tarde; aos domingos e feriados, eram comuns matinês das 14h às 17h. A troca de programas era diária e os filmes precisavam ser aprovados pela polícia (censura) antes de serem exibidos. Em geral, os cinemas estavam equipados com dois projetores.

Em "Equipamento", depois de fazer breve referência às orquestras, presente em todos os cinemas maiores, e ao fato de que alguns dos cinemas também apresentavam números de *vaudeville*, o relatório enumerava os projetores e telas utilizados. As salas mais importantes eram equipadas com projetores alemães da fábrica A. E. G. Mallet; as máquinas da Pathé eram usadas em cinemas de "segunda classe", e os projetores da Gaumont e Pathé Mundial, mesmo considerados melhores que os alemães, não eram usados por serem mais caros. Projetores americanos teriam sido introduzidos alguns anos antes, mas foram considerados complexos e caros. Quanto às telas, eram importadas da França. Como regra, as projeções eram frontais, apesar de haver "um ou dois cinemas" com projeção por transparência, ou seja, por trás da tela. Por fim, o relatório apresentava uma tabela intitulada "Principais Cinemas de São Paulo", com nome e endereço do estabelecimento, além de proprietários e capacidade:

Fig. 12: Principais cinemas de São Paulo (1924)

Nome e endereço	Proprietários	Capacidade	2ª classe	1ª classe	Polt.	Galeria
Cine Theatro República - Praça da República, 16	Emp. Cinem. Reunidas	2200	40	40	1200	600
Theatro Avenida - Avenida São João, 161	Idem	1710	32	30	800	600

Nome e endereço	Proprietários	Capacidade	2ª classe	1ª classe	Polt.	Galeria
Theatro São Pedro - Rua Barra Funda, 55	Idem	2244	58	28	950	0
Cinema Pathé Palace - Rua Rodrigo Silva, 8	Idem	1255	21	20	650	400
Cinema Triângulo - Rua 15 de Novembro	Idem	500	0	0	500	0
Cinema Congresso - Praça João Mendes	Idem	460	12	0	400	0
Cinema Rio Branco - Rua General Ozorio, 77	Idem	685	37	0	500	0
Theatro Esperia - Rua Conselheiro Ramalho, 152	Idem	1720	4	20	800	800
Theatro Marconi - Rua Corrêa de Melo, 6	Idem	1120	0	25	500	500
Cine Theatro Colombo - Praça da Concórdia	João de Castro	2.370	28	24	1212	908
Theatro Mafalda - Avenida Rangel Pestana, 198	Alves & Giordano	1300	40	20	900	0
The Cine Colombiano - Rua João Teodoro, 47	João de Castro	1390	0	0	890	500
Theatro São Paulo - Largo São Paulo	Emp. Cinem. Reunidas	1950	32	18	900	800
Theatro Olympia - Avenida Rangel?, 120	Idem	2013	18	50	973	700
Braz Polytheama - Av Celso Garcia, 55	Canuto, Cicciola and Rocha	4000	45	25	1008	2115
Theatro America - Rua da Consolação, 524	Cornelio Dias	1010	0	20	910	0

Fonte: Motion Picture Theaters in São Paulo (relatório),
12 set 1924. Tradução do autor.

Todos os cinemas da tabela estão relacionados em *Salas de cinema e história urbana de São Paulo (1895-1930)*, a ampla pesquisa de José Inácio de Melo Souza (2016, p. 263-367) sobre os cinemas da cidade. Apenas um deles aparece com nomes diferentes: o The Cine Colombiano da tabela está no livro como Colombino; porém, o endereço confirma se tratar da mesma sala (idem, p. 316)[89]. Mas a atenção talvez deva se

---

89 Comparando o relatório do consulado e as informações do livro de José Inácio de Melo Souza (2016), os dados de nome e endereço e proprietários coincidem totalmente. Há, no entanto, algumas diferenças em relação à capacidade das salas, o que pode ser explicado pelo fato de que o livro de Souza quase sempre indica esse

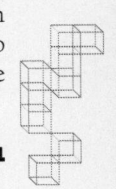

voltar para a coluna "proprietários", que aponta dez dos dezesseis cinemas listados como pertencentes às Empresas Cinematográficas Reunidas, criada em janeiro de 1924 (o mesmo ano de produção do relatório, portanto) como resultado da fusão dos maiores grupos exibidores da cidade: a Companhia Cinematográfica Brasileira, de Francisco Serrador, e a empresa D'Errico, Bruno, Lopes e Figueiredo (ibidem, p. 284). Por fim, um detalhe importante a ser notado é que, no cabeçalho deste relatório, há uma orientação para que uma cópia seja enviada à publicação *Exhibitors Trade Review*, em mais uma evidência de que as revistas de mercado recebiam pelo menos alguns relatórios do governo americano e eram responsáveis pela transmissão de parte das informações à indústria.

2.4.3. MONITORAMENTO DA LEGISLAÇÃO DE IMPOSTOS SOBRE A ATIVIDADE

O monitoramento da legislação de impostos é outro tema presente entre os documentos disponíveis nos arquivos dos Departamentos de Estado e Comércio entre 1915 e 1929, mas na sua maioria transparecem uma crença de que seriam apenas ameaças sem chances de serem realmente implementadas – com uma exceção fundamental, como veremos adiante. Um relatório de dezembro de 1922[90], enviado pelo consulado do Rio, é um bom exemplo dessa relativa indiferença. O texto, que toma como fonte reportagens de jornal, informava que a proposta de um projeto de lei criando um novo imposto sobre os ingressos dos espaços de entretenimento, que representaria um aumento de 20% sobre os encargos já existentes, havia provocado uma onda de protestos dos exibidores cariocas, que ameaçavam fechar suas salas. Mas o relatório afirmava que o projeto, aprovado pelo Congresso, seguiria para o Senado, onde "provavelmente seria derrotado". No ano de 1929, po-

---

dado em anos diferentes aos do relatório. O único espaço em que a capacidade é idêntica em ambas as fontes é o Triângulo, que aparece no levantamento de Souza com 500 lugares no ano de sua inauguração, 1923, e com o mesmo número no relatório consular. Mas, em quase todos os outros casos, a diferença é pouca. O Theatro Esperia, o Theatro Mafalda e o The Cine Colombiano/Colombino estão relacionados no livro de Souza, mas não têm sua capacidade informada.

90 *Moving Picture Theaters in Rio de Janeiro threaten to close* (relatório). 11 dez 1922. National Archives Microfilm Publications, rolo 18, target 2, 832.4061 Motion Pictures, Public Entertainment: Motion Pictures; National Archives at College Park, College Park, MD.

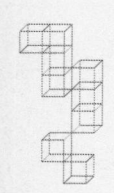

rém, uma vasta troca de correspondência nos dá acesso a um processo que, de fato, gerou mobilização efetiva de agentes da indústria e do governo americano para barrar uma lei, com resultados concretos.

O primeiro documento data de 20 de novembro de 1929[91]: um bilhete assinado por William Melniker, diretor da Metro-Goldwyn-Mayer no Brasil, em conjunto com William Fait, representante da First National/Warner Bros, solicitando um encontro com o embaixador Edwin S. Morgan para tratar de "uma questão de grande importância para a indústria do cinema americano". O segundo documento é uma carta de 22 de novembro destinada a Hélio Lobo, funcionário do Palácio do Itamaraty, solicitando que recebesse Melniker e Fait, que teriam ficado alarmados com um discurso proferido na Academia pelo sr. "Medeiros de Albuquerque"[92] (*sic*) sobre os filmes sonoros americanos. Ainda que não esteja assinada, tudo indica que partiu de Morgan. A terceira carta, de 23 de novembro, está assinada pelo embaixador Morgan e tem como destinatário Mário Cardim, secretário do gabinete do prefeito do Rio de Janeiro. Nela, Morgan dava mais detalhes sobre a situação:

> O Sr. W. H. Fait, representante da First National Pictures e Warner Bros, assim como o senhor William Melniker, da Metro Goldwyn Mayer do Brazil, estão muito impressionados pelo movimento contra o cinema falado no Brasil recentemente levantado pelo Sr. Medeiros de Albuquerque (*sic*) em uma sessão da Academia Brasileira, e por um projeto apresentado no Conselho Municipal. Como o negócio do cinematógrafo é uma das empresas americanas mais importantes nesse país, também causou-me inquietação. Peço, portanto, a fineza de indicar-me a que autoridade da Prefeitura devem os senhores acima referidos procurar para conversarem a respeito do assunto de seu interesse[93].

---

91 Carta deWilliam Melniker, diretor da MGM Brasil, para Edwin S. Morgan, embaixador dos EUA no Brasil, Rio de Janeiro. 20 nov 1929. General Records (1914-1955). Record group 151; file class 281. National Archives at College Park, College Park, MD.

92 Carta de Edwin S. Morgan, embaixador dos EUA no Brasil, para Hélio Lobo, Palácio do Itamaraty, Rio de Janeiro. 22 nov 1929. General Records (1914-1955). Record group 151; file class 281. National Archives at College Park, College Park, MD. Obs: Morgan se refere a Medeiros e Albuquerque, jornalista e escritor integrante da Academia Brasileira de Letras.

93 Carta de Edwin S. Morgan, embaixador dos EUA no Brasil, para Mário Cardim, Prefeitura, Rio de Janeiro. 23 nov 1929. General Records (1914-1955). Record group 151; file class 281. National Archives at College Park, College Park, MD.

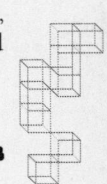

Essa troca de cartas se refere a um episódio descrito com detalhes por Souza e Freire (2018, p. 316-318), que, por sua vez, é um exemplo do impasse enfrentado pela indústria do cinema americano nos mercados de outra língua que não o inglês durante a transição para o sonoro. Ao mesmo tempo que trouxe uma nova brisa de encantamento à experiência cinematográfica (acompanhada de um bem-vindo aumento nas receitas), o cinema sonoro apresentou uma série de desafios aos agentes da indústria, sobretudo nos mercados externos dominados pelo cinema americano, já que pairava uma profunda incerteza quanto à recepção dos *talkies* pelo público e à forma como seriam exibidos. Durante anos, várias possibilidades foram testadas, como a produção de um mesmo filme em versão sonora (para os mercados de língua inglesa) e em versão muda (para os países de outras línguas), a produção de versões de um mesmo filme em línguas diferentes, que poderia contar tanto com elencos diferentes, ou com atores bilingues, ou, ainda, atores que decoravam diálogos foneticamente em línguas que não compreendiam, e a inserção de intertítulos que traduziam apenas as informações mais importantes.

Se nos Estados Unidos a conversão para o sonoro já foi relativamente complexa e demorada, principalmente para os exibidores menores e do interior, nos mercados internacionais o processo foi ainda mais complexo e lento. No Brasil, a primeira sala preparada para o cinema sonoro, equipada com os dois sistemas de sonorização vigentes – o vitafone da Warner (som sincronizado com discos) e o movietone da Fox (som inscrito na película, com leitura ótica) – foi o luxuoso cine-teatro Paramount, inaugurado em 13 de abril de 1929 (Souza, 2016, p. 358). Até o fim do ano, "após os primeiros meses da lucrativa exibição de filmes sonoros em várias capitais, o problema da compreensão pelos espectadores brasileiros dos filmes falados em inglês começou a se tornar cada vez mais evidente" (Souza e Freire, 2018, p. 316).

O episódio polêmico que mobilizou as companhias americanas ocorreu no Rio de Janeiro e teve início com a primeira exibição de um filme sonoro na cidade, o musical da MGM *Melodia da Broadway* (*The Broadway Melody*, 1929), que ocorreu no Palácio Teatro em junho de 1929. Amparada pelo fato de ser um musical, a MGM resolveu exibi-lo sem qualquer forma de tradução, o que gerou uma onda de reações negativas. A distribuidora encomendou às pressas a contratipagem de trechos da cópia para a impressão de legendas (na época chamadas de "letreiros sobrepostos"), mas apenas nas principais sequências do filme.

A presença maciça de filmes falados em inglês sem tradução ou com tradução parcial e malfeita incomodou profundamente os nacionalistas. Ao mesmo tempo, a demissão em massa de músicos que trabalhavam nas orquestras gerou protestos da classe e a mobilização de simpatizantes, inclusive da imprensa. Entre as sugestões para resolver a situação estava o aumento de impostos para filmes falados. Reunindo as duas causas, o escritor e jornalista Medeiros e Albuquerque fez um inflamado discurso na sessão de 7 de novembro de 1929 da Academia Brasileira de Letras, chamando atenção para o perigo da "desnacionalização através do cinema" e para o que poderia ser a supressão da profissão dos músicos. Sua sugestão era "a elevação das tarifas para todos os filmes falados em qualquer língua que não seja a portuguesa: elevação que torne proibitiva a importação de filmes dessa natureza" (Souza e Freire, 2018, p. 317). A sugestão foi transformada em um projeto de lei encaminhado ao Conselho Municipal criando um imposto "proibitivo" para suspender a invasão dos *talkies*, que previa o pagamento de uma taxa de um conto de réis por dia aos cinemas e teatros que exibissem filmes falados em qualquer língua que não a portuguesa e de cem-mil réis aos que exibissem filmes musicados.

A reação ao projeto foi imediata, liderada pela Associação Brasileira Cinematográfica (ABC), que na verdade, apesar do nome, segundo Souza e Freire "reunia as agências distribuidoras estrangeiras em operação no mercado brasileiro" (idem, p. 318). No entanto, a documentação dos arquivos do Departamento de Estado revela que, paralelamente à mobilização pública da ABC, correu pelos bastidores uma movimentação direta dos representantes das agências americanas no Brasil, com participação da MPPDA e do Departamento de Estado (via embaixada), para barrar a legislação desfavorável.

O primeiro movimento do embaixador Morgan é uma solicitação para que Hélio Lobo, do Palácio do Itamaraty, recebesse os representantes da MGM e da Warner. Gabriel Terra Pereira (2013, p. 1093) traz mais informações sobre Lobo:

> No contexto de republicanização das instituições e dos agentes políticos do Brasil no início do século XX, a diplomacia brasileira, capitaneada pelas reformas empreendidas na gestão de Rio Branco, intensificou o processo de americanização, representada pela aproximação progressiva aos países do continente, notadamente os Estados Unidos. Hélio Lobo (1883-1960), cooptado pelo chanceler na esteira de renovação dos quadros do Itamaraty, foi um expoente dessa política de americanização e procurou através das

esferas da diplomacia e da historiografia defender uma visão de mundo coerente com a política externa de seu tempo.

Lobo teria chamado atenção do Barão do Rio Branco (José Maria da Silva Paranhos Júnior, considerado um dos fundadores da política exterior brasileira no início do período republicano) por defender uma postura panamericana que procurava reunir os ideais do Bolivarismo ao Monroismo – o primeiro, em referência a Simón Bolívar (1783-1830) e seu projeto de união dos países da América hispânica independentes; o segundo em referência à Doutrina Monroe, política baseada no discurso do presidente James Monroe (1757-1831), defensor da não-intervenção de países europeus colonizadores na América – e que, na verdade, passou a ser a justificativa para uma série de intervenções dos Estados Unidos nos países ao sul do continente ao longo dos séculos XIX e XX (idem, p. 1098). Graças a essa estranha combinação e ao seu notório conhecimento de história e diplomacia, Hélio Lobo foi incluído por Rio Branco no renovado quadro do Itamaraty. Em 1917, Lobo foi convidado pelas universidades de Harvard e Columbia para ministrar palestras e escreveu textos "elogiosos acerca do relacionamento dos dois países, dedicados ao embaixador dos EUA no Brasil Edwin Morgan (ibidem, p. 1115).

Em breve nota de 26 de novembro, assinada por N.D. Golden, a divisão de cinema do Departamento de Comércio acusava o recebimento do "telegrama 68" e pedia mais informações a respeito do "imposto proibitivo sobre filmes sonoros"[94]. Em 29 de novembro, um telegrama assinado por C.J. North, chefe da Motion Picture Division, destinado ao consulado do Rio, dizia: "(…) indústria aqui ansiosa você realize todos os esforços contra a legislação ponto sugiro que você entre em contato com representante Melniker Metro-Goldwyn-Mayer ponto"[95]. Em seguida, N.D. Golden escreveria para o coronel F. L. Herron, gerente de relações estrangeiras da MPPDA:

> No dia 29 de novembro, enviei um telegrama ao nosso escritório do Rio de Janeiro para verificar quão autêntico era o relatório de que um imposto proibitivo sobre filmes falados estava sendo considerado nos cinemas do

---

94 Carta de N.D. Golden, diretor em exercício, Motion Picture Division, para consulado do Rio de Janeiro. 26 nov 1929. General Records (1914-1955). Record group 151; file class 281. National Archives at College Park, College Park, MD.

95 Telegrama de C.J. North, MPPDA, para o consulado do Rio de Janeiro. 29 nov 1929. General Records (1914-1955). Record group 151; file class 281. National Archives at College Park, College Park, MD..

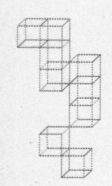

Rio de Janeiro. Acabei de receber uma resposta do nosso homem Jackson afirmando que ele soube de uma alta autoridade que o projeto de lei será interrompido. Eu também instruí Jackson para entrar em contato com Melniken, da MGM, e para se empenhar em todos os esforços para neutralizar essa proposta de legislação[96].

Essa troca de correspondências é evidência de uma mobilização concreta no sentido de interferir na tramitação de um projeto de lei que poderia afetar os interesses da indústria de cinema americana no Brasil. Chama atenção a atuação direta de dois representantes oficiais de estúdios americanos no Brasil, William Melniker, da MGM, e William Fait, da Warner-First National, bem como do embaixador Morgan. E o projeto foi efetivamente abandonado, após uma ampla campanha na imprensa.

2.4.4. OUTROS TÓPICOS MONITORADOS

Entre os diversos assuntos abordados na correspondência consular disponível nos arquivos do Departamento de Estado dos EUA, destacam-se ainda monitoramentos da circulação de cópias não autorizadas (pirataria) e possíveis manifestações de repúdio aos filmes americanos.

O problema das cópias piratas está documentado em uma sucessão de rápidas correspondências entre MPPDA, Departamento de Estado e a embaixada dos EUA no Brasil referente à exibição de cópias não autorizadas de filmes da Universal Pictures no país. No dia 18 de abril de 1924[97], o Departamento de Estado alertava por telegrama ao cônsul no Rio de Janeiro sobre uma queixa recebida via MPPDA, sobre a exibição ilegal de filmes da Universal Pictures pela Standard Film Agency no Brasil, solicitando assistência para o gerente da companhia no Rio de Janeiro, B.D. Lederman. No dia 5 de junho, o cônsul escrevia de volta, contando que esteve com Lederman e que este concluiu que nenhuma ação poderia ser tomada no momento[98]. O detalhe importante a ser

---

96 Carta da Motion Picture Producers and Distributors Association of America para F.L. Herron, MPPDA. 4 dez 1939. General Records (1914-1955). Record group 151; file class 281. National Archives at College Park, College Park, MD.

97 Telegrama do Departamento de Estado para o cônsul dos Estados Unidos no Rio de Janeiro. 18 abr 1924. General Records (1914-1955). Record group 151; file class 281. National Archives at College Park, College Park, MD.

98 Carta de A. Gaulin, cônsul dos Estados Unidos no Rio de Janeiro, para o secretário de Estado dos Estados Unidos. 5 jun 1924. General Records (1914-1955). Record group 151; file class 281. National Archives at College Park, College Park, MD.

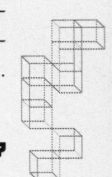

observado aqui é que o regime de distribuição de filmes ainda não estava uniformizado segundo o modelo prioritário dos escritórios de distribuição das *majors* no Brasil (a negociação direta com os exibidores, sem intermediários, no regime de aluguel). Ainda ocorria a plena circulação de filmes negociados via agentes de venda importados da Europa ou de outros mercados que não os EUA.

No dia 3 de março de 1926, o embaixador Edwin V. Morgan respondeu a uma circular do Departamento de Estado datada de 30 de janeiro, cujo assunto era a "hostilidade a filmes americanos no exterior". Não temos acesso ao texto da circular, mas, pela resposta de Morgan[99], é possível concluir que se tratava de uma indagação geral, enviada provavelmente ao corpo consular dos EUA, buscando informações sobre possíveis reações negativas ou mobilizações organizadas contra a presença dos filmes americanos. A preocupação era resultado de reações e mobilizações que se tornaram frequentes alguns anos após o fim da Primeira Guerra Mundial, quando ficou claro que seria difícil reverter a situação de hegemonia alcançada pelo cinema americano em diversos mercados internacionais, sobretudo na Europa.

> Por volta de 1924, tornou-se evidente que a participação americana no mercado europeu não iria diminuir mesmo sob a influência da recuperação da produção em vários países. Nenhum mercado europeu poderia sustentar produções luxuosas apenas com base em receitas domésticas. Mas, em 1924, produtores em vários países começaram a tentar cooperar internacionalmente dentro da Europa para criar um mercado continental que talvez pudesse rivalizar com o dos EUA. O resultado foi um conceito que teve algum impacto por talvez cinco anos, até que a introdução do som mudou a situação da circulação mundial de filmes. Este conceito era frequentemente conhecido na época como "Film Europe", e seu eixo central era a indústria alemã (Thompson, 1985, p. 105).

Em resposta ao movimento "Film Europe", o presidente da MPPDA, Will Hays, iniciou um *lobby* para que o Departamento de Comércio criasse uma divisão especial de cinema no interior do Bureau de Comércio Doméstico e Estrangeiro. Em fevereiro de 1926, o representante da MPPDA em Washington testemunhou diante de um comitê do Congresso afirmando que "agitações ou legislação contra filmes americanos" estavam ocorrendo em dezesseis países estrangeiros, enfatizando a importância de mercados estrangeiros para a indústria. O

---

99 Carta de Edwin Morgan, embaixador no Rio de Janeiro, para o Secretário de Estado, Washington DC. 3 mar 1926. General Records (1914-1955). Record group 151; file class 281. National Archives at College Park, College Park, MD.

Congresso então autorizou uma verba de US$ 15 mil para a criação da divisão cinematográfica do Bureau, que passou a concentrar o recebimento de informações sobre o setor proveniente dos 44 escritórios do Departamento no exterior, bem como de 300 escritórios consulares (Thompson, 1985, p. 117-118).

Nas correspondências disponíveis, no entanto, essa não parece ser uma grande questão no mercado brasileiro, pelo menos até 1929. Em sua resposta à circular do Departamento de Estado, Morgan afirmava que "nenhuma agitação foi iniciada neste país contra filmes americanos", enfatizando que se "antes da guerra, filmes italianos, franceses e dinamarqueses estavam em ascendência", durante e desde o fim da guerra os produtos dos Estados Unidos vinham "comandado o mercado". Morgan anexou ao seu relatório um texto publicado no *Jornal do Brasil* em 28 de fevereiro (em português, com a respectiva tradução para o inglês) que criticava, com moderação, a forma com que os países latino-americanos eram retratados no cinema americano, mas, ao mesmo tempo, elogiava a representação da cidade do Rio de Janeiro, sempre retratada como "moderna e avançada".

2.5. *"TRADE FOLLOWS FILMS"*: ALGUMAS CONSIDERAÇÕES SOBRE AS RELAÇÕES ENTRE O "ESTADO PROMOCIONAL" E O CINEMA

Em novembro de 1925, o Departamento de Comércio publicou um número especial de seu boletim informativo com o título *Selling in Brasil* ("Vendendo no Brasil") e assinado por M.A. Cremer (1925), adido comercial assistente no consulado do Rio de Janeiro, contendo 38 páginas repletas de informação sobre diversos aspectos da economia e cultura do país. O prefácio de Julius Klein, diretor do Bureau de Comércio Doméstico e Estrangeiro do Departamento do Comércio, justificava a publicação diante do imenso crescimento da exportação dos Estados Unidos para o Brasil em pouco mais de dez anos: de US$ 13 milhões em 1913 para US$ 45,5 milhões em 1923; em 1924, o salto foi ainda maior, para US$ 65 milhões, alta de 42% sobre o ano anterior. O objetivo do boletim, segundo Klein, era apresentar ao americano que desejasse se inserir no mercado brasileiro informações que o auxiliassem no planejamento de um curso de ação eficiente. Ele também chamava atenção para as diversas publicações do Departamento de

Comércio, listadas no fim do panfleto, e finalizava: "A divisão latino-americana desse departamento tem em seu arquivo uma grande reserva de informações sobre o comércio na América do Sul e terá prazer em responder a perguntas específicas de fabricantes interessados nesse território" (Cremer, 1925, p. II).

Passados sete anos do fim da Primeira Guerra, os Estados Unidos haviam se firmado como principal interlocutor comercial do Brasil não só como exportador, mas também como importador. Como ressaltava o texto do relatório, ao lado da Argentina o Brasil era o mais importante mercado da América do Sul para os EUA, mas as compras dos EUA no Brasil eram muito superiores que as vendas. Em 1923, foram três vezes maiores. "Somos, de fato, o melhor cliente do Brasil, respondendo por 43% do total das exportações do país em 1923". Os EUA compravam sobretudo café, mas também cacau, couros e peles, borracha e manganês. Mas a balança comercial, claro, pendia favoravelmente para os Estados Unidos, já que o Brasil importava sobretudo manufaturados. "O Brasil hoje nos conhece melhor, e também conhece nossos produtos" (Cremer, 1925, p. 1).

Nesse boletim, não há menção ao cinema (que será assunto de uma edição especial em 1929, como veremos adiante), mas a presença maciça dos filmes americanos nas telas brasileiras certamente teve um papel fundamental para que Cremer pudesse escrever: "O Brasil agora nos conhece melhor, e também conhece nossos produtos".

Aqui, cabe voltar à carta de Will Hays para Jalmar Bowden, que abriu esse capítulo. Em sua extensa defesa dos filmes americanos, Hays sugeria que por trás das reclamações vindas do exterior estavam disputas comerciais provocadas pelo papel do cinema americano no estímulo à venda de produtos do país. Hays abordava uma ideia recorrente quando se discute a hegemonia hollywoodiana e sua influência cultural e econômica: a de que "primeiro vêm os filmes, depois os produtos" (livre tradução para "trade follows film").

O próprio Hays havia pronunciado essa frase ("*trade follows film*") quatro anos antes, durante sua aula no curso organizado pela Escola de Pós-graduação em Administração da Universidade de Harvard, em março de 1927, ministrado pelos novos líderes da indústria cinematográfica[100]. Como representante da MPPDA, Hays abriu sua palestra apre-

---

100 Todas as palestras do curso, que pode ser considerado um marco no reconhecimento institucional da indústria do cinema americano, foram transcritas e transformadas em um livro publicado no mesmo ano, *The Story of the Films*, organizado por

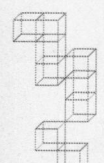

sentando uma série de dados levantados pelo Departamento de Comércio que "surpreenderam até nós mesmos da indústria" (Kennedy, 1927, p. 32). Segundo esses números, os Estados Unidos "cultivavam 27% do trigo do mundo, extraíam 40% do carvão do mundo, usavam 63% dos telefones do mundo, fabricavam mais de 80% dos automóveis do mundo. [...] Dos filmes do mundo, produzimos mais de 85%. Assim se desenvolveu um negócio que é essencialmente americano".

Com essas declarações, Hays nos confirma a plena consciência dos agentes da indústria em relação ao potencial poder persuasivo dos filmes, a despeito de uma visão oficial que a vendia o cinema americano como "puro entretenimento". "Muito além da importância física ou comercial do cinema está sua importância como influência sobre as ideias e os ideais, sobre a conduta e os costumes daqueles que os veem" (idem, p. 32), disse Hays na mesma palestra, numa definição perfeita daquilo que hoje chamaríamos de *soft power*. Hays reforçava essa ideia ao dizer que Hollywood havia se tornado uma "tremenda influência sobre os povos do mundo. [...] Eu poderia gastar todo o meu tempo dizendo-lhes como o cinema está vendendo mercadorias no exterior para cada fabricante americano. Será de interesse para vocês, como estudantes de *business*, não pensar pequeno sobre o fato de que aos filmes se segue o comércio" (ibidem, p. 37-38).

Ainda no curso de Harvard, o responsável pela aula de distribuição, Sidney R. Kent, gerente da Paramount-Famous-Lasky Corporation, retomou o tema. Pela raríssima franqueza com que analisa a questão, seu depoimento merece destaque:

> Os filmes americanos atualmente estão se deparando com muita oposição em países estrangeiros porque carregam algo que nenhuma outra mercadoria no mundo carrega. Filmes são como propaganda silenciosa, embora não sejam feitas com esse pensamento em mente. (...) Eu me lembro de, logo após a guerra, estar em uma pequena cidade na Romênia que foi destruída e estava sendo reconstruída. Fiquei durante todo o dia e fui ao pequeno

---

Joseph P. Kennedy (pai do futuro presidente). Além de Will Hays, representando a MPPDA, estavam entre os palestrantes Adolph Zukor (presidente, Paramount-Famous-Lasky Corporation), Cecil B. De Mille (presidente, De Mille Studios, inc), Milton Sills (ator, First National Corporation), Robert H. Cochrane (vice-presidente, Universal Pictures Corporation), Marcus Loew (presidente, Metro-Goldwyn-Mayer Corporation), William Fox (presidente, Fox Film Corporation), Harry M. Warner (presidente, Warner Brothers Pictures, Inc) e, o que é bastante significativo em relação à participação do capital financeiro na constituição da indústria, Dr. Attilio H. Giannini (presidente, Bowerye East River National Bank).

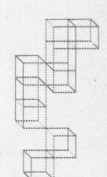

cinema que ficava num antigo estábulo. Uma velha máquina de projeção exibia à noite um filme americano. (...) Enquanto estava lá, me perguntei o que passava pelas mentes das pessoas que olhavam para aqueles lares palacianos e o maravilhoso horizonte de Nova York, que pensamentos e ambições inquietantes deviam ser despertados quando comparados com as circunstâncias sob as quais eles mesmos estavam vivendo. Essa é uma das coisas contra as quais governos estrangeiros estão lutando, e não sem justa causa. É uma situação que precisa ser tratada com muita simpatia e compreensão, porque o filme americano tem uma grande e direta relação com a balança comercial americana no exterior. Não esqueça isto. Se você investigar a situação do automóvel, descobrirá que os automóveis americanos estão fazendo ótimas incursões nos mercados estrangeiros e que a maior agência para a venda de automóveis americanos no exterior é o filme americano. Sua influência está trabalhando insidiosamente o tempo todo e mesmo que tudo isso seja feito sem qualquer intenção consciente, o efeito é o mesmo de uma agência de vendas. Cada um desses países estrangeiros em que nós distribuímos nossos filmes tem seu próprio histórico e sua própria história. Cada um quer produzir as histórias que são nativas de seu próprio país; cada um quer ter sua própria indústria (ibidem, p. 208-210).

Cabe aqui uma ressalva parte importante: a força política e ideológica da indústria do cinema americano como corporação capitalista não tira de sua produção, ou seja, dos filmes, individualmente e em seu conjunto, sua complexidade e riqueza. Pelo seu gigantismo e pelo fenômeno que tornou o cinema parte da cultura americana, o conjunto da atividade cinematográfica no país não se limitou aos esforços hegemônicos de Hollywood e sempre foi ampla o suficiente para produzir brechas de invenção e de produção de sentido, ocasionalmente dentro mesmo de Hollywood. Nosso foco, aqui, não está nos filmes, mas no entendimento do estabelecimento de uma estrutura de poder.

Ao mesmo tempo que trabalhava para diminuir os efeitos das censuras e acalmar grupos conservadores, era parte da tarefa da MPPDA convencer o mercado e o governo de que os filmes vendiam produtos americanos. Hays e outros representantes da associação defendiam a ideia em vários artigos e palestras, citando frequentemente estimativas do Departamento de Comércio de que, para cada 'pé' de filme enviado para o exterior, um dólar em outro bem era exportado (Thompson, 1985, p. 123).

Mas a repetição ostensiva desse discurso se tornou um problema na medida em que repercutia em mercados externos. No cenário após a Primeira Guerra, sobretudo na Europa, tornou-se um dos fortes argumentos na defesa da criação de medidas protecionistas, não só para

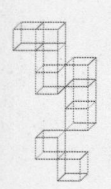

os filmes, mas para os produtos americanos como um todo. Por conta disso, em todas as oportunidades no exterior, Hays e sua equipe negariam o uso internacional de filmes americanos como propaganda e minimizariam a esmagadora proporção de tempo de tela dos filmes americanos. "No entanto, as evidências eram abundantemente aparentes, e as indústrias europeias continuaram seus esforços para combater a invasão americana" (Thompson, 1985, p. 124). Thompson cita a alfinetada de um diretor de publicidade da Universal ao voltar de uma turnê pela Europa, onde constatou a resistência que vinha se formando em torno do cinema americano: "O Sr. Hays precisa convencer nossos amigos de que não estamos tentando vender BVDs[101] para os polinésios ou fazer os estrangeiros gostarem de nossos cigarros".

Nos documentos disponíveis nos arquivos dos Departamentos de Estado e de Comércio, há pelo menos uma troca de correspondências que estabelece uma relação direta entre o cinema e o aumento da venda de produtos americanos no Brasil. Em agosto de 1929, C. J. North, chefe da Divisão de Cinema do Departamento de Comércio, encaminhou à MPPDA um relatório do consulado de São Paulo informando que a exibição de filmes sonoros na cidade vinha estimulando a venda de discos fonográficos. "Isso é um exemplo valioso do modo como os filmes americanos ajudam a vender outras linhas de produtos"[102], escreveu North, em nota à MPPDA. Ao responder ao Consulado, North comemorou o fato e solicitou: "Certamente apreciaria qualquer outra evidência desse tipo à medida que surgissem"[103]. O relatório original não está no conjunto das correspondências – não sabemos ao certo, portanto, qual seu conteúdo exato e como estabelecia a relação entre filmes sonoros e venda de discos. Ao comparar a repercussão do recém-chegado cinema sonoro em duas revistas brasileiras – *Cinearte* (dedicada ao cinema) e *Phono-arte* (à indústria de discos) –, Freire (artigo inédito) constatou que as duas publicações mencionaram como os filmes sonoros vinham impulsionando a venda de discos com as músicas tocadas nos filmes, especialmente

---

101 BVD: um tipo de cueca.

102 Carta de C. J. North, divisão de cinema, Departamento de Comércio, Washington DC, para MPPDA. 5 ago 1929. General Records (1914-1955). Record group 151; file class 281. National Archives at College Park, College Park, MD.

103 Carta de C. J. North, divisão de cinema, Departamento de Comércio, Washington DC, para cônsul de São Paulo. 5 ago 1929. General Records (1914-1955). Record group 151; file class 281. National Archives at College Park, College Park, MD.

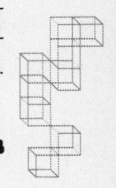

Phono-arte, que constantemente se referia à influência positiva do cinema sonoro para o comércio musical.

De volta ao amplo boletim informativo de 1925 sobre a economia brasileira, as duas páginas finais oferecem uma relação de 26 relatórios sobre e Brasil e a América Latina disponíveis no Departamento de Comércio produzidos entre 1919 e 1925. Em seu conjunto, cobrem uma vasta gama de assuntos, como infraestrutura ("Estradas automobilísticas na América Latina", 1925), legislação ("As leis brasileiras para o comércio", 1924), práticas comerciais ("Métodos publicitários na Argentina, no Uruguai e no Brasil", 1919), análises de mercados específicos ("O mercado têxtil no Brasil", 1920; "A indústria da castanha no Brasil", 1924; "Petróleo no Brasil", 1925), e panoramas regionais ("A indústria madeireira de pinho no Paraná, Brasil", 1923; "Brazil: um painel econômico pelos estados", 1925) (Cremer, 1925, p. 37). Na última página, por fim, consta um aviso de que a Divisão de Inteligência Comercial do Escritório de Comércio Exterior e Doméstico disponibilizava aos indivíduos ou empresas cadastrados como exportadores uma relação de 36 diretórios com informações sobre agentes de várias áreas do comércio, incluindo a área de *motion pictures* (idem, p. 38).

Podemos concluir, portanto, que o Estado americano, por meio de seus serviços consulares, montou uma ampla estrutura para apoiar a expansão internacional da economia americana. A característica principal dessa estrutura, batizada de "Estado promocional" por Emily Rosenberg, era fornecer apoio dentro dos parâmetros da ideologia do "desenvolvimentismo liberal", que pregava a presença mínima do Estado na economia e acreditava na ação do indivíduo e da empresa. Dessa forma, o apoio do Estado se deu de forma relativamente invisível, na medida em que não passava pela legislação ou por intervenções diretas do governo americano, mas pelas estruturas protegidas pela confidencialidade do corpo consular. Esse apoio se deu sobretudo pela coleta de um farto manancial de informações, ou seja, pela possibilidade de estabelecimento de um verdadeiro serviço de inteligência para uso das forças corporativas. A indústria do cinema americano se beneficiou dessa estrutura na medida em que foi incorporada e aceita no cenário do capitalismo corporativo americano não apenas como uma força econômica, mas, também, como força cultural e social capaz de espalhar pelo mundo valores e ideias. No período posterior à Primeira Guerra Mundial, quando a América do Sul se tornou território prioritário do movimento expansionista americano, o mercado cinematográfico brasileiro passou a ser amplamente estudado e monitorado pelo Estado, e, eventualmente, quando necessário, foi alvo de intenso *lobby* para evitar medidas legais que pudessem limitar a presença do cinema americano no país.

CAPÍTULO 3

O PAPEL DOS TRADES NA CONSTRUÇÃO DO DISCURSO HEGEMÔNICO: A "INVASÃO" DA AMÉRICA DO SUL SEGUNDO MOVING PICTURE WORLD E CINE-MUNDIAL

3.1.   O REI SOL

Kristin Thompson (1985, p. ix) elegeu como epígrafe para o prefácio de seu fundamental *Exporting Entertaimnent* o trecho que encerra o editorial da revista *Motography*[104] de 19 de setembro de 1914: "Dizem que Luís XIV exclamou "L'état! – c'est moi!".". Os realizadores americanos podem então dizer: "O negócio cinematográfico? Somos nós!"[105]. Antes de chegar ao seu desfecho épico de contornos absolutistas, porém, o editorial de *Motography* nos oferece uma síntese concisa de algumas ideias que se propagaram pelos *trades* cinematográficos a partir da eclosão da Primeira Guerra Mundial. Entre elas, a sugestão de que os produtores de cinema dos Estados Unidos precisavam voltar seus olhos para o sul do continente.

O autor (não identificado) iniciava seu texto constatando que as previsões de uma devastação do negócio cinematográfico no mundo, em função da crise econômica desencadeada pela Primeira Guerra, não haviam se concretizado. A exibição de filmes – principalmente a exibição a preços baratos – estaria praticamente imune às crises, porque "o entretenimento, alguma forma de diversão, é algo tão necessário à vida quanto roupas e refeições, e o filme o fornece por um preço que

---

104 Revista de periodicidade mensal publicada pela Electricity Magazine Corporation, com escritórios em Nova York e Chicago, a *Motography* surgiu em 1909 como *Nickelodeon* e, em 1911, adotou o novo nome. Segundo a Wikipédia, era um dos mais populares *trades* americanos, lido principalmente por diretores de cinema e exibidores. Em 1918, a *Motography* se fundiu à publicação *Exhibitor's Herald*, que pouco depois passaria a circular como *Motion Picture Herald*. Fonte: https://en.wikipedia.org/wiki/Motography (acessado em 12 jan 2019).

105 *Motography*, vol. 12, n. 12, 19 set 1914, p. 407-408.

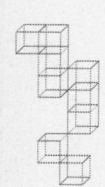

é quase nada"[106]. Portanto, ao contrário do que pregavam os apocalípticos, a Primeira Guerra inaugurava uma nova era de oportunidades para a indústria americana do cinema, em especial na América do Sul:

> Os países desse continente, que se desenvolveram como grandes compradores de todos os tipos de mercadorias, vinham recebendo a maior parte de seus suprimentos da Europa. Até mesmo filmes produzidos aqui chegavam à América do Sul por meio de agentes europeus. (...) A América do Sul tem muitas cidades grandes e pequenas de alto grau de civilização. Seu povo é amante do prazer, gosta de todos os tipos de entretenimento, são melhores clientes de cinemas do que o nosso próprio povo, ou mesmo os europeus. Se nossos fabricantes de filmes puderem garantir a maior parte desse negócio diretamente, eles serão mais do que recompensados por suas perdas no comércio europeu[107].

Pelo menos quatro ideias contidas nesse trecho serão reproduzidas como um mantra, com pequenas variações, nas revistas de cinema voltadas para a indústria cinematográfica americana: (1) a atenção para o fato de que os países da América do Sul possuem uma economia essencialmente importadora; (2) o vácuo deixado pelos fornecedores europeus em função da Primeira Guerra; (3) o fato de que a população sul-americana é considerada um bom cliente para o mercado de entretenimento, e (4) a necessidade de "garantir a maior parte desse negócio diretamente", ou seja, optar por uma representação direta no mercado, como outros setores industriais já vinham fazendo, em detrimento da intermediação de terceiros.

O texto, no entanto, vai além ao imaginar o futuro do cinema americano no pós-guerra desenhando um cenário quase profético, cujo ápice será a frase citada por Thompson que compara a indústria do cinema americano ao "Rei Sol".

> Quando a paz reinar mais uma vez na Europa, um dos primeiros prenúncios do retorno à vida normal será a reabertura dos cinemas. E seus programas serão feitos de filmes americanos. Então virá a maior prosperidade que os produtores americanos já conheceram. Com seu mercado sul-americano não apenas estabelecido, mas desenvolvido além de sua capacidade atual; com o mercado europeu forçado a confiar quase exclusivamente em suas produções, e com o mercado interno maior do que nunca, os filmes americanos não vão apenas liderar o mundo – eles irão constituí-lo[108].

---

106 Idem.

107 Idem.

108 Idem.

A partir da eclosão da Primeira Guerra, as revistas especializadas assumirão uma voz ativa no projeto de conquista do mercado externo pela indústria do cinema americano, apresentando diagnósticos, apontando estratégias e construindo um discurso para legitimar a reprodução, no mercado externo, da hegemonia conquistada no mercado interno. Poucos meses após a eclosão da guerra, editoriais afirmariam e reforçariam a ideia de que os Estados Unidos deveriam se movimentar com urgência para suprir os mercados até então dependentes da produção europeia, antes que a guerra acabasse e os países europeus tivessem a chance de recuperar sua capacidade de produção e distribuição.

O editorial de outubro de 1914 da revista *Export American Industries*, por exemplo, afirmava em tom de alerta que, apesar de a fonte de suprimento dos mercados dependentes de filmes importados ter desaparecido como resultado do "cataclisma" que se abateu sobre a Europa, as relações com fabricantes europeus poderiam ser reestabelecidas após o encerramento do conflito. Ressaltava, no entanto, que "essa é apenas uma possibilidade" e que "o quão provável os negócios podem tomar esse rumo depende inteiramente dos produtores de filmes americanos". Por fim, arrematava: "Em outras palavras, esses [*os produtores americanos*] não devem apenas observar o presente, mas construir para o futuro" (apud Thompson, 1985, p. 50).

Além disso, os *trades* desempenharam um papel fundamental na divulgação de informações sobre o mercado externo geradas pelas estruturas do "Estado promocional", como vimos no capítulo 2. Ao reproduzir os relatórios, as publicações especializadas completaram parte do circuito que formou uma rede de comunicação e inteligência destinada a suprir os agentes da indústria do cinema americano com um manancial de dados sobre os mercados latino-americanos.

No entanto, ainda era preciso ampliar a comunicação no sentido inverso, destinada a informar os agentes do mercado latino-americano sobre a indústria do cinema nos Estados Unidos. Em um artigo de 1915 dedicado ao cinema em vários países do mundo, provavelmente baseado em relatórios consulares, a revista *Motion Picture Magazine* fazia o seguinte diagnóstico: "Na América do Sul, os filmes americanos raramente entram em cena. Isso se deve à diferença de idiomas e, como não existem *trades* americanos publicados em espanhol, eles (os *showmen*) não se importam com os produtores americanos"[109].

---

109 *Motion Picture Magazine*, vol. 9, fev-julho 1915, p. 90.

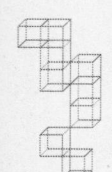

Alguns meses depois, essa situação seria revertida, com a criação de *Cine-Mundial*. Em sua edição de 18 de dezembro de 1915, a revista *Moving Picture World* anunciava o lançamento de uma publicação com foco na indústria voltada para o mercado dos países de línguas latinas, apresentada como a "versão em espanhol da *Moving Picture World*"[110]. Fundada em 1907 por J. P. Chalmers, com base em Nova York, a *Moving Picture World* foi uma das primeiras publicações direcionadas à indústria do cinema americano, tendo atingido seu ápice em meados dos anos 1910, "fato refletido nos números de circulação e na enorme quantidade de publicidade que encheu todas as edições durante o período" (Hoyt, 2012-2013).

Com o título "Eis aqui *Cine-Mundial*", a reportagem trazia a assinatura de W. Stephen Bush, que entrou para o *staff* da *Moving Picture World* em 1908 e se tornou uma de suas vozes mais influentes, eventualmente assumindo o cargo de editor (Stromgren, 1988, p. 13). Bush foi um dos principais ideólogos da necessidade de uma expansão para a América Latina. A apresentação da *Cine-Mundial* traz a marca registrada de seus textos: um estilo enfático, assertivo e de tom panfletário, atribuindo à nova publicação uma missão ao mesmo tempo histórica e didática: "A edição em espanhol da *Moving Picture World* marca uma época na história do cinema americano", dizia, afirmando em seguida que o principal objetivo seria iniciar uma "campanha de educação" para transformar tanto a imagem que os produtores americanos tinham do mercado sul-americano quanto a imagem dos filmes americanos nos países da América do Sul.

> Antes que qualquer bem possa ser realizado, antes que o mercado sul-americano seja trazido um centímetro mais próximo da órbita do produtor americano, muito lixo terá de ser removido do lugar onde queremos fincar a pedra fundamental. Esse lixo consiste em ignorância e preconceito e de muitas noções tolas. Educação e esclarecimento são necessários em ambos os lados. (…) Acreditamos que o cinema é capaz de prestar um ótimo serviço a essa causa. Esperamos e acreditamos que a "CINE-MUNDIAL", que é a edição espanhola da *Moving Picture World*, dará sua contribuição[111].

Bush alerta que o produtor americano precisava se conscientizar das "diferenças fundamentais entre as raças saxônica e latina" se quisesse de fato negociar com as nações que formariam o público-alvo da *Cine-Mundial*: "Nossos gostos são diferentes, nossos usos sociais são

---

110 *The Moving Picture World*, vol. 26, 18 dez 1915, p. 2154-2155.

111 *The Moving Picture World*, vol. 26, 18 dez 1915, p. 2154-2155.

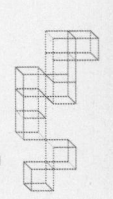

diferentes, nossos ideais e filosofia de vida são diferentes, nossas histórias e tradições são diferentes, nossa linguagem e literatura são diferentes. Naturalmente, seus filmes nem sempre são nossos filmes". Até aquele momento, a indústria do cinema americana teria falhado na região justamente por não ter compreendido essa necessidade. "Quando enviamos um homem para o Brasil ou para a Argentina, preferimos alguém inocente de qualquer conhecimento de português ou espanhol. Também assumimos que a América do Sul ficaria feliz em aceitar qualquer coisa que escolhêssemos oferecer. [...] Assim aumentou a crença, em Nova York e Chicago, de que a América do Sul não passava de um absorvedor do lixo cinematográfico do mundo".

Depois de apresentar números e fatos colhidos em "ampla investigação" com o objetivo de desconstruir mitos em torno do mercado de cinema na região, Bush afirmava que *Cine-Mundial* funcionaria como um "grande escritório de informação e propaganda disponível a todos os interessados na promoção do comércio sul-americano de filmes", legitimado pela reputação da *Moving Picture World*, conhecida pela sua "verdade" e por se "comunicar claramente". Por fim, antecipava uma parte do texto de apresentação destinado aos exibidores latino-americanos, que seria publicado na primeira edição de *Cine-Mundial*:

> *Cine-Mundial* defende o cinema americano – seu progresso, sua melhora e sua maior distribuição no continente americano. *Cine-Mundial* não é aliada a nenhuma facção particular no negócio. Não é controlada nem ditada por nenhum dos interesses americanos. Desejamos trazer ao exibidor e ao comprador da América Latina o melhor, o mais artístico, o mais moderno da arte do cinema que emana da terra do norte[112].

Essa visível contradição – o texto, por um lado, assume que a revista fará a defesa do cinema americano, para logo depois afirmar que terá uma posição isenta e que "não é controlada nem ditada por nenhum dos interesses americanos" – será uma constante e se refletirá na própria edição da revista. Por fim, com certo exagero, o autor chamava atenção para a falta de concorrência local – "Nem um pé de filme é produzido na América do Sul. O mercado deve ser exclusivamente fornecido por importação" – e evocava o ideal panamericano como motivação ideológica:

> Este é o melhor momento para alcançar o mercado sul-americano. As instalações bancárias estão melhores do que nunca, o transporte foi amplamente melhorado, o velho preconceito contra o ianque está morrendo e até certo ponto já desapareceu. O espírito panamericano, que significa

---

112 *The Moving Picture World*, vol. 26, 18 dez 1915, p. 2154-2155.

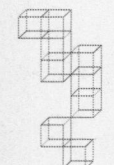

independência financeira e econômica da Europa, está no ar. Nossas relações diplomáticas com os países latino-americanos são excelentes. Este é o momento psicológico, e o *Cine-Mundial* é o meio ideal para construir relações comerciais fortes e duradouras entre o centro do mundo produtor de filmes e um grande mercado novo capaz de absorver mais da metade do nosso produto cinematográfico[113].

Como observa Laura Isabel Serna (2014, p. 29), não raro os textos de *Cine-Mundial* abandonavam questões estritamente mercadológicas para propagar o cinema como um meio de promover a cooperação panamericana. "Os editores da revista alimentavam a ideia de uma unidade regional por meio do capitalismo moderno e das formações políticas, sociais e culturais que o acompanhavam. A retórica panamericana de *Cine-Mundial* se ajusta bem à visão geral do Departamento de Estado dos EUA durante este período".

Ao longo de 1916, a partir do lançamento da *Cine-Mundial*, a editora responsável pela publicação das revistas se desdobraria em duas frentes de convencimento. Nas páginas da *Moving Picture World*, assumiria uma campanha explícita e de tom didático pela necessidade de ocupação do mercado latino-americano, com uma retórica agressiva que convocava os produtores de cinema do país a uma urgente "invasão" desse mercado. Por outro lado, nas páginas da *Cine-Mundial*, assumiria uma mesma função didática, mas de tom bastante diverso, voltada para o convencimento dos leitores em relação à "superioridade" do filme americano e, ao mesmo tempo, a divulgação de modelos de negócio de produção, distribuição e exibição tendo como referência as práticas vigentes nos Estados Unidos.

Os textos publicados na *Moving Picture World* se confundem com os interesses comerciais da editora, que pretendia vender assinaturas e angariar publicidade para sua nova publicação. Não por acaso, eles quase sempre terminam com referências à revista, o que não dispensava a publicação de anúncios de venda de assinaturas e publicidade. Na edição de 2 de dezembro de 1916, a *The Moving Picture World* chamava anunciantes afirmando que a América do Sul estava "clamando por filmes americanos".

---

113 *The Moving Picture World*, vol. 26, 18 dez 1915, p. 2154-2155.

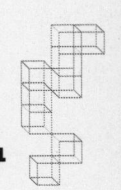

3.2. O MERCADO LATINO-AMERICANO NAS PÁGINAS DE *MOVING PICTURE WORLD*

Mas antes de nos debruçarmos sobre a *Cine-Mundial*, é fundamental analisarmos alguns textos publicados na *Moving Picture World* ao longo de 1916. Na edição de 13 de maio, por exemplo, W. Stephen Bush assinava um misto de reportagem e editorial com o título *A Note of Warning to Produers* ("Uma nota de advertência aos produtores")[114]. Depois de afirmar que as perspectivas dos filmes americanos na Europa "não são muito brilhantes", Bush defendia a necessidade de "procurar outros campos para conquistar", concluindo que esses campos estavam "ao sul, aqui mesmo em nosso hemisfério". Uma vez "absorvido esse fato", ele argumentava, "o próximo grande fato a ser assimilado é o seguinte: o mercado latino-americano não virá atrás de nós".

Bush descrevia uma situação de aromas conspiratórios, segundo a qual importadores de filmes americanos para a América do Sul estariam propositalmente propagando a ideia de que o mercado da região seria pobre e fraco com o intuito de manter os produtores americanos afastados. Relatava, então, uma conversa com uma fonte anônima, "imparcial e desinteressada", portadora dos "fatos reais":

> As salas de cinema da Argentina e do Uruguai e do Brasil e do Chile e Peru estão totalmente à altura de nossa média, e em algumas cidades como Rio de Janeiro e Buenos Aires o número de salas de cinema de alta classe é excepcionalmente grande. [...] Em gosto, cultura e refinamento, as plateias nas grandes cidades da América do Sul são, no mínimo, iguais às nossas melhores plateias. [...] Por que, então, apenas miseráveis doze por cento dos filmes exibidos na América do Sul são de origem americana?[115]

Neste trecho, Bush menciona que a presença dos filmes americanos na América do Sul seria de "apenas miseráveis 12%", mas não informa a fonte ou o período. Como vimos, os relatórios consulares sobre os mercados cinematográficos na região começaram a ser produzidos pelo menos em 1914, mas no único relatório sobre o mercado brasileiro disponível desse período, publicado pelos *trades The Motion Picture News* e *Moving Picture World* em 1914 (como vimos no capítulo 2), não há números precisos, apenas a indicação das marcas "mais populares" no Rio de Janeiro: Gaumont e Pathé (francesas), Cines (italiana),

---

114 *The Moving Picture World*, vol. 28, 13 maio 1916, p. 1135-1136.

115 *The Moving Picture World*, vol. 28, 13 maio 1916, p. 1135-1136.

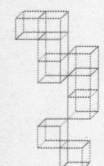

Nordisk (dinamarquesa), Messter (alemã) e Vitagraph (a única americana citada)[116]. É possível, mas pouco provável, que Bush tenha feito uma estimativa a partir dos relatórios consulares, mas também é possível que tenha simplesmente incluído um número conveniente para enfatizar sua tese. Nas fontes brasileiras, também não existem levantamentos mais precisos. Souza (2004, p. 177) traz alguns percentuais relativos ao mercado de São Paulo em 1910 (a partir do levantamento de Jean-Claude Bernardet em *O Estado de S. Paulo*), quando a cinematografia francesa "manteve um controle médio de 43% [...], ficando a Itália com 27,9%, seguida pelos Estados Unidos com 23,3%" (um percentual significativamente mais alto do que o apontado por Bush, alguns anos mais tarde). De qualquer maneira, há um consenso de que a cinematografia americana era minoritária em relação à europeia.

A explicação para a baixa presença dos filmes americanos na região, segundo Bush, estaria na ação deliberada de dois monopólios que controlavam a distribuição de filmes na região (com exceção de Cuba, Antilhas e América Central). Esses distribuidores locais estariam colhendo imensos lucros, ano após ano, trabalhando com filmes "velhos" e de "baixa qualidade". "Estejam eles certos ou errados, o produtor americano que vê os portões da Europa se fechando lentamente em sua cara deveria começar a trabalhar e ampliar seu mercado no novo campo. E ele nunca será capaz de fazê-lo a longa distância. Ele precisa *invadir* a América do Sul" [grifo nosso]. Bush deixa claro o desprezo pelo fato de que empresários da América Latina estariam lucrando com os filmes americanos – "desvio" que devia ser corrigido, para que os lucros voltassem aos Estados Unidos. Ele fala em monopólio, mas na verdade parece se referir aos vários importadores que compravam cópias dos filmes americanos (muitas vezes usadas) no mercado livre europeu. No último parágrafo, retoma a metáfora da invasão para divulgar a *Cine-Mundial*: "*The Moving Picture World*, através de sua edição em espanhol *Cine-Mundial*, está em estreito contato com este mercado, e esta não é apenas um excelente meio publicitário como está em condições de prestar um serviço excepcional a qualquer produtor que contemple uma *invasão* da América Latina"[117].

Bush voltaria a publicar sobre o mercado latino-americano na edição de 10 de junho de 1916. Com o título *Light Breaking in South Ame-*

---

116 *The Motion Picture News*, 19 de set 1914, p. 37.

117 *The Moving Picture World*, vol. 28, 13 maio 1916, p. 1135-1136.

rica[118] ("Luz que desponta na América do Sul"), o autor constatava que o produtor americano, ainda que lenta e timidamente, começara a se aproximar da América Latina, e voltava a citar "fontes anônimas" para reforçar a tese de uma conspiração monopolista que estaria impondo aos espectadores da região produtos americanos baratos e de baixa qualidade, enquanto os cinemas seriam de alta classe e os preços cobrados, altos. Como não há menções explícitas, não fica claro a quais países e a quais possíveis monopólios ele se refere exatamente, mas, muito provavelmente, em relação ao Brasil, Bush poderia estar se referindo à CCB e os esforços de controle do mercado por Francisco Serrador[119]. A visão negativa que público e exibidores sul-americanos teriam da produção vinda dos EUA também seria fruto da mesma estratégia dos monopolistas, que trabalhavam para "alimentar o preconceito anti-ianque". Mas a situação seria artificial, e por isso Bush garantia que o produtor americano não deveria temer a rejeição: "Quase todos os exibidores e alguns *exchanges* fora do monopólio o receberão. Os nativos estão à espera [do filme americano] – com exceção, claro, dos homens que agora desfrutam de um monopólio tão delicioso".

Em 28 de outubro de 1916, a reportagem *American Films in Brazil*[120], do correspondente da *Moving Picture World* em São Paulo (que assinava apenas J. H. C.), já apontava a importância do mercado paulista no subtítulo: "São Paulo tem o melhor dos negócios do país em filmes". A Fox, que recentemente abrira escritórios no Rio de Janeiro e em São Paulo, estaria fazendo "grandes negócios" e as "previsões aqui e no Rio de Janeiro apontam que brevemente os *features* da Fox irão superar todos os outros". O texto também apontava para o recorrente problema das traduções malfeitas, já mencionado outras vezes. Referindo-se especificamente a uma exibição de *The Man Inside* (Universal, 1916), o autor contava que "as pessoas aqui estão sempre prontas

---

118 *The Moving Picture World*, vol. 28, 10 junho 1916, p. 1871-1872.

119 Nesse ponto, Bush realiza uma comparação que merece ser mencionada, na qual defende, em declaração tão parcial quanto pouco fundamentada, que a experiência monopolista do mercado americano – o truste formado pela Motion Picture Patents Company e a General Films – guardava "diferenças muito importantes" em relação aos monopólios da América do Sul. Enquanto o truste norte-americano seria de um "despotismo benevolente e inteligente", o monopólio ao sul "não é nem benevolente nem inteligente; é um desperdício, destrutivo, reacionário. Explora o mercado apenas pelo lucro de hoje, sem pensar no amanhã".

120 *The Moving Picture World*, 28 out 1916, p. 531.

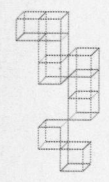

para encontrar falhas nas pequenas coisas, e houve risinhos na plateia quando erros de tradução foram notados. Os tradutores deveriam ler suas próprias provas no título antes de permitir que sejam impressas. Este não é o único filme com trabalho defeituoso nesta linha". Na única referência à produção europeia, afirmava que "os filmes italianos têm seu lugar aqui, já que a grande maioria das pessoas nessa cidade e estado pertencem à raça italiana". Em seguida apresentava uma lista de exibidores e distribuidores, com destaque para a Companhia Cinematográfica Brasileira, e por fim anunciava a abertura da sucursal paulista da Empresa Películas d'Luxo da América do Sul, nome fantasia da Paramount: "Bons negócios são esperados, já que apenas filmes dos melhores produtores americanos serão negociados por eles".

Em dezembro de 1916, mais dois textos mencionariam o Brasil. O primeiro era uma ampla reportagem dedicada à recém-fundada South American Film Services Corporation – que, apesar de seu nome, se dedicaria ao agenciamento de filmes no mercado argentino, principalmente. O que chama atenção é o título e subtítulo escolhidos pela Moving Picture World: "*Invadindo* a América do Sul – A *invasão* ianque ao mercado cinematográfico latino-americano mostra sinais inequívocos de que cresce seriamente. Pode até se transformar em uma corrida a um Novo Eldorado" [grifos nossos]. O segundo, assinado pelo correspondente em São Paulo, trazia um título semelhante: "American Films *Invasion* of Brazil" ("Invasão de filmes americanos no Brasil"), seguido do subtítulo: "Os produtos dos Estados Unidos estão expulsando outros países do mercado" [grifo nosso]. O texto afirma que "o pouco que restou dos filmes franceses e italianos neste país prova o quanto foi completa a invasão americana"[121].

Possivelmente estimulados pela retórica bélica que dominava o noticiário político em função da Primeira Guerra, os *trades* – especialmente a *Moving Picture World* – vão usar e abusar de palavras como "invadir", "invasão" e "conquista" em seus textos sobre o comércio internacional de filmes. Como verifica Thompson (1985, p. 49), "Apropriadamente, a metáfora da 'invasão' tornou-se quase universal nas discussões sobre a expansão do comércio de filmes americanos no exterior". Como veremos no capítulo 4, porém, a "invasão" não se concretiza de imediato. A instalação das companhias americanas no

---

121 *Moving Picture World*, 30 dez 1916, p. 1936.

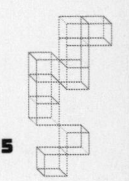

Brasil se dá em etapas, é marcada por uma lenta conquista de espaço e por negociações e agenciamentos com forças locais.

Nas páginas da *Cine-Mundial* a abordagem terá diferenças sutis. Navitski (2017, p. 112) cita como exemplo o uso das expressões "império das telas" (pelo correspondente da *Cine-Mundial* no Chile, em setembro de 1918) e "o cinema conquistador e cosmopolita" (em uma coluna sobre a Venezuela, em junho de 1922), que não fazem referência direta ao cinema americano:

> Embora não mencionem explicitamente o filme hollywoodiano, as metáforas imperiais usadas por esses correspondentes locais evocam fortemente a autodeclarada 'invasão' da indústria norte-americana nos mercados sul-americanos durante a Primeira Guerra, território que se tornaria um fator primordial na tomada dos mercados mundiais pelos EUA e, mais tarde, a sua retenção de controle (idem, p. 112).

3.3. *CINE-MUNDIAL*

A primeira edição da *Cine-Mundial* circulou em janeiro de 1916 – um ano e seis meses depois da eclosão da Primeira Guerra, e menos de um ano depois da abertura do escritório da Universal Manufacturing Company no Brasil. Francisco García Ortega, jornalista de origem cubana que também escrevia para publicações em inglês e, segundo um colaborador, foi aceito por jornalistas americanos como "um de seus próprios", assumiu a editoria da revista, cuja sede ficava em Nova York. Ele permaneceu no cargo até 1948, durante os 32 anos de existência de *Cine-Mundial* (Navitski, 2017, p. 115).

A capa da edição inaugural traz, do lado esquerdo, um mapa da América em que se sobressai o território latino-americano e onde aparecem destacadas as cidades de Lima (Peru), Rio de Janeiro (Brasil) e Buenos Aires (Argentina); do lado direito, uma fotografia da atriz Anita Stewart, identificada como "estrela popular da Vitagraph"[122]. Sob o título, uma breve descrição ("edição em espanhol da *Moving Picture World* – Órgão da indústria cinematográfica"), e, abaixo do mapa, um texto de apresentação: "Essa revista será, dentro do ramo, o paladino da América Latina. Em todas as questões que se discutam se colocará

---

122 Como veremos com mais detalhes no capítulo 4, a Vitagraph foi uma das poucas produtoras americanas da era da MPPC a investir no mercado internacional, e ainda que tenha priorizado a Europa, tornou-se uma das poucas marcas americanas conhecidas no Brasil.

ao lado dos empresários dessas Repúblicas, cujos interesses defenderá com capa e espada sempre que puder fazê-lo com justiça". Por fim, mais abaixo, a identificação e o endereço da casa editorial: Chalmers Publishing Company. 17, Madison Avenue, Nueva York, EUA.

A primeira página ímpar – o espaço mais nobre da publicidade de uma revista – é ocupada por um anúncio em espanhol da Universal[123], informando a presença de sucursais da "agência" em Havana (Cuba), Manila (Filipinas, país da Ásia onde o espanhol é uma das línguas oficiais), Brasil (a única cujo endereço é informado: Rua 13 de maio, 25, Rio de Janeiro) e Argentina. Logo abaixo, descreve os serviços disponíveis: "[As agências] vendem e alugam películas, combinam programas, fornecem materiais de propaganda e atendem a quantos detalhes exigirem para o êxito do negócio". É importante ressaltar como a companhia se apresenta como uma agência e oferece tanto serviços de venda como aluguel de filmes (mas não equipamentos). A Cidade Universal, inaugurada na Califórnia em março de 1915, merece destaque como um trunfo: "Esta empresa possui a única cidade organizada com mais de seis mil empregados dedicados exclusivamente à produção de películas", onde 31 produtoras trabalham ativamente "fazendo películas com a marca Universal". O texto é "assinado" pelo próprio Carl Laemmle, presidente de "La fabrica de películas mas grande del universo", e o endereço informado é o da sede da empresa na Costa Leste: 1600, Broadway, Nueva York – o que nos serve de lembrete para o fato de que, apesar de o polo de produção estar se deslocando para a Califórnia, o núcleo administrativo dos estúdios permaneceria em Nova York.

Com o título "Saludos", o primeiro editorial evoca James G. Blaine – responsável por alguns dos primeiros acordos comerciais entre países latino-americanos e os EUA e um dos ideólogos da Doutrina Monroe[124] – e dedica a revista "ao gênio da raça latino-americana"[125]. Em um segundo texto de apresentação mais extenso, com o título "Nuestro Programa", a missão da revista e seus compromissos afloram de forma mais direta: "Será nosso norte levar ao convencimento do inteligente público das repúblicas latinas deste continente os méritos

---

123 *Cine-Mundial*, tomo 1, n. 1, jan 1916, p. 3. A página 2 é ocupada por um anúncio da Kalem Company.

124 Disponível em https://en.wikipedia.org/wiki/James_G._Blaine#Foreign_policy_initiatives. Acessado em 4 jan 2019.

125 *Cine-Mundial*, vol. 1, n. 1, jan 1916, p. 9.

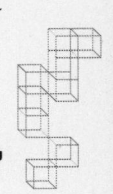

indiscutíveis da produção dos fabricantes americanos, a fim de ganhar nessas comunidades o prestígio, o nome, a popularidade e a aceitação de que é tão dignamente credor"[126].

Na página 38, um aviso recruta, com destaque, candidatos a correspondentes, indicando a busca dos editores por uma interlocução local[127].

Segundo Navitski (2017, p. 124), a maioria dos correspondentes acumulava funções como colunistas e agentes de venda de assinaturas, recebendo um valor fixo pelos artigos e uma comissão pelas assinaturas.

A primeira edição de *Cine-Mundial* traz algumas reportagens especiais, como por exemplo "La cinematografia en los Estados Unidos", em que Luis H. Allan resume a história do cinema americano em quatro páginas; e três perfis de personagens notórios que aparecem com o ante título "Desarrollo de la Indústria": um dedicado a Nicholas Power, fabricante de projetores; outro a Thomas Edison, responsável por "uma das primeiras empresas cinematográficas estabelecidas nesse país"; e o terceiro a S. S. Hutchinson, fundador da American Film Company, apresentado como pioneiro na aposta em filmes "com múltiplas partes". Esta primeira edição também apresenta várias seções que serão fixas, como "Favoritos del Cine", com breves perfis de atores e atrizes do cinema; "El Arte de la Proyección", seção inspirada no *Manual Cinematográfico* de F. H. Richardson, com explicações técnicas para instalação e operação de equipamentos de projeção; "Reseñas y Argumentos", com sinopses comentadas de filmes (semelhante à seção "Reviews of Current Productions", da *Moving Picture World*), e a coluna de notas variadas "Gacetilla", que em geral reproduz notas traduzidas da *Moving Picture World* e inclui sempre a foto de uma fachada de cinema.

Nessas primeiras edições, portanto, a massa de conteúdo da *Cine-Mundial* é quase toda dedicada ao cinema americano, boa parte com um caráter assumidamente didático, como as primeiras reportagens especiais ou a seção "El Arte de la Proyección". As informações sobre os mercados de língua latina se resumem a notas esparsas. Só aos poucos a revista incorpora textos específicos e começa dar forma à seção "Nuestros Corresponsales", que vai se ampliando e sendo organizada, ao que tudo indica, na medida em que a rede de colaboradores da revista no exterior vai sendo definida.

---

126 *Cine-Mundial*, vol. 1, n. 1, jan 1916, p. 10-11.

127 *Cine-Mundial*, vol. 1, n. 1, jan 1916, p. 38.

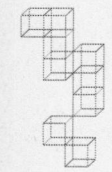

Essa divisão de conteúdo – uma parte (majoritária) produzida em Nova York, outra produzida localmente – confere à *Cine-Mundial* um perfil único, que em muitos aspectos reflete sua dupla missão: por um lado, ensinar e difundir o cinema americano e, principalmente, seus modelos e práticas de produção, distribuição e exibição; por outro, exercer um papel mediador que busca incorporar minimamente o ponto de vista e as demandas dos agentes de mercado dos países de língua latina, seu público consumidor. Afinal, ainda que seu objetivo primordial fosse a promoção dos filmes americanos e seus modelos industriais e comerciais, *Cine-Mundial* também exercia um papel de mediação entre culturas e mercados. As crônicas dos correspondentes abriam considerável espaço para a produção local e, eventualmente, veiculavam críticas à forma como os povos e culturas latino-americanos eram representados pelos filmes americanos, abrindo-se, assim, "para discursos locais específicos, espacialmente dispersos e ideologicamente contraditórios" (Navitski, 2017, p. 114).

De uma forma geral, porém, *Cine-Mundial* reforçava a ideia de que o progresso cultural seria alcançado com a modernização da exibição e da cultura de fãs, e não por meio da produção local. "Embora a *Cine-Mundial* tenha reportado regularmente sobre o cinema na América Latina até o fim da década de 1920, especialmente na Argentina, os editoriais muitas vezes desencorajavam esses esforços internos ou recomendavam que isso ocorresse sob a tutela de especialistas americanos ou europeus" (Navitski, 2017, p. 115-116). Em abril de 1918, por exemplo, o editorial da revista declarava de forma direta: "O estado de desenvolvimento de um estado ou país é conhecido por suas salas de cinema"[128].

Não raro, chegam à *Cine-Mundial* cartas de leitores indagando sobre os pré-requisitos necessários para se entrar no ramo da produção de filmes. Na edição de fevereiro de 1919, a revista responde a um leitor do Rio de Janeiro que gostaria de estabelecer uma produtora: "O acertado, em nosso entender, é vir a Nova York se quiserem adotar os sistemas norte-americanos e contratar um diretor e uma equipe e os ajudantes técnicos necessários. Se se prefere o estilo francês ou italiano, ir a Paris ou Roma e efetuar a mesma operação"[129].

Em novembro de 1920, a carta de um leitor chileno motiva uma resposta bem mais ampla. Depois de citar os nomes de Adolph Zukor,

128 *Cine-Mundial*, v.3, n.4, abr 1918, p. 181.

129 *Cine-Mundial*, v.4, n.2, fev 1919, p. 121.

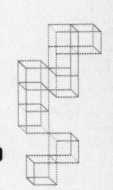

David Selznick e Samuel Goldwyn como modelos de empresários, o texto prossegue:

> Deixando de lado os grandes da cinematografia, vamos a um caso concreto. Suponha, em Nova York, um empresário com conhecimento completo das etapas essenciais do negócio: a produção e a distribuição. Suponha que esse empresário se convença de que o momento é propício para se ganhar dinheiro produzindo filmes. Contando com experiência e integridade, requisitos indispensáveis, de que meios poderia se valer para reunir os recursos materiais que poderiam levar seu projeto à prática?
> Eis aqui a norma a qual se costuma seguir: o empresário obtém, em primeiro lugar, os direitos sobre os serviços de uma estrela – mulher de preferência. Logo faz o mesmo com um diretor de perícia comprovada. Em seguida contrata os direitos sobre o argumento de algum autor de renome, famoso se possível. Uma vez garantidos todos esses elementos, só resta negociar o lançamento – o compromisso de uma boa casa distribuidora a oferecer o público a primeira fita feita com esses elementos: estrela, diretor e autor. Reunidas essas condições, o capital vem sozinho. Se suas premissas artísticas resultarem em êxito, pode se considerar entre os produtores famosos. Se fracassarem, voltará de novo e imediatamente a ser um anônimo.
> Este é, numa descrição um tanto grosseira, o sistema mais satisfatório testado até agora. Fácil? Aquele que pensa assim que venha a Nova York tentar fortuna. Aqui há estrelas, diretores, autores, companhias distribuidoras e... dinheiro[130].

Esses são apenas dois exemplos de como o conteúdo produzido em Nova York se refere às possibilidades de produção local, sempre tomando como modelo o modo de produção estrangeiro, sobretudo o da indústria americana – ao mesmo tempo, desconsiderando desse "modelo" as estratégias de distribuição e exibição que dele também faziam parte –, e enaltecendo a ideia do *selfmade man*, capaz de prosperar em um mercado livre.

3.4. *"NUESTROS CORRESPONSALES"*

Se nas primeiras quatro edições de *Cine-Mundial* as informações sobre os mercados de língua latina se resumiam a notas esparsas, a partir da quinta edição, gradualmente, vão ganhando mais corpo e presença. Na revista de maio de 1916 dividem a mesma página as reportagens "El mercado Cubano", enviada de Havana e assinada por Ricardo G. Mariño, e "De la ciudad Condal", sobre o mercado de Barcelona, na Espanha (sem assinatura). A presença inicial desses dois mercados provavelmente se explica, no caso de Cuba, pela proximidade não só física da ilha com os EUA, mas principalmente pela forte influência

---

130 Cine-Mundial, v.5, n.11, nov 1920, p. 923.

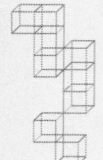

econômica e política que os EUA exerciam sobre Cuba na época; no caso de Barcelona, por ser uma cidade portuária que se firmou como centro de distribuição para a Espanha e países mediterrâneos, onde várias agências americanas abriram escritórios a partir de 1912 (Thompson, 1985, p. 39)[131]. Nos meses seguintes, ainda sem regularidade, novos países seriam incorporados: em junho, México; em julho, Peru.

A partir da edição de agosto, a revista passaria a abrigar os textos sobre mercados de língua latina sob o "guarda-chuva" "Nuestros Corresponsales". Nesse momento já são bem mais numerosos: "De la ciudad de Condal" (Barcelona), "Crônica de Portugal" – publicada em português –, "De Mexico", "De Cuba", "De Valencia", "De Bilbao", "El cine en las Canarias" e "La cinematografia en Ecuador". Como se vê, não há padronização dos títulos (que ora se referem à cidade, ora ao país), tampouco a disposição das colunas parece obedecer a qualquer ordem, seja ela hierárquica ou alfabética.

Em novembro de 1916, aparece o primeiro texto específico sobre o mercado brasileiro, "Las películas americanas en el Brasil", que na verdade é a tradução para o espanhol de uma reportagem publicada na revista *Moving Picture World* em 28 de outubro, com o título "American Films in Brazil" (já comentada anteriormente). Ao longo de 1917, a seção continuaria se ampliando e se estruturando. A partir da edição de abril, a Argentina é incluída e passa a figurar regularmente, sempre abrindo a seção com destaque, em textos longos que variam de quatro a cinco páginas. O primeiro texto, apesar de começar falando do mercado cinematográfico, dedica uma boa parte aos teatros líricos da cidade de Buenos Aires, com fotos do Teatro Colón e do Teatro de la Ópera[132].

O Brasil volta a aparecer na edição de junho de 1917 num pequeno texto assinado pelo correspondente da *Moving Picture World* em São Paulo. Apresentado sob o título "Aceptación general de la película norteamericana", o conteúdo é sucinto, porém veemente:

---

131 O título "De la ciudad Condal" é uma referência ao modo pelo qual Barcelona era também referida, por ter sido capital do condado de Barcelona na Idade Média. Fonte: https://es.wikipedia.org/wiki/Barcelona (acessado em 11 jan 2019).

132 A curiosidade, aqui, está só no fato de o teatro receber mais espaço que o cinema nessa coluna inaugural, o que parece trazer legitimidade ao mercado de Buenos Aires e, principalmente, corroborar a tese de W. Stephen Bush que na América do Sul havia grandes e suntuosos teatros. As colunas dos correspondentes de *Cine-Mundial* sempre dedicarão algum espaço, ainda que menor, à cena teatral ou operística, assim como, eventualmente, a eventos culturais e até mesmo esportivos.

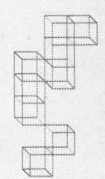

> A produção europeia desapareceu do mercado brasileiro de maneira tão completa que é preciso procurar muito para encontrar filmes que não sejam de marcas norte-americanas. Ocasionalmente, uma ou outra fita francesa ou italiana pode ser vista, mas em geral as pessoas do ramo não se importam com nada além das "fitas" americanas. E devido à propaganda publicitária que tem sido feita ultimamente para algumas grandes produções, os empreendedores conseguiram uma boa colheita e salas lotadas em cada função[133].

O texto também se refere à lei municipal que proibiu a distribuição de folhetos com os programas dos cinemas nas ruas, o que "prejudicou as gráficas, mas resultou em economia para os exibidores". J. H. C. não comenta, mas, segundo Souza (2004, p. 137) a medida repercutiu e causou controvérsia por ter prejudicado pequenos exibidores que não dispunham de verba para anunciar seus programas nos jornais de grande circulação. O sucesso do filme *Civilização* (*Civilization*, 1915), da Harper Film Corporation, que teria sido visto por mais de 15 mil pessoas em três dias, também merece destaque. Segundo J. H. C, a CCB, que exibiu o filme com exclusividade em São Paulo, promoveu uma sessão especial para jornalistas, e os elogios no dia seguinte "ajudaram em grande parte para o sucesso alcançado". Na estreia, conta o texto, o filme foi exibido em três salas ao mesmo tempo, a "preços dobrados".

Na seção "Nuestros Corresponsales" de julho de 1917, o texto dedicado ao Brasil, estranhamente carregado de erros ortográficos que tornam o português em alguns momentos quase irreconhecível, traz a assinatura de Gastão Tojeiro, mas como seu nome só seria anunciado como correspondente oficial da revista no Rio de Janeiro na edição de dezembro, é provável que esta coluna tenha servido como teste antes de sua contratação definitiva.

> Fora de dúvida que os filmes americanos impuseram-se ao público brasileiro. Em quase todos os cinemas do Rio exibem-se, neste momento, filmes das fábricas americanas Fox, Paramount, Brady, Tanhauser e outras, que realmente nos têm apresentado magníficas produções"[134].

As explicações para essa "imposição" seriam os mesmos argumentos repetidos à exaustão no material produzido na sede em Nova York, que se espraia também pelas colunas dos correspondentes de outros países: a "superioridade" dos filmes de Hollywood e a preferência do público pelo produto americano. Trata-se, enfim, de uma intensa estratégia discursiva, cujo objetivo é a naturalização de uma situação hegemônica e

---

133 *Cine-Mundial*, vol. 2, n.6, junho 1917, p. 301.

134 *Cine-Mundial*, vol. 2, n. 7, jul 1917, p. 357.

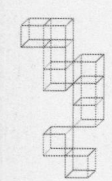

a associação direta do "cinema americano" à atividade cinematográfica como um todo. Como descreve Navitski (2017, p. 118):

> Essa retórica tautológica se repete com frequência nos primeiros anos da revista: se a superioridade estética do cinema de Hollywood sobre seus competidores europeus fosse aceita, o crescente domínio dos filmes norte-americanos em um mercado particular poderia ser construído tanto como uma prova da sensibilidade já refinada das plateias locais e como medida de progresso cultural.

Tojeiro explica que, nos primeiros anos, as poucas fábricas americanas conhecidas no Brasil eram Vitagraph, Biograph, Edison e Lubin, e que elas logo teriam dado lugar às produções das fábricas francesas Pathé Frères, Gaumont, Éclair; das italianas Cines, Itala, Ambrosi, Aquila, Milano, e sobretudo, da dinamarquesa Nordisk, "que chegou a gozar a fama de ser a mais perfeita do mundo". Em pouco tempo, no entanto, os filmes "realmente bons" dessas fábricas escassearam e os assuntos começaram a se repetir.

> Foi justamente aí que os filmes americanos reapareceram e novas marcas foram sendo conhecidas [...] Realmente, os filmes americanos, não só pela originalidade de seus assuntos e seu fundo moral, como pelo arrojo de concepção de alguns [...] atingiram a máxima perfeição da arte cinematográfica. Compreende-se, pois, a preferência que o nosso público lhes dá".[135]

Em outubro, a coluna aparece pela primeira vez com o nome de "Crônica do Brasil" (e não mais "del Brasil"), reunindo textos de Gastão Tojeiro e de J.H.C[136]. A coluna de Tojeiro, especificamente, já se aproxima de um padrão editorial que se repetirá: uma relação dos filmes em cartaz, alguns parágrafos sobre as "fábricas de filmes nacionais" e os destaques da temporada teatral. Os comentários sobre os filmes estão sempre organizados por marcas/fábricas e destacam os cinemas às quais estão associadas. Por exemplo, a coluna abre com a estreia dos filmes da Triangle (marca até então "desconhecida do nosso público"), representada pela Agência Geral Cinematográfica de Alberto Sestini no Cine-Palais ("um dos mais luxuosos dessa capital"). No mesmo cinema, estariam crescendo em popularidade os filmes da Keystone, especialmente os interpretados por Roscoe Arbuckle (no Brasil, Chico Bóia). O Pathé ("vasto e confortável cinema da Avenida Rio Branco") estava atraindo multidões com os filmes da Fox Film Corporation, enquanto os filmes da Paramount (exibidos nos cinemas

---

135 *Cine-Mundial*, vol. 2, n.7, jul 1917, p. 357.

136 *Cine-Mundial*, vol 2, n. 10, out 1917, p. 518-519.

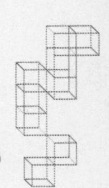

Avenida e Paris), que até então eram "olhados com indiferença pelos habitués do cinema", estariam conquistando "novos admiradores" a cada dia devido à "tenaz propaganda desenvolvida pelo Sr. Alexander Keene, representante dessa fábrica no Brasil". No Parisiense, os maiores êxitos eram as fitas da Brady-Film, e o Odeon, "elegante cinema, propriedade da Companhia Cinematográfica Brasileira", estava agora exibindo os filmes da Universal. A mesma companhia havia exibido no cinema Íris "o emocionante filme policial em série *O telefone da morte*" (*The Voice on the Wire*, 1917), "cujo argumento está sendo publicado em folhetins no *Correio da Manhã*" – prática iniciada pela Universal dois anos antes, que se mostrou bastante eficaz para despertar e mobilizar o público dos filmes seriados e inaugurou uma relação mais próxima entre as produtoras americanas e a imprensa.

3.4.1. OS CORRESPONDENTES BRASILEIROS E AS CRÔNICAS DO BRASIL

Na edição de dezembro de 1917, uma nota em espanhol na seção "Gacetilla" anunciava oficialmente a escolha dos correspondentes de *Cine-Mundial* no Brasil:

> O Sr. Pedro Caruggi, diretor da "Civiltà Latina", jornalista de destaque e um dos mais familiarizados com os negócios cinematográficos no Brasil, será o encarregado como correspondente literário e agente de subscrição dos Estados de S Paulo, Minas, Paraná e Rio Grande do Sul, assim como os demais estados que compõem a confederação brasileira, com exceção do estado do Rio de Janeiro. No estado do Rio de Janeiro, incluindo a capital federal, estará a cargo do Sr. Gastão Tojeiro, dramaturgo, membro do conselho de "A Rua" e pessoa ativa no negócio do cinema, que é creditado como correspondente literário e agente de assinaturas na região mencionada. Nosso objetivo é fornecer um serviço eficaz e proporcionar uma aproximação entre os comerciantes de filmes de língua portuguesa e os principais centros produtores dos Estados Unidos da América do Norte, e esperamos levá-los a uma conclusão bem-sucedida com a ajuda efetiva de nossos ilustres colaboradores[137].

Gastão Tojeiro, o correspondente carioca, nascido no Rio de Janeiro em 1880, era jornalista e dramaturgo. Nos anos seguintes, se consagraria como um dos mais prolíficos autores do teatro carioca. Seus textos teatrais – calcula-se que mais de cem – foram encenados por companhias populares como as do Teatro São José (de Pascoal Segreto) e do Teatro Trianon. Segundo Betti Rabetti (2012, p. 141), Tojeiro entrou

---

137 *Cine-Mundial*, vol 2, n. 12, dez 1917, p. 632.

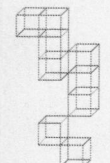

para a história do teatro brasileiro pela autoria dos textos que serviram de base para atores populares, donos de suas próprias companhias e conhecidos pelo improviso, como Leopoldo Fróes e Procópio Ferreira. Ainda segundo Betti, Tojeiro abriu passagem "para a entrada do teatro nos quadros (...) da montagem da indústria cultural do divertimento popular na jovem e 'remodelada' capital da República".

A escolha de Tojeiro como correspondente no Rio de Janeiro nos lembra como em 1916 o cinema estava intrinsicamente associado ao teatro. Não por acaso, como já observamos, a *Cine-Mundial* sempre terá notas sobre a cena teatral, principalmente na coluna carioca[138].

Já Pedro Caruggi, correspondente em São Paulo, e seu irmão Eduardo, que logo assumiria a função de representante comercial da revista, tinham uma relação mais direta com negócio cinematográfico, pois eram irmãos de Giovanni Caruggi, dono do cinema Congresso, em São Paulo.

Segundo José Inácio de Melo Souza (2004, p. 325-327), Giovanni Caruggi tentou organizar, sem sucesso, uma associação de exibidores no estado de São Paulo. Foi também um dos poucos exibidores que desafiaram publicamente a CCB de Francisco Serrador. Entre junho e agosto de 1913, convocou reuniões na tentativa de criar a "União dos Exibidores Cinematográficos", o que nunca chegou a acontecer, segundo Souza, por falta de mobilização. Três anos depois (ou seja, em 1916, ano de lançamento da *Cine-Mundial*), o exibidor voltou a se manifestar durante uma polêmica que mobilizou o setor, envolvendo uma proposta de isolar o distribuidor Jácomo Staffa quando este não se uniu ao coro que protestava contra o projeto de ampliação do imposto sobre a atividade. Staffa sugeriu que o dinheiro arrecadado fosse utilizado para beneficiar pequenos exibidores de bairro, o que teria despertado a ira da CCB. Uma reunião em novembro de 1916, no Rio, encabeçada pela CCB, decidiu pelo boicote aos cinemas comprometidos com Staffa. Em São Paulo, Caruggi reuniu pequenos exibidores e

---

138 Em colunas posteriores, Tojeiro será ele mesmo objeto de destaque. Em julho de 1918 a "Crônica do Rio de Janeiro" destaca o grande sucesso de *O simpático Jeremias*, texto de sua autoria, no Teatro Trianon, para alguns historiadores um marco do teatro cômico brasileiro. O texto foi adaptado para o cinema em 1940 com produção da Sonofilms, de Alberto Byington Jr, com Barbosa Júnior no papel de Jeremias, marcando a estreia na direção de Moacyr Fenelon (RAMOS e MIRANDA, org, 2000, p. 233). Na edição seguinte, de agosto, é publicada uma foto do ator Leopoldo Fróes nessa mesma peça (*Cine-Mundial*, v. 3, n.7, julho de 1918, p. 411 e *Cine-Mundial*, v.4, n.8, agosto de 1918, p. 497).

se posicionou contra a ação, que considerava um abuso em defesa dos interesses de um cartel. De lá, saiu a proposta de se constituir uma comissão com o objetivo de organizar uma associação de defesa dos exibidores da capital e do interior, mas a iniciativa, mais uma vez, não avançou depois que alguns exibidores retiraram seu apoio.

Caruggi, no entanto, continuou erguendo voz contra a CCB em entrevistas posteriores, alegando que a companhia dirigida por Francisco Serrador vinha agindo sistematicamente para minar a concorrência. Em novembro de 1916, por exemplo, criticou a CCB quando a Câmara Municipal de São Paulo proibiu os anúncios por volantes (notícia comentada na coluna de *Cine-Mundial* de julho de 1917, assinada por J.H.C.) e a companhia de Francisco Serrador aplaudiu a medida, sem se importar com os pequenos exibidores que dependiam do "reclame" e "viram seus espetáculos pouco concorridos e [...] diminuídas suas fontes de renda"[139]. Caruggi relatou ainda pressões para o fechamento de cinemas instalados próximos daqueles da CCB, como era o caso de seu Cinema Congresso, que se situava próximo ao Pathé Palace de São Paulo.

É no mínimo curioso, mas não de se entranhar de todo, que a *Cine-Mundial* tenha contratado como correspondente o irmão de Giovanni Caruggi. Como a *Moving Picture World* trabalhava com um correspondente em São Paulo, dificilmente essa contratação se deu sem o conhecimento do parentesco. Lembrando os textos de W. Stephen Bush, que tanto falaram dos distribuidores monopolistas que prejudicavam o acesso direto das produtoras americanas ao mercado da América do Sul, podemos imaginar que, possivelmente, o corpo editorial da revista associava a CCB e Serrador a esse monopólio.

Segundo relato de Luciano Caruggi, bisneto de Giovanni Caruggi, os irmãos Giovanni, Pedro e Eduardo nasceram em Rossano Calabro, na região de Calábria, na Itália, e imigraram para o Brasil com a mãe na virada do século XIX para o XX. "Meu avô não mantinha contato e nunca falou sobre os tios, Pedro e Eduardo. Porém, parece que ele ficava bastante desconfortável quando se tocava no assunto, indicando haver algum ressentimento sobre o passado. Não sabemos em que momento ou circunstância Pedro e Eduardo se mudaram de São Paulo para o Rio de Janeiro"[140]. Qualquer que tenha sido o possível desentendimento, no entanto, provavelmente foi posterior à entrada de Pedro

---

139 *O Estado de S. Paulo*, São Paulo, 26-11-1916, apud SOUZA, 2004, p. 327.

140 Entrevista ao autor por e-mail, em 9 de janeiro de 2019.

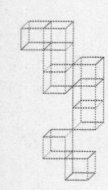

Caruggi na *Cine-Mundial*, já que Pedro e Eduardo se tornariam sócios de Giovanni em 1922[141].

Inaugurado no fim de 1910 (não há registro da data precisa) pela empresa Sebastião Crisci & Cia, o Cinema Congresso foi adquirido por Giovanni Caruggi em setembro de 1913 e com ele permaneceu até 1924, quando foi adquirido pelas Empresas Cinematográficas Reunidas Ltda., que juntou os dois maiores grupos exibidores de São Paulo (a CCB de Francisco Serrador e a empresa D'Errico, Bruno, Lopes e Figueiredo). Caruggi arrendou o Olímpia e lá passou a trabalhar com teatro de variedades pelo menos até 1925.

Entre dezembro de 1917 e dezembro de 1920, a seção "Nuestros Corresponsales" abrigou textos em português específicos sobre os mercados do Brasil e de Portugal – o Brasil sempre com mais frequência e destaque, Portugal em textos menores, enviados ora de Lisboa, ora do Porto. Os editores pareciam não saber muito bem como organizar os escritos em língua portuguesa numa revista majoritariamente em espanhol. Em dezembro de 1917, por exemplo, quando saiu o primeiro texto em português após o anúncio da definição dos correspondentes no Brasil, ele aparece sob a designação "Crônica do Brasil", apenas. Em abril de 1918, depois de três meses ausentes, os textos em português voltam sob a designação geral "Seção Portuguesa". Em maio, mais uma vez, não há texto em português, e, em junho, aparece como "Crônica do Brasil" (sem textos de Portugal). Até o fim do ano, o material dos correspondentes brasileiros sempre aparecerá na seção "Nuestros Corresponsales" com os nomes "Crônica do Brasil", "Crônica de São Paulo" ou "Crônica do Rio de Janeiro", em geral próximos ao material de Portugal, mas sem uma designação comum. Em janeiro de 1919, os editores retomaram a designação geral "Seção Portuguesa", desta vez informando aos leitores luso-brasileiros que, a partir daquele momento, a "nova" seção seria dedicada a tudo que pudesse interessar "aos progressivos e preclaros [distintos] países luso-brasileiros"[142]. A medida gerou polêmica e repercutiu na revista *Palcos e Telas*, que publicou a seguinte nota:

---

141 Arquivo histórico de São Paulo, base de dados do projeto "Inventário dos espaços de sociabilidade cinematográfica da cidade de São Paulo (1895-1929)", resultado da pesquisa de pós-doutorado de José Inácio de Melo e Souza. Disponível no site: http://www.arquiamigos.org.br/bases/cine.htm (acessado em 13 de janeiro de 2019).

142 *Cine-Mundial*, vol. 4, n. 1, janeiro de 1919, p. 80.

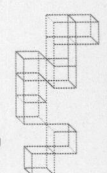

Cine-Mundial criou uma seção em língua portuguesa que entendeu chamar "Seção Portuguesa", e na qual são publicadas as crônicas enviadas do Rio de Janeiro e de São Paulo sem que os correspondentes brasileiros da interessante revista se insurjam contra a denominação "portuguesa". Que diriam os amáveis colegas se qualquer revista desta parte do continente criasse uma "seção inglesa" nela incluindo crônicas de New York e Chicago?[143]

Na edição de abril, a chamada de *Palcos e Telas* chegou à *Cine-Mundial* por meio de uma carta-protesto de um grupo de assinantes:

Sendo nós subescritores dessa bela revista intitulada *Cine-Mundial*, que vossa excelência com tão rara proficiência dirige, resolvemos enviar essa carta a V.S. rogando-vos o especial obséquio de substituir para o título Seção Brasileira a que atualmente V.S. costuma pôr que é de Seção Portuguesa, e que traz crônicas do Rio e de São Paulo. É justíssimo esse nosso pedido, e para V.S. avaliar o quanto nós temos razão, bastará reproduzir, aqui, o artigo reproduzido no semanário *Palcos e Telas*, único no gênero publicado em todo o Brasil. O mesmo é dedicado à cinematografia. Eis o artigo: [...]. Antes de tudo, senhor redator, temos amor-próprio e cremos, atendendo ao vosso elevado critério, que não se negará a substituir para a denominação de 'Seção Brasileira' a que atualmente V.S. chama de 'Seção Portuguesa. Cremos no vosso caráter nobre e cavalheiroso e, no ensejo de nos prevalecermos para vos protestar os nossos mais elevados votos de estima e consideração, nos subscrevemos"[144].

A revista respondeu explicando que "a Seção denominada Portuguesa, além das crônicas brasileiras, também continha crônicas portuguesas", e por esse motivo o título a partir daquela edição seria alterado para "Seção Luso-Brasileira". Explicou ainda que a "ex-Seção Portuguesa" referia-se ao idioma, e não ao país. A partir de 1919, a "Seção Luso-Brasileira" passaria a trazer um texto de abertura com notas em português sobre o mercado em geral, aparentemente produzidas na sede de Nova York e traduzidas da *Moving Picture World*, acompanhadas das crônicas dos correspondentes, que, a partir de 1920, cada vez mais perderiam espaço para os textos produzidos na sede.

Apesar da irregularidade e do aspecto por vezes "deslocado" das crônicas enviadas do Brasil, elas produziram um conteúdo volumoso sobre o mercado de cinema no Brasil e as pessoas que nele trabalhavam. O material sobre o país (crônicas de São Paulo e do Rio de Janeiro, sobretudo, mas eventualmente também de Santos) só perdia em espaço e regularidade para as crônicas da Argentina, que costumavam encabeçar a seção e ocupar entre quatro e oito páginas.

---

143 *Palcos e Telas*, ano 4, n. 41, 2 de janeiro de 1919, p. 7.

144 *Cine-Mundial*, vol. 4, n. 4, abril 1919, p. 292 (os nomes dos autores da carta não foram publicados).

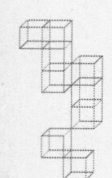

Na mesma edição de dezembro de 1917 em que a nota na seção "Gacetilla" anunciou a escolha dos correspondentes da *Cine-Mundial* no Brasil, a "Crônica do Brasil" já aparecia com destaque e formato definido, abrindo a seção "Nuestros Corresponsales". Uma nota discreta ao pé da página, porém, informa que os editores "haviam quebrado o costume de encabeçar a seção com a 'Chronica da República da Argentina'" por não a terem recebido a tempo: "Sem dúvida sofreu um atraso ou foi extraviada pelo correio"[145]. Ou seja, as crônicas eram enviadas pelo correio (certamente por conta dos altos custos da comunicação por telégrafo) e estavam sujeitas às condições de transporte da época – lembrando que o transporte marítimo enfrentava dificuldades desde a eclosão da Primeira Guerra Mundial. E a afirmação dos editores de que estavam quebrando o costume de encabeçar a seção com a crônica da Argentina confirma a hierarquia que passou a orientar a disposição das colunas.

3.4.2. *CINE-MUNDIAL* E AS PRÁTICAS DE DISTRIBUIÇÃO E EXIBIÇÃO

Nas crônicas do Brasil em *Cine-Mundial*, reportagens sobre agências de importação e perfis de seus principais profissionais serão constantes, com uma ênfase nos representantes das marcas americanas.

Um dos pontos frequentemente abordados era a circulação de cópias não autorizadas ou "piratas", um aspecto que não se limitava às crônicas do Brasil. Laura Isabel Serna, em sua análise das "Crônicas do México" em *Cine-Mundial*, observa que o México era visto como a principal origem de cópias não-autorizadas em circulação pela América Latina, especialmente nos países de língua hispânica: "Cópias de filmes americanos obtidas ilegalmente no México frequentemente apareciam em Havana. De Cuba, eram disponibilizadas para distribuidores e exibidores na América Central e América do Sul. [...] Os *trades* estimavam que mais de 60% de todos os filmes, particularmente os americanos, exibidos no México no fim dos anos 1910 eram produto do comércio ilícito" (Serna, 2014, p. 31-32). Em 1918, quando o representante da Fox Abraham Carlos visitou o México, *Cine-Mundial* frisou que sua missão era assinar novos contratos e enfrentar a pirataria de filmes. Já na edição de fevereiro de 1916 o editorial de *Cine-Mundial* abordava a questão da distribuição, apontando duas frentes a serem combatidas: a intermediação de terceiros e a circulação de cópias usadas.

---

145 *Cine-Mundial*, vol. 2, n. 12, dez 1917, p. 623.

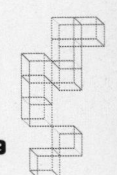

> É de nossa opinião que as empresas cinematográficas americanas […] deveriam negociar diretamente com a América Latina, Espanha, Portugal e Filipinas. Em nosso julgamento, já passou o tempo em que esse negócio exigia intermediários. Além disso, acreditamos que, atualmente, eles só interferem e restringem as operações, tendem a criar preconceitos, escondem o verdadeiro país de origem das marcas e, em uma palavra, agem a longo prazo em detrimento de todos os envolvidos […].
>
> A venda de filmes usados ou de segunda mão é outro dos pontos sobre os quais queremos definir nossa atitude. Embora não nos oculte que se trata de uma fase necessária e quase essencial do negócio, defendemos a exportação de material novo e do mais artístico que tem sido produzido. Não é preciso dizer que vamos apoiar os vários ramos da indústria na medida da nossa força, mas sempre com especial atenção para todas as empresas norte-americanas cujos recursos são garantidos, e que estão em condições de servir com sucesso aos empresários e distribuidores no exterior[146].

Defendia-se, portanto, a inibição de importadores independentes e o fim da circulação de cópias usadas, incentivando-se cada vez mais a representação direta das marcas no mercado externo. Paralelamente, junto aos exibidores e ao público, trabalhava-se para a apresentação e fixação das marcas americanas, associando-as a espaços de exibição e às suas principais estrelas.

No Brasil, as crônicas enviadas pelos correspondentes darão bastante espaço a reportagens sobre agências distribuidoras e perfis de importadores, com ênfase na circulação das produções das fábricas americanas, mas também reverberando questões locais.

Na "Crônica do Brasil" de dezembro de 1917 – a primeira mais extensa oficialmente escrita pelo correspondente em São Paulo Pedro Caruggi –, uma das notas comenta um artigo em italiano publicado na revista *O Cinema* lamentando que "entre 90 mil metros de filmes novos projetados no período de um mês na cidade do Rio de Janeiro, e daí para o resto do país, 82.000 metros sejam representados por artistas americanos, e apenas 8.000 por artistas italianos". Caruggi ponderava, contudo, que "tão enorme desproporção" se explicava, por um lado, pela guerra que paralisou a indústria de cinema na Itália e, por outro, pelo "empenho que demonstraram as fábricas norte-americanas em poder substituir – como de fato substituíram – os primorosos trabalhos que estavam habituados a apreciar nas fábricas italianas, francesas e mesmo inglesas"[147]. O artigo de *O Cinema* repercutiu em *La Vita Ci-*

---

146 *Cine-Mundial*, v.1, n.2, fev 1916, p. 53.

147 *Cine-Mundial*, v.2, n.12, dez 1917, p. 624.

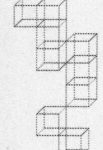

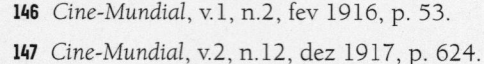

nematografica, revista italiana que, ao longo de 1917, vinha publicando uma série de reportagens e editoriais em torno do "perigo americano", buscando as razões para a veloz perda de espaço no mercado internacional, especialmente no Brasil, um dos grandes importadores da Itália graças à numerosa colônia italiana. Em agosto, o texto "L'invasione Americana" cita *O Cinema* destacando a presença de Paramount e Fox no país e a informação de que a Agência Geral Cinematográfica de Alberto Sestini, outrora grande importadora de produto europeu, especialmente italiano, havia fechado um contrato de exclusividade para lançar os filmes da americana Triangle.

> E eis que, como o turbilhão que se dispersa, a invasão americana varreu os filmes italianos para instalar-se em toda parte, patroa e dominadora. Em todos os cinemas de primeira linha do Brasil passam os filmes norte-americanos. Só nos resta cantar com Leopardi: "Italia mia! Já foste uma dama, agora uma pobre empregada? Por quê, por quê?"[148]

Ainda na "Crônica do Brasil" de dezembro de 1917, o correspondente em São Paulo dedica uma breve nota à CCB. O texto começa informando o capital da empresa – 4.000:000$000 (quatro mil contos de réis), dos quais "$1.000.000 americanos"[149] – e descreve seu patrimônio. A companhia "explora os quatro maiores cinemas do Rio e é proprietária e arrendatária dos maiores teatros e cinemas de São Paulo", tem agências em todo o Brasil, possui estoque de filmes que chega a seis milhões de metros, e "fornece aos exibidores 70 novidades por semana, pertencentes a 36 fábricas diversas!". Finalizando, Caruggi afirma que, com o tempo, "historiaremos a origem dessa poderosa empresa, a primeira do Brasil que conseguiu impor ao público o gosto e amor à arte cinematográfica que, a princípio, se resumia quase nos filmes mágicos da Pathé Frères ou nos dramas esboçados de AB (American Biograph)"[150]. Curiosamente, nas crônicas enviadas pelos correspondentes no Brasil a presença da CCB será proporcionalmente pequena, considerando-se seu tamanho e peso no mercado brasileiro. E aqui cabe lembrar, primeiro, que o irmão do correspondente Pedro Caruggi, Giovanni Caruggi, era exibidor independente em São Paulo

---

148 *La Vita Cinematografica*, n. 81-82, 22 a 30 ago 1917, p. 65.

149 Segundo Souza (2012, p. 220), a CBC foi incorporada em 1911 com capital de dois mil contos de réis. Em 1912, um anúncio da companhia divulgada que o capital havia aumentado para quatro mil contros de réis (idem, p. 229). Não há confirmação, porém, da participação de capital americano.

150 *Cine-Mundial*, v.2, n.12, dez 1917, p. 625.

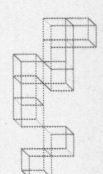

e foi forte crítico à CCB e a Francisco Serrador. Segundo, que a própria CCB, com suas práticas monopolistas, representava um obstáculo para a penetração das companhias americanas, pelo menos inicialmente.

A causa de Giovanni Caruggi por uma organização do setor da exibição no Brasil, por sinal, será mencionada ao menos duas vezes nos textos enviados pelo irmão Pedro – a primeira mais discreta, a segunda mais explícita. Na mesma coluna "inaugural" de dezembro de 1917, depois de lamentar uma falta de atenção maior ao potencial brasileiro para a produção de filmes, Caruggi afirma que "outra fonte de descuido" seria a falta de uma associação de exibidores que pudesse tratar dos interesses da classe, interna e externamente[151]. Na nota de abertura da coluna de junho de 1918, que traz o título "Por que não se criam associações?", a menção se tornaria explícita, e o correspondente cita diretamente o nome do irmão:

> São incalculáveis os prejuízos que derivam da falta de uma associação com autoridade suficiente para promover uma solução dos graves problemas que a guerra acarretou insensivelmente à indústria e ao comércio de filmes, principalmente no que se refere à criação de novos impostos que vieram aumentar as dificuldades existentes. (...) Uma tentativa séria nesse sentido foi feita, há seguramente quatro anos, pelo proprietário atual do cinema Congresso, Snr. Giovanni Caruggi, apoiado incondicionalmente pelo Dr. Manoel Viotti, diretor geral da secretaria de Justiça e Segurança Pública, mas, infelizmente, os esforços dedicados dos promotores fracassaram diante da frieza e apatia da maior parte dos cinematografistas[152].

As questões relativas à exibição, no entanto, são raras nas crônicas do Brasil. Por outro lado, quase todas trazem uma lista de filmes importados organizada por companhia/agência importadora. Eventualmente, uma dessas agências ou seus representantes tornam-se objeto de uma reportagem mais extensa. A grande maioria prioriza os filmes americanos e seus representantes, e chama atenção, neste panorama, o destaque dado à Fox. Vale citar alguns exemplos que mostram não apenas o texto exaltador, mas a forma como os filmes são associados a suas estrelas ou a seus espaços de exibição, estratégias utilizadas para tornar as marcas conhecidas do público. Em junho de 1918, por exemplo, a coluna "Novidades cinematográficas: os sucessos da tela" dá destaque à produção da Fox *Um rapaz folgazão* [não identificado], destacando a presença de George Walsh:

---

151 *Cine-Mundial*, v.2, n.12, dez 1917, p. 623.

152 *Cine-Mundial*, v.3, n.5, junho 1918, p. 336.

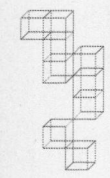

Não se pode descrever o entusiasmo com que o público de nossa pauliceia acolheu esta outra produção do brilhante e simpático George Walsh, que, a bem dizer, tornou-se preferido entre todos os artistas norte-americanos" [...]. "Em *Um rapaz folgazão*, o simpático artista da Fox tem um realce indescritível. Os cinemas da nossa capital mal puderam conter as ondas humanas que afluíram aos espetáculos de George Walsh. O sucesso ainda continua e parece que os exibidores e espectadores estejam de acordo mútuo em exibir filmes da Fox, só da Fox[153].

Um mês depois, a crônica brasileira novamente trazia elogios aos filmes da Fox, associando-os ao seu local de exibição no Rio de Janeiro, o cinema Pathé.

As produções da Fox, pela sua perfeita execução artística e ainda pelo desempenho dos assuntos, confiados a artistas de real mérito, impuseram-se definitivamente ao nosso público. O cinema Pathé, dirigido pelos irmãos Ferrez, situado na Avenida Rio Branco, o melhor ponto desta capital, onde se exibem filmes da Fox, têm sempre avultada concorrência. É preciso também notar-se que o cinema Pathé é um dos mais bem instalados dessa capital, com amplas salas de exibição e um vasto e confortável salão de espera[154].

A edição de dezembro de 1918 apresentava dois perfis extensos de profissionais do mercado. Um deles é dedicado a Alexandre Cortese, que desde fevereiro de 1917 trabalhava na Fox como subgerente, e havia acabado de ser promovido a gerente geral para os estados de São Paulo e Paraná. O "aristocrático milanês", contava Caruggi, viajou por toda a Europa antes de imigrar para o Brasil, instalando-se em São Paulo em 1913 com "algumas silenciosas latas de filmes para apresentá-las ao público do novo mundo". Cortese, porém, não se fixou na capital e empreendeu uma longa viagem pelo interior do Brasil, "tornando-se assim senhor de vastos conhecimentos, essencialmente práticos, dos nossos usos e costumes, mormente... comerciais". A larga experiência adquirida nas viagens teria dado a Cortese um faro apurado para entender o gosto do público brasileiro, que ele soube adivinhar e antecipar. "Foi assim que, ao estalar da guerra, faltando a produção europeia, ele, mais do que qualquer outro, teve fé e confiança no sucesso dos filmes americanos, que muitos então desprezavam e julgavam incapazes de substituir vantajosamente os ótimos filmes do antigo continente". Com a "irrupção na praça" das grandes casas americanas – "da Universal à Películas de Luxo", da "Pan-American à Triangle", a "própria Pathé-New York"

---

153 *Cine-Mundial*, v.3, n.7, julho de 1918, p. 410.

154 *Cine-Mundial*, v.3, n.6, junho de 1918, p. 336.

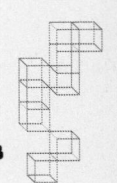

e, "finalmente, a FOX" [grifo do texto original] – "Alexandre Cortese foi convidado a fazer parte desta, em qualidade de subgerente. [...] Enquanto as outras casas americanas faziam-se simplesmente apreciar, a FOX [grifo do texto original] galgava o supremo posto, triunfando sobre todas devido certamente à sua brilhante produção, mas não menos à propaganda sistemática, sagaz, de seu ativo subgerente". O parágrafo seguinte é ainda mais superlativo:

> Hoje em dia, falar da FOX é falar de um ídolo, de uma divindade, duma lenda mitológica, talvez... Desde o Amazonas ao Prata, quer seja no mais luxuoso teatro, quer no mais ínfimo dos salões 'caipiras' do nosso sertão, a palavra Fox (tradução portuguesa: raposa) está em todos os cérebros, é do domínio público, elevada por ele à altura de um dogma que não se discute, mas que se aceita, simplesmente![155]

A segunda reportagem é um perfil dos sócios Gustavo Zieglitz e Ignacio Castello, "meninos de ouro da cinematografia" (na ocasião tinham, respectivamente, 30 e 27 anos). Ambos haviam trabalhado na CCB e na Agência Geral Cinematográfica de Alberto Sestini antes de fundarem sua própria agência importadora, que firmou um acordo com Marc Ferrez para representar a Pathé em São Paulo: "A Agência Pathé, como o próprio nome indica, só aluga e fornece filmes da famosa casa que, de Vincennes, transportou seus alicerces grandiosos para a grande metrópole new-yorkina, de onde espalha por todo o mundo o fulgor imenso de suas brilhantes produções".

A "Crônica do Rio de Janeiro" de agosto de 1918, assinada por Gastão Tojeiro, anunciava a troca de guarda nos escritórios da Paramount: J. L. Day Junior, "cujo nome, por demais conhecido, dispensa quaisquer recomendações", substituiria o Sr. Alex Keene, "que abandonou a cinematografia para dedicar-se a outra indústria". Tojeiro não dá maiores detalhes sobre a saída de Keene, apenas aproveita a deixa para enumerar os benefícios de se abrir uma representação própria no país, a exemplo da companhia: "Não há dúvidas que há grandes vantagens para as fábricas que têm os seus escritórios montados com negócios diretos, podendo assim proporcionar aos exibidores facilidades que não pode o intermediário fazer, e firmando ainda o crédito de suas produções, como sucede com a Paramount e a Fox"[156].

---

155 *Cine-Mundial*, v.3, n.12, dezembro de 1918, p. 804.

156 *Cine-Mundial*, v.3, n.8, ago 1918, p. 497.

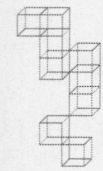

Com o fim da Primeira Guerra Mundial, em novembro de 1918, as inquietações em torno do futuro do cinema no mundo passam a ocupar o centro das atenções da revista. Já o editorial de dezembro, intitulado "Novos problemas cinematográficos", especulava sobre os "efeitos da paz" no comércio cinematográfico mundial, sobretudo sobre a capacidade de recuperação das fábricas de cinema europeias:

> Esta é a incógnita que se trata de decifrar nos círculos de produtores, importadores e exportadores dos grandes centros de consumo e abastecimento: Nova York, Paris, Londres, Berlim, Barcelona, Buenos Aires. Recobrarão as editoras francesas e italianas o brilho e a pujança de quatro anos atrás? Chegará Londres a ser um elemento produtor de primeira ordem? A Alemanha recuperará os benefícios obtidos durante o conflito? A Espanha competirá na América Latina durante a paz, apesar de ter fracassado com todas as vantagens que teve para triunfar durante a guerra?[157]

Aparentemente, a ameaça de uma recuperação do cinema europeu recrudesce o discurso depreciativo em relação aos filmes do continente, a tônica de extensos textos publicados com visibilidade nas páginas da *Cine-Mundial* nos primeiros meses de 1919. A edição de janeiro, por exemplo, estampava um artigo de R. Bermudez Z. com o título "Engrandecimento e decadência de uma arte". O subtítulo resume os argumentos: o cinema italiano revelava "monotonia em suas concepções e desenvolvimento técnico, retrocedendo diante da competência da produção moderna norteamericana". O motivo do texto seria o lançamento da produção italiana *Frou* (1919), com Francesca Bertini, adaptação de uma peça teatral francesa que, um ano antes, havia sido motivo de uma versão americana com Alice Brady. A comparação – de teor altamente machista – se iniciava pelas estrelas: Francesca Bertini, diz Bermudez, ainda era capaz de atrair multidões graças à "estranha fascinação" de seu olhar, mas ultimamente vinha "se desmerecendo não só como atriz, mas como mulher". "(*Bertini*) está tão fraca que não devia exibir sua nudez, nem trajes justos, nem penteados altos", e "daria tudo" para que Alice Brady lhe revelasse seu "segredo de individualidade". As críticas se estendiam à direção. A versão americana teria como vantagem ter sido realizada por um francês (Emile Chautard), o que garantia ao filme uma "falsificação" melhor que a italiana. "(…) na primeira nação citada [EUA] é possível contar com diretores cinematográficos de escola fran-

---

157 *Cine-Mundial*, v.3, n.12, dez 1918, p. 781.

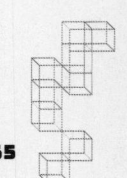

cesa, enquanto na Itália não existem sequer indivíduos que possam com justiça ser chamados de diretores cinematográficos"[158].

Nessa mesma época, nas revistas de cinema no Brasil, a mesma questão aflorava, curiosamente, com manifestações semelhantes. Como aponta Freire (2018, p. 256-258), a revista *Selecta*, em junho de 1920, afirmava que os filmes americanos estariam ameaçados pela concorrência das películas europeias, ponderando que, ao mesmo tempo, as "Casas da América do Norte" haviam cuidado de "esmerar o lado artístico de suas produções", e que só dependeria delas "conservar sua influência no espírito do público brasileiro". Já na revista *Para Todos*, cartas de leitores observadas entre outubro e novembro de 1919 exaltavam a superioridade das heroínas e atrizes do cinema americano ("As atrizes americanas revelaram-nos o tipo da mulher forte, vigorosa, sã, que ressalta ao lado do mesquinho tipo das atrizes europeias ao formidável contraste") e queixavam-se dos filmes europeus, como o leitor que afirmou "ver-se um filme italiano é ver-se todos", entre outras manifestações semelhantes[159].

De volta à *Cine-Mundial*, a mesma edição que trouxe o artigo de Bermudez, em janeiro de 1919, apresentava uma breve entrevista com o empresário Sidney Garrett, presidente da J. Frank Brokliss (importante distribuidora de filmes da Inglaterra), na qual ele enumerava os motivos pelos quais acreditava que Nova York continuaria sendo o centro cinematográfico de exportações para o mercado latino-americano, e a produção americana permaneceria na preferência do público da região, mesmo com a possível volta de algumas cinematografias europeias ao mercado. A guerra, ele argumenta, teria forçado o mundo a se dar conta de que os Estados Unidos, e não a Europa, eram o centro "natural" de distribuição de filmes para a América Latina. Durante o conflito, os países americanos do hemisfério norte e sul teriam se identificado com "os costumes e necessidades" uns dos outros, e, por consequência, os filmes feitos nos Estados Unidos se adaptariam melhor aos gostos da América Latina do que os de qualquer outro país ou outro continente. Por fim,

---

158 *Cine-Mundial*, v.4, n.1, jan 1919, p. 50.

159 Referências das citações: em *Selecta*, sobre o cinema americano e europeu: *Selecta*, v. 6, n. 26, 26 jun 1920; em *Para Todos*, sobre a superioridade das heroínas e atrizes americanas: *Para Todos*, v. 1, n. 44, 18 out 1919; e sobre a qualidade dos filmes italianos: *Para Todos*, v. 1, n. 47, 8 nov 1919, apud Freire (2018, p. 256 e 258).

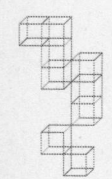

o público latino-americano já havia se acostumado com as fitas e os artistas americanos, e não seria nada fácil que aceitassem substituí-los[160].

O editorial de março de 1919 começava a reverberar a movimentação de países europeus para a criação de medidas protecionistas às suas indústrias cinematográficas. Com o fim da guerra, houve um imediato aumento da compra de filmes americanos pelos importadores nos países onde a distribuição havia sido represada durante o conflito. Por isso, "as grandes nações produtoras", com o objetivo de proteger seus fabricantes, apresentavam "projetos para restringir a entrada de filmes americanos". Nesse novo cenário, porém, o texto apostava que os mercados da América Latina e Extremo Oriente seriam os únicos "onde não haveria perspectiva de mudanças radicais", mas também não via perspectivas de uma recuperação da produção na Europa: "A preponderância internacional do filme norte-americano durante os próximos três anos não está sujeita a discussão. Quanto à indústria francesa, italiana ou inglesa, seu desenvolvimento futuro depende da jornada de paz, das medidas restaurativas adotadas e, sobretudo, do problema dos trabalhadores, que assume proporções cada vez mais alarmantes"[161].

No cenário imediato do pós-guerra, a Alemanha foi o país onde a indústria cinematográfica apresentou mais rapidamente sinais de uma possível recuperação, aproveitando, inclusive, a própria crise que abatia a economia para aumentar a exportação de filmes. Como explica Thompson (1985, p. 105), se a inflação alta encareceu a importação de bens, por outro lado permitiu que as empresas exportassem e vendessem seus produtos nos países de moeda mais forte por preços bem mais baixos. "A Alemanha, com suas companhias e instalações já estabelecidas, lucrou consideravelmente com o período inflacionário, exportando filmes no fim dos anos 1910 e começo dos anos 1920". No próprio mercado americano, onde a presença de filmes estrangeiros havia diminuído radicalmente com a retirada quase total da Pathé durante a guerra, a chegada – e o sucesso – de alguns filmes alemães (entre eles *Madame DuBarry*, de Ernst Lubitsch, que foi rebatizado como *Passion* e lançado pela First National com ótima recepção do público), levou setores da indústria a acreditarem que uma "invasão alemã" esta-

---

160 *Cine-Mundial*, v.4, n.1, jan 1919, p. 83.

161 *Cine-Mundial*, v.4, n. 3, p. 191.

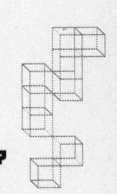

va a caminho[162]. No entanto, segundo Thompson, logo ficou claro que apenas alguns poucos filmes alemães poderiam competir no mercado americano, e o temor diminuiu.

Nos outros países da Europa, a situação era mais complicada do que na Alemanha. A Inglaterra passou a depender financeiramente dos Estados Unidos e as produções americanas representaram quase 90% dos filmes exibidos no país pelo menos até o estabelecimento da lei da cota britânica, em 1927. Na França, um dos problemas centrais foi a destruição de muitos cinemas durante a guerra, o que por sua vez também prejudicou a recuperação da produção. A Itália viveu uma breve reabilitação que se revelou efêmera. No começo dos anos 1920, já estava claro que a participação americana não diminuiria, pois "nenhum país europeu poderia sustentar produções luxuosas com base apenas nas receitas domésticas" (Thompson, 1985, p. 105).

Na Europa em dificuldades econômicas no cenário do pós-guerra, líderes políticos defenderam a formação de uma liga de cooperação entre nações, enquanto economistas (como Keynes) defendiam que a paz só poderia ser garantida com a criação de uma economia europeia integrada (Higson, 1999, p. 2). No âmbito do cinema, essa ideia começa a tomar corpo em 1924, com o movimento "Film Europe" (já descrito no capítulo 2).

3.5. MUDANÇAS DE RUMO

A partir de 1921, a revista *Cine-Mundial* passou por uma reforma editorial e gradualmente foi se tornando mais aberta, buscando como público-alvo o consumidor de cinema e de entretenimento. O volume abundante de publicidade indicava que a revista, pelo menos do ponto de vista publicitário, foi um sucesso comercial enquanto *trade*, ainda que, em termos de circulação, tenha permanecido abaixo das revistas de cinemas voltadas para um público mais amplo por conta de seu perfil editorial específico.

---

162 Como vimos no capítulo 2, o crescimento dos filmes alemães foi motivo de "alerta" em pelo menos um relatório consular após a Primeira Guerra. O filme de Lubitsch, *Madame DuBarry*, foi lançado no Brasil em março de 1920 pela Rombauer & Co (*Palcos & Telas*, 25 de março de 1920, p. 2), aparentemente também com grande sucesso, já que se tornou referência em anúncios posteriores (*Palcos e Telas*, 12 de agosto de 1920, p. 8).

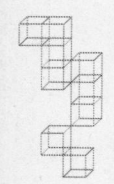

As informações sobre a tiragem da *Cine-Mundial* são esparsas e comprometidas, uma vez que só existem registros divulgados por uma auditoria externa a partir de 1929. Antes disso, só se conhecem as informações da própria revista, em geral publicadas em pequenas notas ou veiculadas nos anúncios para vender publicidade. Em janeiro de 1920, por exemplo, uma nota comemora o "grande salto" da tiragem ao longo do ano anterior: em janeiro de 1919 teria sido de sete mil exemplares, enquanto a edição de janeiro de 1920 teria chegado a "mais de 18 mil exemplares". Esse número tornaria a *Cine-Mundial* "a PRIMEIRA DO MUNDO (*grifo deles*) no que se refere à circulação entre profissionais".

Da mesma forma, não temos como medir exatamente qual teria sido a penetração e influência da *Cine-Mundial* no Brasil durante o período em que foi exclusivamente um *trade*. Há, no entanto, indícios bastante fortes de que a revista atingiu seu púbico alvo no país, mesmo sendo majoritariamente escrita em espanhol. Um deles, por exemplo, é a significativa quantidade de anúncios dos importadores brasileiros e das agências estrangeiras em suas páginas. Além disso, pelo menos duas vezes *Cine-Mundial* foi mencionada na revista *Para Todos*: na edição de 13 de agosto de 1918, uma nota repreende um texto do correspondente no Rio, Gastão Tojeiro, que também era autor teatral, por ter afirmado que a peça de seu concorrente, Viriato Correa, havia sido interrompida por vaias do público, e que o autor "teve de fugir"[163]; e, como já mencionamos anteriormente, a repercussão do "Seção Portuguesa" na coluna "Nuestros Corresponsales" causou uma polêmica que repercutiu em *Para Todos*. De qualquer maneira, a penetração da *Cine-Mundial* no Brasil só deve ter durado na sua fase como *trade* – já que, quando se abre para o público final, permanecendo majoritariamente em espanhol, passa a concorrer com muitas outras publicações semelhantes brasileiras, em português, publicadas sobretudo a partir de 1920.

A mudança de linha editorial da *Cine*-Mundial, no entanto, não se deu de forma imediata e abrupta. Num primeiro momento, a revista ganhou seções novas, como uma coluna dedicada à moda, e passaria a abrigar publicidade destinada ao chamado "público final", sobretudo o feminino (produtos de maquiagem, por exemplo). Na edição de janeiro de 1921, enquanto a página do índice mantém a descrição inicial da revista ("Dedicada al fomento de los intereses cinematográficos en los Estados Unidos y los países latino-americanos"), a página do editorial

---

163 *Palcos e Telas*, 1918, edição 22, 13 ago 1918, p. 5.

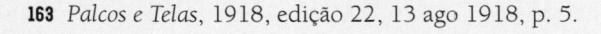

já traz um subtítulo diferente, apresentando-a como "Revista Mensual Ilustrada de Arte, Letras y Diversiones de Toda Clase"[164].

Em 1921, a seção "Nuestros Corresponsales" seria mantida, mas com outra prioridade. A partir de janeiro passaria a ser aberta sempre pelas crônicas de Paris e Havana (às vezes em ordem inversa). A "Seção Luso-brasileira" permaneceria, mas agora encerrando o segmento e com um conteúdo bastante diferente, formado basicamente por notas e entrevistas com astros e estrelas do cinema, em sua grande maioria do cinema americano, muito semelhantes a notas ou *press releases* diretamente traduzidos do inglês. Na edição de março, a Seção Luso-brasileira, agora assinada pelo correspondente José Cunha (sem que seja informada sua procedência, aparentemente sendo de Portugal), destaca as seguintes reportagens e notas: "O ator Theodor Roberts diz que a tela e o palco auxiliam-se mutuamente"; "Um interessante artigo escrito pela atriz Dorothy Dalton"; "Vestidos à moda produzidos especialmente para a cinematografia"; "Como produzir filmes sem estragar a boa literatura de enredo"; "Nos *vaudevilles* de Nova York" e "Chistes e pilherias newyorkinas"[165].

A "Crônica da Argentina" teve sua última aparição no número de janeiro de 1921. A partir daí, da América Latina, além de Cuba, passam a ganhar mais destaque Porto Rico, México (e a região de Yucatan), Panamá e Santo Domingo. Da Europa, até o fim do ano passariam a ser publicadas com mais frequência crônicas da Espanha e Itália.

Em junho de 1920, a Chalmers Publishing Company publicou um anúncio de página inteira na revista *Printer's Ink*, importante *trade* voltado para anunciantes, comunicando as transformações de *Cine-Mundial* e convocando novos anunciantes. O texto explicava que, apesar de ter começado como um *trade* voltado para o setor da exportação de cinema, a revista acabou descobrindo sua nova vocação graças aos jornaleiros. Esse "astuto juiz e indicador dos desejos de leitura do público" deduziu que a *Cine-Mundial* era mais do que uma revista de negócios. "Ele se apegou à revista como um convidado há muito procurado, vestindo suas bancas com essa roupa porque era atraente e porque seus clientes estavam ansiosos por notícias dos filmes e fotografias de suas estrelas. As capas coloridas da *Cine-Mundial* foram logo encontradas em milhares de casas fora do mercado cinematográfico"[166]. Como prova, a casa editorial apresenta os

---

164 *Cine-Mundial*, vol.6, n.1, p. 9 e p. 11.

165 *Cine-Mundial*, v. 6, n. 3, mar 1921, p. 218

166 *Printer's Ink*, 3 junho 1920, p. 121.

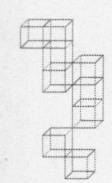

números de circulação da revista em 1920, que teriam saltado de 11.500 em fevereiro para 15.800 em junho. É importante lembrar que, mesmo enquanto era *trade*, a *Cine-Mundial* estampava em sua capa fotografias de astros do cinema americano, afinal, também era sua finalidade tornar seus rostos e nomes familiares aos agentes do mercado no Brasil.

Para além dos interesses comerciais que possam ter motivado a mudança de orientação, no entanto, é importante observar que, quase dois anos após o fim da Primeira Guerra, a "missão" declarada tanto nas páginas de *Cine-Mundial* como nas de sua publicação-irmã, *The Moving Picture World* – impulsionar o filme americano nos mercados de língua latina, especialmente nos países da América do Sul –, já podia ser dada como cumprida. Com o título "Notas de Ano Novo", o editorial de *Cine-Mundial* de janeiro de 1920 iria direto ao ponto:

> Na área da cinematografia, a paz veio confirmar a supremacia da produção norte-americana. Esse ponto deixou de ser uma opinião para tornar-se fato consumado. Na França se produz algo, mas muito pouco; na Itália se fazem esforços para não perder terreno; e na Grã-Bretanha enfrentam a questão com grande energia, aparentemente. (...) Sobre a Alemanha, um exportador conhecido recém-chegado de Berlim, onde permaneceu vários meses estudando a praça, declara que no antigo império estão estabelecidas 200 empresas produtoras, que filmaram durante a guerra tantas películas quanto todas dos Estados Unidos. Sobre a qualidade deste material bastará dizer que se estão importando na Alemanha, a preços fabulosos, filmes feitos aqui há quatro ou cinco anos, e que nenhuma casa fez lá compras importantes, apesar de o marco estar hoje a um centavo e meio de dólar (...) Os planos que estão sendo desenvolvidos para além do Atlântico pelas empresas norte-americanas, que pretendem instalar oficinas modernas na França, Itália, Espanha e outras nações, podem galvanizar a produção europeia dando nova coragem aos capitalistas e empreendedores nacionais; mas, em todo caso, pode-se assegurar que na indústria cinematográfica os americanos terão uma competência semelhante àquela que sustentam na fabricação de máquinas de escrever e na costura, nem mais, nem menos.[167]

Ao longo dos três primeiros anos da revista, entre 1916 e 1919, enquanto Londres perdia importância no comércio global e Nova York se afirmava como novo centro do negócio de exportação cinematográfico, os filmes americanos passaram a ocupar com relativa tranquilidade não só as telas dos países latino-americanos, mas também o imaginário e o desejo do público e de seus agentes de mercado. A partir desse momento, as prioridades de Hollywood no mercado externo seriam outras.

---

167 *Cine-Mundial*, v.5, n.1, janeiro de 1920, p. 79.

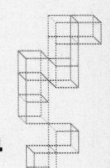

AS COMPANHIAS AMERICANAS DESEMBARCAM NO BRASIL

4.1. BREVE PANORAMA DA EXPANSÃO INTERNACIONAL DO CINEMA AMERICANO ANTES DE 1914

Antes da Primeira Guerra Mundial, a presença do cinema americano em mercados externos era tímida e localizada. Não havia uma exportação organizada ou volumosa, como já ocorria com várias companhias de cinema europeias – sobretudo as francesas, e principalmente a Pathé, que desde muito cedo investiu em mercados estrangeiros. Essa expansão internacional relativamente tardia da indústria do cinema americano, em descompasso com a própria economia do país no mesmo período, costuma ser explicada pela situação do mercado interno até meados de 1909, marcado pela "guerra das patentes" (que consumia tempo, dinheiro e gerava um ambiente de incerteza) e pelo desequilíbrio que se formou entre os setores da produção e exibição/distribuição durante o *boom* dos *nickelodeons* e *exchanges*, a partir de 1905.

No período anterior à MPPC, a Vitagraph foi a companhia americana de cinema que mais investiu em uma presença estrangeira, dando preferência à abertura de subsidiárias e garantindo para si uma vantagem significativa nesse terreno. Seus primeiros escritórios no exterior foram inaugurados em 1906, em Paris e Londres; dois anos depois, abriu um laboratório em Paris, onde eram confeccionadas as cópias a serem comercializadas na Europa[168] (Thompson, 1985, p. 2-3). Esse detalhe agilizou a distribuição de seus produtos nos países europeus e mercados da América do Sul, uma vez que Londres e Paris serviam como centro de distribuição para a maioria dos países importadores, inclusive Brasil.

---

168 Como a Vitagraph fabricava um modelo de câmera único, com duas lentes e duas bobinas, filmava em seus estúdios nos Estados Unidos com dois negativos. Um desses negativos era enviado para o laboratório de Paris. Outras produtoras aderiram à produção de dois negativos com objetivos de exportação, só que, em geral, usavam duas câmeras, uma ao lado da outra (Thompson, 1985, p. 3).

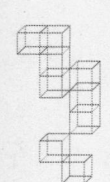

Certamente por conta de sua presença nessas duas cidades, onde os compradores brasileiros se abasteciam, a Vitagraph se tornou uma das marcas americanas mais conhecidas no Brasil antes de 1915. A partir de 1909, no cenário pós-MPPC, as companhias licenciadas e independentes que se aventuraram no mercado externo também concentraram esforços na Europa, sobretudo em Londres. Edison Co. e Essanay abriram escritórios na cidade, mas a grande maioria, incluindo marcas de peso como American Biograph, Lubin e Selig, optou pela contratação de agentes. A partir da formação da MPPC e de uma relativa estabilização da produção, o movimento em direção a mercados estrangeiros se ampliou, mas ainda com muito menos intensidade que as companhias europeias.

No período pré-Primeira Guerra, os principais importadores que atuavam no mercado brasileiro trabalhavam maciçamente com o produto europeu, e a Pathé, como em tantos outros países do mundo, se afirmou como principal fornecedora. A Pathé expandiu seus negócios para além das fronteiras francesas desde muito cedo, tendo sido, como vimos no capítulo 1, peça fundamental na expansão do mercado interno dos Estados Unidos durante a era dos *nickelodeons*. Sua potência internacional se explica, ao menos em parte, pelo fato de ter se constituído como uma empresa do tipo "sociedade anônima" apenas um ano depois de sua fundação. Janet Wasko (1982) e Janet Staiger (1990) demonstraram o peso do capital financeiro e da verticalização dos negócios no processo de constituição da indústria cinematográfica. A Pathé preencheu esses dois quesitos praticamente desde sua fundação, contando com capital robusto para investir e atuando nos ramos da produção, distribuição e exibição.

Como conta Condé (2012, p. 28), já em 1897 – um ano depois de sua fundação, em 1896, pelos irmãos Charles e Emile Pathé –, a Pathé atraiu um grande investidor, Claude-Agricol-Louis Grivolas, tornando-se uma empresa do tipo "S. A.", com capital de um milhão de francos. Nos anos seguintes, o capital da empresa quintuplicou, chegando a cinco milhões de francos em 1907.

> Até 1907, essa condição [a constituição como "sociedade anônima"] foi uma exceção entre as empresas ligadas ao ramo do cinema, e certamente colaborou para colocar a Pathé em uma posição vantajosa em relação às suas concorrentes. [...] Já em 1902 a Pathé começava o seu movimento rumo a uma penetração mais ostensiva nos mercados externos, através da abertura de diversas lojas de vendas de seus produtos em outros países. A partir de 1905, essa expansão internacional tomava impulso ainda maior e começavam a ser abertas sucursais em algumas das maiores cidades do mundo,

como Bruxelas, Amsterdam, Moscou, São Petersburgo, Milão, Berlim, Viena, Barcelona, Nova Iorque e Chicago. Em diversos outros lugares, como em Portugal, China, Canadá e América do Sul, eram estabelecidos contratos de representação comercial com agentes locais (Condé, 2012, p. 37).

Em seu movimento em direção a mercados estrangeiros, as escolhas da Pathé entre o estabelecimento com representação direta (abertura de sucursais próprias) ou indireta (representação por agentes) são indícios da configuração hierárquica do mercado de cinema antes da Primeira Guerra Mundial, com a priorização absoluta de filiais próprias nas principais cidades europeias e dos Estados Unidos, e a opção pela representação indireta em mercados percebidos como de menor potencial econômico ou com maior probabilidade de risco.

No Brasil, a escolha foi pela representação indireta, assumida pela empresa do fotógrafo franco-brasileiro Marc Ferrez, que desde 1867 possuía uma loja de materiais fotográficos no centro do Rio de Janeiro. A partir do início dos anos 1900, os Ferrez incorporaram os equipamentos cinematográficos aos artigos comercializados em sua loja no Rio, mas a imagem em movimento só se tornaria seu principal negócio quando assinaram contrato para representar com exclusividade os produtos da Pathé Frères no Brasil, entre 1907 e 1908[169] (Condé, 2012, p. 14-15). Contudo, apesar da opção pela representação indireta no Brasil, é importante observar que os donos da empresa escolhida eram de ascendência francesa e que os contratos de representação procuravam manter um rígido controle sobre os procedimentos para a comercialização dos produtos (Condé, 2012, p. 48).

A assinatura do contrato com a Pathé coincide com o primeiro *boom* de salas fixas de cinema no Rio de Janeiro, e a quantidade e regularidade do fornecimento da companhia, via Marc Ferrez & Filhos, tiveram um papel fundamental para essa expansão. Entre 1907 e 1908, a cidade ganhou nada menos que 57 salas; até 1911, esse número chegou a cem. No Rio de Janeiro, Jácomo Staffa, dono do Cinematógrafo Parisiense,

---

169 A incerteza da data, segundo Condé, se dá porque "infelizmente não consta no arquivo da Família Ferrez o contrato original de cessão da representação da Pathé Frères para o Brasil concedida à Marc Ferrez & Filhos. Mas esse contrato provavelmente foi assinado entre o fim de 1907 e o início de 1908 (...). Uma indicação de que o início da representação se deu nesse período é o fato de que a primeira correspondência que consta no arquivo dos Ferrez em que eles tratam de negócios na área cinematográfica com a Pathé é de 4 de junho de 1908 (apesar de que, pelo seu conteúdo, temos a impressão de que as duas firmas já vinham tratando de negócios relativos a cinema há algum tempo)".

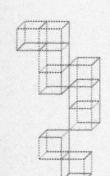

inaugurado em agosto de 1907, na Avenida Central, foi possivelmente o segundo maior importador depois da Pathé, sendo outra figura-chave do período. Chegou a ter um escritório em Paris e, no Brasil, abriu escritórios em São Paulo, Porto Alegre, Recife e Juiz de Fora. Seu farto estoque contava sobretudo com produções italianas e dinamarquesas. Outros exibidores-importadores de peso foram Pascoal Segreto, Floritin Lèbre e Angelino Stamile (Gonzaga, 1996, p. 88-89; Pontes, 2016, p. 27).

De acordo com o levantamento de Vicente de Paula Araújo (apud Pontes, 2016, p. 25), entre 1908 e 1914 sete marcas norte-americanas tiveram seus filmes distribuídos no Brasil: Biograph, Edison, Essanay, Lubin, Selig, Vitagraph e Wild West. Foram, no entanto, absolutamente minoritárias diante da maciça presença europeia, sobretudo da italiana Cines, da francesa Gaumont e da dinamarquesa Nordisk, além, é claro, da Pathé, à qual durante anos coube o título de "quase-sinônimo de cinema na cidade", não só pelos filmes, mas também pelos equipamentos: "No campo dos projetores, reinou praticamente absoluta. Na maioria dos anúncios, os cinematógrafos faziam questão de mencionar que possuíam o 'último modelo' da marca, razão direta das projeções 'nítidas e sem trepidação" (Gonzaga, 1996, p. 89).

Dentre os exibidores-importadores, Angelino Stamile teria sido o que mais se interessou pelos produtos americanos. Anos mais tarde, em 1918, a revista *Cine-Mundial* atribuiu a ele a introdução do cinema americano no Brasil:

> Foi no ano de 1907 que no Brasil se exibiu o primeiro filme de fabricação norte-americana. [...] O Sr. Angelino Stamile, ativo industrial, montou o cinema Ouvidor na rua que tem o mesmo nome. Até então só eram conhecidos os filmes de fabricação francesa, quando o Sr. Stamile começou a importar os de procedência norte-americana, exibindo no cinema Ouvidor *O ingrato*, da Biograph, que foi a primeira película ianque passada no Brasil. A partir daí, o cinema Ouvidor passou a exibir exclusivamente filmes americanos, que tiveram simpático acolhimento por parte do nosso público[170].

No entanto, sabemos que é preciso desconfiar dos relatos de pioneirismo, e ainda mais complicado seria tomar como fato o "simpático acolhimento" dos filmes americanos por parte do público brasileiro a partir da iniciativa de Stamile. De acordo com Gonzaga (1996, p. 92), o cinema Ouvidor foi montado no terraço de um prédio e era "precaríssimo", e teria sido inaugurado em janeiro de 1908 (e não 1907).

---

170 *Cine-Mundial*, v. 3, out 1918, p. 657.

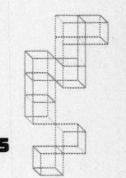

Quanto à recepção dos filmes americanos pelo público, nessa ocasião eles não tinham a mesma reputação da produção europeia.

Das sete marcas americanas que circularam por aqui antes de 1914, a grande maioria provavelmente chegou ao país via Europa, pelos motivos que apontamos anteriormente. Em seu amplo levantamento sobre a distribuição de filmes de Charles Chaplin no Brasil, Igor Pontes (2016, p. 33) encontra indícios, por exemplo, de que os primeiros filmes de Chaplin lançados no Rio de Janeiro teriam sido adquiridos por Jácomo Staffa em Paris, comprados do distribuidor Louis Albert, seu principal fornecedor na Europa. Ainda que não exista documentação suficiente para comprovar a hipótese, "é possível que os primeiros filmes do cômico exibidos no Rio de Janeiro tenham vindo mesmo por esse canal", pois entre os três primeiros filmes de Chaplin exibidos em Paris e os três primeiros filmes de Chaplin exibidos no Rio de Janeiro, há dois em comum. O filme mais antigo com Chaplin lançado em Paris, *Mabel marchande ambulante* (*Mabel's Busy Day*, 1914), em fevereiro de 1915, foi exibido por Staffa no cinema Parisiense em setembro de 1914 como *Artes e façanhas de Izabel*; já *L'Étrange aventure de Mabel*, exibido em Paris entre 5 e 11 de março de 1915, passou no Parisiense entre 8 e 10 de março de 1915, como *Estranha aventura de Izabel*. "Tratava-se da comédia *Mabel's Strange Predicament* (1914), segundo filme com Chaplin rodado pela Keystone, terceiro com o ator a ser lançado nos Estados Unidos, e o primeiro no qual ele entra em cena com o seu personagem embriagado, de bigodinho, chapéu, bengala e companhia" (Pontes, 2016, p. 33)[171].

Nos anos anteriores à Primeira Guerra, a presença europeia se fortaleceria e se diversificaria no mercado brasileiro. Em 1910, por exemplo, Jácomo Staffa teria chegado a ameaçar a liderança da Pathé quando, por indicação de Alberto Rosenvald, apostou na produção da dinamarquesa Nordisk, que se tornou uma verdadeira "coqueluche" (Gonzaga, 1996, p. 92). No entanto, como bem lembra Souza (2018, p. 34), "embora vários exibidores anunciassem 'exclusividades' na compra e venda de filmes estrangeiros, a falta de uma documentação sólida ainda impede

---

171 É importante lembrar que esses primeiros filmes de Chaplin para a Keystone foram estrelados e a maior parte também dirigidos por Mabel Normand, ocasionalmente em parceria com Mack Sennett ou o próprio Chaplin. Recentemente, pesquisas têm revelado como a presença feminina na realização de filmes durante o "primeiro cinema" era ampla e foi invisibilizada pelos discursos históricos. Um exemplo de resgate é o documentário *Be Natural: The Untold Story of Alice Guy-Blanché* (dir. Pamela B. Green, EUA, 2018).

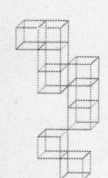

que tenhamos um mapa correto sobre a propriedade de exibição e distribuição das dezenas de 'fábricas' (produtoras) com circulação no mercado interno"[172]. Como vimos no capítulo 2, a questão da propriedade intelectual e do registro de marcas ainda era extremamente confusa no Brasil, e se manteria dessa forma por alguns anos, já que somente em 1923 a legislação referente ao tema foi modificada no país.

Além disso, a oferta de cópias no mercado internacional tornou-se abundante e o aluguel ainda estava longe de ser a prática dominante. Condé (2012, p. 49) conta que na correspondência entre os Ferrez e José Tous Rocca, representante da companhia no Norte e no Nordeste, os empresários se referiam aos mercados do Sudeste, sobretudo Rio de Janeiro, como "violentamente competitivos, com os empresários utilizando de todo e qualquer artifício para se sobrepujarem uns sobre os outros".

Os Ferrez também demonstraram preocupação de que os filmes da Pathé importados pela companhia, que desembarcavam pelo porto do Rio de Janeiro antes de serem enviados a outras regiões, chegassem aos seus destinos depois de cópias compradas diretamente na Europa por algum concorrente local. Este problema, aliás, foi a motivação da querela entre Angelino Stamile e a Biograph descrita no capítulo 2 – o importador brasileiro se queixou de que os filmes por ele importados de Nova York haviam chegado ao Rio de Janeiro antes, via Paris. Como a venda ainda era uma prática dos próprios Ferrez, eles temiam que cópias vendidas por eles mesmos fossem alugadas ou revendidas para concorrentes.

O período entre 1907 e 1911 foi extremamente dinâmico para o mercado de cinema no Brasil, não apenas no Rio de Janeiro, e a "febre do cinematógrafo" não se limitou ao Rio de Janeiro e a São Paulo, espalhando-se pelo país. Simultaneamente à expansão do circuito exibidor, os próprios filmes passavam por uma transformação, com a ascensão relativamente rápida dos filmes narrativos e multirrolo. Como bem sintetiza Freire (2012, p. 32):

> Os surpreendentes "filmes de truques" – celebrizados pela obra de Georges Meliès – constituíram um pioneiro gênero ficcional de sucesso, a despeito

---

172 Souza (2018, p. 34) enumera pelo menos três exemplos de exibidores que se apresentaram como representantes de uma mesma marca estrangeira: Os filmes da Biograph e Vitagraph foram anunciados simultaneamente por Angelino Stamile e Francisco Serrador; os filmes da Pathé, quando Serrador se tornou representante exclusivo da companhia em São Paulo a partir de 1908, eram exibidos no cinema Íris da cidade; e no Rio de Janeiro, em 1910, Angelino Stamile anunciava filmes da Pathé, que seria representada exclusivamente por Marc Ferrez & Filhos.

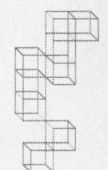

da superioridade numérica dos "filmes de atualidade" (os chamados *naturais*), que levavam para as telas imagens e acontecimentos dos quatro cantos do planeta. Logo, porém, surgiram filmes dramáticos de 10 a até 40 minutos de duração ainda mais caros e atraentes. O enorme sucesso dos *films d'art* franceses, lançados no Rio a partir do fim de 1908, estimulou a utilização cada vez mais recorrente de profissionais e autores de renome do teatro, literatura, ópera, e música, conquistando definitivamente o público de elite e legitimando o cinema frente às artes tradicionais. Os *films d'art* – além de franceses, sobretudo italianos e dinamarqueses – mantiveram-se na preferência do público brasileiro até meados dos anos 1910.

Mas, possivelmente, o elemento mais transformador desse período foi a ascensão de um nome em particular: Francisco Serrador. Entre 1907 – quando o empresário se instalou em São Paulo após um bem-sucedido começo de carreira na exploração de cinematógrafos no Paraná – e o começo da Primeira Guerra, o ambiente da distribuição e exibição de filmes no país sofreria alterações marcantes, em grande parte como consequência de seu fortalecimento. Um dos elementos que permitiram o "salto" de Serrador à condição de grande empresário foi justamente a transformação de sua empresa em uma "sociedade anônima" e a atração de investidores de fora do setor cinematográfico. Não por acaso, também, o crescimento de Serrador se deu nos estados de Paraná e São Paulo, dois polos da cultura cafeeira, eixo de sustentação econômica do país na época.

Em São Paulo, Serrador iniciou seus negócios em parceria com Antônio Gadotti, que já era seu sócio em Curitiba. Na capital paranaense, em 1905, ambos – e um terceiro sócio, Manuel Lafite Busques – montaram o Cinematógrafo Richebourg, que cumpriu sua temporada na capital e depois saiu em itinerância pelo interior do estado. Antes de chegar a São Paulo, com uma importante passagem por Campinas, Serrador teria acumulado um estoque de centenas de filmes adquiridos de segunda mão do mercado carioca (fala-se em 400, sendo que 250 inéditos na capital paulista), além, é claro, de uma pequena fortuna acumulada com o sucesso da itinerância (Gonzaga, 1996, p. 100; Souza, 2018, p. 32).

Serrador e Gadotti remodelaram o antigo cinema Eden, na região da Sé, e o rebatizaram Bijou-Theatre, inaugurado em 16 de novembro de 1907 (SOUZA, 2016, p. 206/268). Seis meses depois, no dia 30 de maio, fecharam contrato com a Marc Ferrez & Filhos para representar os filmes e equipamentos da Pathé nos estados de São Paulo e do Paraná (Condé, 2012, p. 99). A partir daí, a companhia de Serrador não parou de crescer. Segundo Souza (2006, p. 216), nos três primeiros

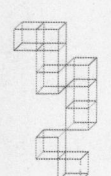

anos na capital paulista, passou a controlar espaços de exibição que somavam cinco mil lugares por sessão, enquanto seus concorrentes mais próximos tinham de 420 a 750 lugares. Em pouco tempo, esses concorrentes foram eliminados ou absorvidos. Em 1910, Serrador entrou para o mercado carioca: em fevereiro, arrendou o teatro São Pedro de Alcântara; em novembro, inaugurou o Chantecler Theater. Aos poucos, iniciou um processo de concentração que culminaria com a formação da Companhia Cinematográfica Brasileira (CCB).

A CCB se constituiu como sociedade anônima contando com injeção de recursos de poderosos grupos econômicos paulistas, com capital inicial de dois mil contos divididos em dez mil ações de duzentos mil réis cada. Entre os acionistas, além de Serrador e Gadotti, que se mantiveram à frente dos negócios com 4.490 ações, estavam outros dois grupos: um formado por A. C. de Camargo, Silvério Ignarra Sobrinho e Joaquim Kehl (que operavam com a importação de equipamentos e instalação de usinas hidrelétricas, representando no Brasil a AEG, Algemeine Elektricitats Gesellschafft), e o grupo formado pelo Banco União de São Paulo e a Cia. Antártica Paulista.

Ainda em 1911, a CCB iniciou uma investida mais agressiva no Rio de Janeiro, com o arrendamento de três cinemas da avenida Central: Pathé, Avenida e Odeon. Adquiriu também a Cia Cinematográfica Nacional, com cinemas em Niterói (RJ), Juiz de Fora e Belo Horizonte (MG), e a Cia. Gomes Nogueira, maior exibidora de Belo Horizonte e sul de Minas. O salto para um controle mais abrangente do mercado, porém, se deu com a aquisição, em abril de 1912, dos ativos da Marc Ferrez & Filhos, o que significou a absorção da representação completa da Pathé no Brasil.

Em julho de 1912, a CCB havia se tornado proprietária de 17 cinemas nos estados do Rio, São Paulo e Minas; detinha a exclusividade de representação para o país da Pathé Frères e de outras 13 marcas (entre elas Gaumont, Éclair, Cines, Vitagraph, Edison, Lubin e Essanay), além de importar diretamente da Nordisk, Bioscope e Mutoscope, entre outras. Até 1914, o império da CCB incluiria o controle de 180 salas espalhadas pelo Brasil, e graças a agentes espalhados em Belém, Recife, Salvador, Belo Horizonte, Curitiba, Florianópolis e Porto Alegre, mais de mil cinemas recebiam seus filmes (Souza, 2006, p. 220-230). Nos anos que antecederam a Primeira Guerra, portanto, a CCB se fortaleceu e estabeleceu um controle do mercado de perfil monopolista.

Segundo Souza (2004, p. 316), as estratégias da CCB tiveram um efeito direto não só nos pequenos exibidores que trabalhavam com a compra de cópias usadas, mas, também, nos exibidores e importadores de maior porte excluídos da companhia. Alguns reagiram. Pouco mais de um mês depois da formação da CCB, Jácomo Staffa, que havia se recusado a vender o Parisiense para o truste de Serrador, fundou (sob pseudônimo) a nova empresa Cinema Jatahy, que anunciava a representação de 32 fábricas. Na verdade, segundo Gonzaga (1996, p. 102), Staffa reuniu o estoque que havia acumulado e o ofereceu a preços mais baixos. Angelino Stamile também tentou enfrentar a CCB com a criação da Companhia Internacional Cinematográfica, anunciando a representação de mais de 40 fábricas e um circuito de salas no Rio, em São Paulo, Santos e Petrópolis. Mas as duas iniciativas não duraram um ano.

Além da concorrência com Serrador, os exibidores-importadores também seriam profundamente afetados com o início da Primeira Guerra. Praticamente todas as fábricas em funcionamento no continente, mesmo as dos países neutros, precisaram paralisar ou diminuir radicalmente sua produção, para ceder infraestrutura e mão-de-obra aos esforços de guerra. Além disso, a maioria dos cinemas permaneceu fechada pelo menos no primeiro ano, e ainda houve o problema de transporte, já que a ameaça de submarinos alemães diminuiu a circulação das frotas comerciais, sobretudo nos meses logo após a declaração de guerra. Em 25 de outubro de 1914, a Empresa Cinematográfica J.R. Staffa publicou a seguinte nota no *Correio da Manhã*:

> Não é novidade para o culto público desta Capital que a Europa cessou quase por completo o trabalho nas fábricas cinematográficas. Sem mercado para a colocação de seus produtos, pois não funcionam as principais casas de diversões dos principais centros como a França, Inglaterra, Alemanha, Áustria e Rússia, não compensando o número de cópias que poderiam vender para o resto do Universo, as fábricas dos países neutros viram-se na contingência de cerrar suas portas. Quanto aos estabelecimentos dos países em guerra, têm todos os seus operários e artistas nas fileiras combatentes. Não obstante isso, há fábricas norte-americanas e italianas que ainda funcionam; quanto às primeiras, é sabido quão do desagrado do público sãos seus filmes. Na Itália, porém, há fábricas que trabalham, mas com o fito único de aproveitar a situação e dominar os mercados que restam. O pequeno número de cópias que poderão vender deverá ficar em relação ao gasto feito na fabricação do filme, daí a mediocridade dos filmes que estão aparecendo, trabalhos sem importância, sem arte, sem atração (...). Assim, pois, apesar da escolha que ordenamos ao nosso representante em Paris – sr. Louis Albert, diretor da Grande Compagnie Cinématographique –,

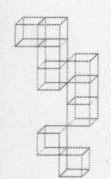

nada pode ser aproveitado. Não nos sujeitando, portanto, à tal produção, e não desejando que os habitués desse cinema também a ela se sujeitem, resolvemos enquanto esperamos por melhor ocasião, pelo ressurgimento da arte, fazer 'réprises' dos trabalhos que alcançariam sucesso neste cinema, preferido do público carioca".

A nota de Staffa resume a situação da época e ainda alude à rejeição do público brasileiro às fitas americanas (ainda que seja difícil mensurar essa rejeição, principalmente vinda das palavras de um distribuidor de fitas europeias, sabendo-se também que o gosto do público está necessariamente conectado à oferta disponível). Ainda assim, com toda a resistência de Staffa, que até então só havia trabalhado com fitas da Vitagraph, precisaria recorrer às marcas americanas. Em fevereiro de 1915, anunciou o lançamento de produções de cinco produtoras dos Estados Unidos: além da própria Vitagraph, estavam no pacote Hecla, Majestic, Broncho e Keystone (PONTES, 2016, p. 30). A concorrência com Serrador e as dificuldades na Europa, porém, fizeram Staffa recuar. Depois de algumas manobras malsucedidas, arrendou o Parisiense e comprou um hotel em Caxambu, Minas Gerais. Ainda tentou voltar ao mercado cinematográfico com filmes europeus, sem sucesso (Gonzaga, 1996, p. 92).

Na reorganização do mercado da região Sudeste a partir da ascensão de Serrador e a saída de cena de Staffa, alguns distribuidores ascenderam, ainda que sem a mesma força de Staffa. Alberto Sestini, pequeno importador em atividade desde 1907, se associou a Jules Blum para criar a Agência Nacional Cinematográfica, que passou a trabalhar com filmes da Triangle e da Essanay, entre outras marcas. Em 1918, a distribuidora foi comprada por Claude Darlot, que arrendou o Parisiense de Staffa (entre outras salas) e fundou a Agência Geral Claude Darlot, com relativa importância no período (Gonzaga, 1996, p. 102). Quando as companhias de cinema americanas iniciaram suas atividades no Brasil a partir de 1915, portanto, encontraram um cenário transformado pelo crescimento de Francisco Serrador e pelo progressivo enfraquecimento dos exibidores-importadores diante do quadro da Primeira Guerra, que se estendeu para muito além das previsões mais pessimistas, por longos quatro anos.

Antes de entrarmos em mais detalhes sobre a instalação das companhias americanas ao Brasil, porém, é preciso desenhar um breve instantâneo da situação do mercado interno nos Estados Unidos antes de 1915, para entendermos o perfil das empresas que desembarcaram por aqui.

4.2. O MERCADO DE CINEMA AMERICANO NAS PROXIMIDADES DA ECLOSÃO DA PRIMEIRA GUERRA

Depois primeiro movimento internacional das companhias produtoras americanas a partir de 1909, um segundo, mais intenso, teve início em 1915, após a eclosão da Primeira Guerra Mundial. Esse movimento, porém, se deu em um momento em que o mercado interno americano se encontrava em transição, com a dissolução da MPPC e a ascensão de grupos formados por empresários que cresceram a partir de 1905, às margens do truste de Edison.

Quando nos referimos a esse movimento mais intenso em direção a mercados externos, portanto, é fundamental levar em conta que ele ocorreu paralelamente a um processo interno complexo, enquanto se consolidava um modelo de produção (o sistema de estúdios) e um novo processo de verticalização, com o controle majoritário, por um pequeno grupo de grandes empresas, das três etapas do negócio: produção, distribuição e exibição (esta última, pelo controle de sua fatia mais lucrativa, as salas de lançamento). Esse cenário, que alcançaria um perfil oligopolista, só ganharia contornos mais definidos em meados dos anos 1920. "Hollywood" já era uma palavra associada à indústria do cinema americano, mas ainda era outra "Hollywood".

Aqui, torna-se fundamental relembrar Altman (1996, p. 7-8): se compreendermos a história como um rio em fluxo, o que temos é um estado de transformação (crise) permanente. Há trechos em que as águas correm serenas, e outros mais turbulentos, ou mesmo cachoeiras. O período que marca o início da expansão internacional das companhias americanas poderíamos definir como de "média turbulência" no mercado interno, em direção à concentração (fusões e aniquilação de competidores), e de "alta turbulência" numa perspectiva internacional – afinal, a Europa entrava em uma guerra de proporções inéditas, violentíssima, e de consequências históricas profundas.

Logo, as companhias americanas que começam a desembarcar no Brasil a partir de 1915 ainda não eram "grandes estúdios". A estrutura vertical, as práticas do sistema de estúdios e o modelo narrativo que se desenvolveu a partir dessa estrutura, que viria a ser chamado de "estilo clássico hollywoodiano", ainda estavam sendo moldados e testados (ver Bordwell; Staiger; Thompson, 1985)[173]. Esse detalhe impõe questões im-

---

173 Os autores datam o ano de 1917 como início da Hollywood clássica (idem, p. 1).

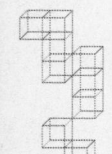

portantes para compreendermos o estabelecimento da hegemonia holly-woodiana em sua complexidade. Se a indústria do cinema americano ainda não estava totalmente estruturada como um oligopólio quando começou um movimento mais intenso de internacionalização, até que ponto essa internacionalização pode ser considerada um projeto? Seria possível caracterizar esse projeto como estratégico? A partir de quando e até que ponto as práticas e o nível organizacional alcançados no mercado interno foram reproduzidos e/ou modificados em outros países?

De fato, nesse movimento inicial, é difícil pensar em uma ação estrategicamente organizada por um grupo que sequer tinha se formado como tal (um marco seria a fundação da MPPDA, que só ocorreria em 1922). Ao mesmo tempo, não há como negar um aspecto estratégico se observarmos o esforço e o volume de investimento da empreitada. Segundo levantamento de Thompson (1986, p. 72), entre 1915 e 1918 a Universal abriu 20 filiais internacionais, incluindo escritórios no Japão, na Índia, em Singapura, Manila e Brasil. A Fox, no mesmo período, abriu pelo menos 16 filiais (Thompson ressalta, porém, que a Universal foi a única marca americana a avançar nesse momento da história para a região do extremo oriente). A Paramount montou uma rede de igual abrangência, ainda que majoritariamente por meio da contratação de agentes, para só mais tarde convertê-las em representações diretas.

Esse grande esforço de conquista de mercados estrangeiros se dá a partir de três estímulos. Em parte, é consequência das próprias necessidades de uma indústria em transformação, que via seus custos aumentarem em larga escala com a ascensão dos *features* e a valorização do estrelismo. É também um esforço da indústria do cinema americano em se atualizar em relação ao contexto geral do capitalismo em vigor nos Estados Unidos naquele momento, marcado pela forte expansão internacional de várias outras indústrias. E foi também o resultado de uma convocação feita pelo Estado para a ocupação de mercados diante do vácuo deixado pelos países europeus durante a guerra – um aspecto que se encontra presente nos relatórios produzidos pelo Departamento de Comércio[174], e que foi particularmente enfatizado e estimulado pelos *trades*, como vimos no capítulo 3. Ocupar era a prioridade; as estratégias para manter esse espaço viriam depois, com a participação fundamental da MPPDA.

---

174 Como no relatório já citado no capítulo 2, ref. Carta do adido comercial no Rio de Janeiro para E.E. Pratt, chefe do Bureau de Comércio Doméstico e Estrangeiro do Departamento de Comércio, Washington DC. 10 de março de 1915. Record group 151; file class 281. National Archives at College Park, College Park, MD.

Mas qual seria, então, o desenho do mercado interno americano entre os anos que precederam a Primeira Guerra até a estabilização do sistema de estúdios, em meados dos anos 1920? Era um cenário povoado por companhias que seriam absorvidas ou derrotadas pelo processo de verticalização e concentração da indústria, capitaneado pelos novos grupos em ascensão, e onde ainda não haviam entrado em cena algumas empresas que chegariam à condição de *majors* mais adiante, como a Disney (hoje, certamente, a mais poderosa das *majors*, responsável pela maior transformação na indústria do cinema americano nos últimos tempos, com a aquisição da gigante dos quadrinhos Marvel, da Lucas Films e, mais recentemente, em março de 2019, incorporando a Fox). Talvez não seja coincidência que a maioria das companhias que não se internacionalizaram nesse momento não tenham sobrevivido.

Jon Silver (2007, p. 592-593) realizou um levantamento das principais companhias de cinema em atividade nos Estados Unidos entre 1912 e 1929, incluindo as fusões e incorporações que caracterizaram o período.

Fig. 13: Principais companhias de Hollywood (1912-1929)

Fundação	Nome	Fusão, aquisição, joint-venture	Sócios/companhias envolvidas	Duração
1912	Universal	Fusão para criar estúdio e distribuidora. Fundador: Carl Laemmle	IMP, Pat Powers, Rex, NYMP, 101 Bison, Nestor, Champion, Centaur, Eclair. Distribuía filmes de: Joker, Itala, Victor, Sterling, Crystal, Gem, Ambrosio, UKO, Republic, Frontier, Gold Steal	Major a partir de 1912. Líder de mercado e parte das "três grandes" até os anos 1930. Vendeu seus cinemas em 1933, quando em concordata
1912	Mutual	Coligação formada por Harry Aitken para distribuir filmes de produtores independentes	Distribuía filmes de: Thanhouser, Lux, Gaumont, Éclair, American, Great Northern, Solax, Reliance, Comet, Majestic, NYMP, Kay-Bee, Broncho, Domino, Keystone, Continental	Faliu em 1919
1912	Famous Players	Estúdio fundado por Adolph Zukor		Estúdio independente bem-sucedido que em 1917 se fundiu com Paramount e Jesse L. Lasky

Fundação	Nome	Fusão, aquisição, joint-venture	Sócios/companhias envolvidos	Duração
1913	Jesse L. Lasky	Estúdio fundado por Jesse L. Lasky		Estúdio independente bem- sucedido que em 1917 se fundiu com Paramount e Famous Players
1914	Paramount Pictures Corporation	Distribuidora fundada por W. W. Hodkinson	Distribuía filmes de: Famous Players, Jesse L Lasky, Oliver Morosco, Pallas/Bosworth	Grande distribuidora que em 1917 se fundiu com Famous Players e Jesse L. Lasky
1914	World Film	Fusão para criar um grande estúdio e uma rede de distribuição	World Special Films Corp., Shubert Theatrical	Principal competidora da Paramount em 1915-16. Faliu em 1919
1914	Fox Film		Fusão de companhias de William Fox financiada por investidores de Nova York	*Major* a partir de 1914
1915	Triangle Films	Estúdio formado por joint venture	Harry Aitken, Mack Sennett, Thomas Ince, David W. Griffith	Faliu em 1919
1915	Metro Pictures Corporation	Produtora e distribuidora criada por joint-venture	Distribuía filmes de: Dyreda, Popular Plays, Rolfe, Quality, Columbia	Sucesso inicial, não sustentado. Foi adquirido pela Loews Inc em 1920
1916	Superpictures		W.W. Hodkinson	Faliu em 1917
1916	Triangle Distribution	Rede de distribuição formada pela joint-venture de 22 exchanges	Triangle Films e Superpictures. Distribuía filmes de: Superpictures, Triangle, Kay-Bee, Keystone	Faliu em 1917
1916	Goldwyn Pictures	Estúdio independente que comprou 30 cinemas em 1921	Samuel Goldwyn	Adquirida pela Loews Inc em 1924
1917	Famous Players- Lasky- Paramount Inc	Fusão de produtores e distribuidora que mais tarde adquiriu cinemas em processo de integração vertical	Famous Players, Jesse L. Lasky, Paramount	Grande estúdio e líder de mercado a partir de 1917
1917	First National	*Joint venture* que uniu exibidores e estúdios independentes.	Vários circuitos e donos de cinema independentes	Sucesso inicial, minado pela Paramount. Adquirida pela Warner Bros em 1925
1919	United Artists	Distribuidora formada por *joint venture*.	Mary Pickford, Douglas Fairbanks, Charles Chaplin, David W. Griffith	Grande distribuidora Independente a partir de 1919

Fundação	Nome	Fusão, aquisição, joint-venture	Sócios/companhias envolvidos	Duração
1923	Warner Brothers	Distribuidora desde 1913, inicia suas atividades de produção	Empresa familiar	Em 1925, compra a Vitagraph; em 1928, First National. Tornou-se major entre 1927 e 1929
1924	Loews-MGM	Fusão de produtoras, distribuidora e circuito.	Loews Theaters, Metro Pictures, Goldwyn Pictures, L.B. Mayer	Major a partir de 1924
1924	Columbia Pictures	Formada como produtora e distribuidora	CBC Sales Corporation - Cohns & Brandt	Major a partir de 1924
1929	RKO	Fusão para criar empresa verticalmente integrada	RCA, FBO, Keith Albee Orpheum Theaters	Major entre 1929 e 1946

Fonte e tabulação: SILVER, 2007, p.592-593

A Universal, consolidada em 1912, uniu dez produtoras de pequeno e médio porte, mas, por um período significativo, essas marcas continuaram produzindo de forma autônoma enquanto a companhia também distribuía outras marcas não incorporadas à sociedade. Famous Players e Lasky (produtoras) e Paramount (distribuidora) surgiram entre 1912 e 1914 e se fundiram em 1917, mas cada marca continuou a ser anunciada separadamente na publicidade dos programas da companhia. A Fox surgiu em 1914 a partir da união das várias companhias de William Fox, uma rara *major* que não se formou a partir da fusão de diferentes sociedades. Metro e Goldwyn, estabelecidas respectivamente em 1915 e 1916, foram compradas pelo circuito de exibição Loews em 1924, dando origem à MGM. A Warner iniciou suas atividades como distribuidora especializada em *features* em 1913, avançando para a produção dez anos depois. Seu crescimento foi marcado por expansões pontuais: na passagem à produção, em 1923, adquiriu a Vitagraph, incorporando as subsidiárias estrangeiras da companhia; o salto para *major* se deu na transição para o sonoro, entre 1927 e 1929, quando adquiriu também a First National (1928). A United Artists surgiu em 1919 como uma grande distribuidora de produções independentes, projeto idealizado por quatro dos maiores nomes da indústria na época (Douglas Fairbanks, Mary Pickford, Charles Chaplin, e David W. Griffith), e por isso manteve características próprias. Columbia e RKO surgiram respectivamente em 1924 e 1929. Mutual, World Film, Triangle, Superpictures e First National não sobreviveram ou foram incorporadas até o fim dos anos 1910.

A Disney foi fundada em 1923 como produtora especializada em curtas animados, deu um salto com o lançamento de *Branca de Neve e os sete anões*, em 1937, mas só se tornaria *major* nos anos 1950 (Silver, 2007, p. 2). Assim como a United Artists, a Disney seria um caso à parte entre as grandes produtoras do cinema americano.

4.3. AS COMPANHIAS AMERICANAS SE APRESENTAM

Quando a Universal abriu seu escritório no Rio de Janeiro, em 1915, um anúncio de meia página publicado na *Gazeta de Notícias* apresentava a companhia ao público e aos exibidores como "o maior depósito de films novas inéditas (*sic*) no Brasil" e "únicos representantes das mais importantes fábricas do mundo" – ou seja, uma agência de distribuição de várias produtoras, que, aliás, apareciam listadas uma a uma. Assim como faziam Serrador e Staffa, a Universal vendia valores como abundância e diversidade como garantia da oferta de programas variados. Essa mesma propaganda indica como subgerente e fonte de informações Angelino Stamile (voltaremos ao assunto adiante), e o aviso de que em "breve teremos sucursais em todas as capitais e estados do Brasil" indicava um planejamento de expansão.

Em 1916, quando a Paramount inicia sua atividade direta no Brasil, com o nome Películas d'Luxo da América do Sul[175], o processo que a transformaria em grande estúdio e líder de mercado sob a liderança de Adolf Zukor ainda estava em pleno andamento – a fusão só se oficializaria no ano seguinte. Ao se instalar por aqui, portanto, ainda era a distribuidora fundada por W.W. Hodkinson, representante exclusiva das marcas Famous Players, Lasky, Morosco e Pallas. De fato, a Para-

---

175 Uma questão que se impõe, ainda sem resposta, é o motivo que levou a Paramount a optar por abrir sua subsidiária no Brasil com o nome Películas D'Luxo da América do Sul. Na extensa pesquisa que resultou em *Exporting Entertainment*, Kristin Thompson (1985, p. 77) registrava a abertura, em outubro de 1916, de "uma nova agência, a Empresas Películas d'Luxo de America do Sul, (...) no Rio de Janeiro, com uma política de trabalhar apenas com filmes americanos de alto nível". Mas a autora não relaciona a "nova agência" à Paramount ou a alguma das marcas produtoras a ela associadas. A companhia operou com esse nome no Brasil até 1929, quando alterou seu registro para Paramount Films S.A. Inc. Uma nova alteração ocorreu em 1957, quando novamente o registro foi alterado para Paramount Films of Brazil Inc (cf ficha de controle da Junta Comercial do Rio de Janeiro, ver anexo 8).

mount assim se definia em anúncio publicado no *Correio da Manhã*, também em tom de apresentação ao mercado e ao público.

Diz o texto do anúncio: "A grande maravilha do século: Famous Players, Lasky, Morosco e Pallas, reunidas sob a direção da Paramount Pictures, constituem os alicerces de um edifício colossal. Para elas trabalham legítimas notabilidades mundiais. Elas, só elas, compõem o programa dos cinemas da elite europeia e americana". A referência ao nome adotado no Brasil aparecia no pé do anúncio: "D'Luxo bate o recorde. D'Luxo triunfa sempre. Agência dos filmes D'Luxo: Rua São José, 57, Telefone 5070, Central[176].

A chegada da Fox ao Brasil é relembrada em artigo da revista *A Cena Muda* de 1944, em celebração dos 30 anos do Cine-Palais:

> No ano de 1916, chegavam ao Rio os representantes da Fox-Film, fábrica completamente desconhecida no Brasil, e que em abril do mesmo ano ofereceram sua produção ao sr. Rosenvald. Depois de alguma relutância, pois o público de então se tinha acostumado com os celuloides franceses e italianos, Rosenvald assistiu a alguns filmes da produtora americana, consentindo na exibição dos mesmos. Foi assim que a Fox estreou no Palais com *Dr. Rameau* [*Dr. Rameau*, Will S. Davis, 1915], com o ator inglês Frederick Perry. Seguiram-se *Carmen* [Raoul Walsh, 1915], com Theda Bara, que inaugurou o vampirismo, e *Um escândalo célebre* [com Edmund Breese?], filmes que derrotaram entre nós a cinematografia do Velho Mundo. Os filmes americanos causaram enorme sucesso no Cine-Palais... Foi uma época de grandes lucros, de revolução nos métodos de reclame e da popularidade dos olhos de Theda Bara, a primeira vampiro do cinema... A Fox, porém, demorou-se pouco tempo ali, apresentando seus últimos filmes em agosto do mesmo ano, passando para o Pathé[177].

Na *Gazeta de Notícias* de 24 de outubro de 1916, um pequeno anúncio do Cinema Ideal avisava: "Hoje: imponente e sensacional programa. Abrimos espaço para a mundial e formidável fábrica americana Fox Film Corporation, que apresenta a magistral e delicada obra-prima da cinematografia moderna, completamente inédita, *A jovem das montanhas*, em cinco artísticos atos" (*Caprice of the Mountains*, John G. Adophi, 1916). Com seus "sessenta minutos de devaneio poético" (um *feature*, portanto), o filme dividia o programa com *Os raios neutros do Dr. Pietri* (*I raggi neutri del dottor Pietri*, 1916), da Le Film D'Art Italiana, filial da Pathé na Itália. Os últimos boletins mundiais do Pathé

---

176 *Correio da Manhã*, 11 jan 1917, p. 5.

177 *A Cena Muda*, ano 24, n. 29, 18 jul 1944, p. 22.

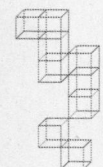

Journal abriam a sessão. No Ideal, portanto, um *feature* da Fox dividia a programação com produções europeias da Pathé.

É importante observar que a Universal e a Fox entraram no mercado carioca pelos cinemas Íris e Ideal, salas situadas na rua da Carioca – fora, portanto, do núcleo de Serrador, na mais "nobre" Avenida Central. As notícias que logo começarão a circular de que a rua da Carioca passará a atrair multidões indicam como o cenário da concorrência do mercado exibidor e distribuidor começa a se transformar no Rio de Janeiro.

Uma questão fundamental relacionada à instalação dos escritórios das companhias americanas no Brasil recaía sobre a escolha da forma de operação no país, a partir das possibilidades oferecidas pela legislação da época. Nos arquivos do Departamento de Estado, há pelo menos dois relatórios enviados pelo consulado dos EUA do Rio de Janeiro com explicações sobre o funcionamento de corporações estrangeiras no Brasil, o primeiro de 1913[178] e o segundo, 1919[179] – este, um relatório bem mais detalhado, assinado pelo advogado e ex-cônsul Richard P. Momsen, conselheiro legal da Câmara de Comércio Americana no Brasil.

Mesmo tendo sido produzido posteriormente e não sendo especificamente destinado aos agentes da indústria do cinema, o relatório de Momsen merece atenção por apresentar de forma clara as opções para uma corporação estrangeira abrir negócio no Brasil e oferecer conselhos e sugestões de procedimento. Momsen descreve três modalidades possíveis. A primeira, a "operação por meio de um agente legal ou representante", segundo ele, era a mais utilizada até pouco tempo, mas vinha sendo substituída em razão dos riscos que apresentava. Pelas regras desse método, bastante simplificado, a companhia estrangeira poderia conferir plenos poderes a um representante (pessoa física), bastando apresentar uma procuração autenticada por um oficial do consulado brasileiro no país de emissão. Momsen adverte, porém, que ao optar por esse formato a companhia não adquiria *status* legal no Brasil e, o mais grave, não poderia manter negócios em seu nome – apenas no de seu representante legal. Dessa forma, o representante seria o responsável, por exemplo, pelo pagamento de todos

---

178 "Informações pedidas pela Embaixada Americana". Documento não assinado e não datado (1913). Record group 151; file class 281. National Archives at College Park, College Park, MD.

179 *Legal Requirements for Operations of Foreign and Domestic Corporations in Brazil*, 17 jun de 1919. Record group 151; file class 281. National Archives at College Park, College Park, MD.

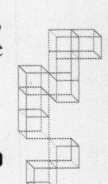

os impostos da empresa. Essa modalidade gerava dificuldades na liberação de produtos importados na alfândega e deixava a companhia suscetível. Em caso de morte do representante, por exemplo, os bens da companhia no país passariam a fazer parte de seu inventário, ou, ainda – alertava Momsen –, o representante "poderia usar sua posição para ampliar seu prestígio comercial às custas da companhia". A maior vantagem desse tipo de operação encontrava-se na economia em despesas iniciais e no imposto anual, menor do que o cobrado de corporações estabelecidas. O autor, contudo, é enfático ao recomendar cautela quanto ao método: "Visto suas limitações e problemas, pode ser o 'barato que sai caro' (*"penny cheap, pound foolish"*)".

As outras duas modalidades, segundo Momsen, encontravam "inquestionavelmente maior proteção sob a lei brasileira". Esses dois métodos eram: (1) a nacionalização da corporação estrangeira (*domestication* é o termo em inglês), obtendo autorização do governo brasileiro para operar no país, ou (2) a organização de uma corporação totalmente brasileira.

A nacionalização de uma corporação estrangeira, de acordo com o relatório, tinha como maior vantagem a exigência de ter apenas um representante legal no Brasil, enquanto a formação de uma corporação brasileira exigia obrigações semelhantes às de uma sociedade anônima nacional: um mínimo de sete acionistas, um comitê diretor com base no exterior e um comitê consultivo no Brasil, cada qual com seus substitutos, etc. A corporação nacionalizada ainda apresentava vários outros benefícios: estaria sujeita à proteção diplomática, já que era uma entidade estrangeira em atividade no país; o governo oferecia isenção da taxa de 5% sobre dividendos corporativos (medida de caráter provisório para incentivar a entrada de capital estrangeiro), e, mais importante: seus estatutos e atos administrativos não precisariam obedecer às leis brasileiras, eles poderiam ser elaborados segundo as regras do país ou do estado de origem (no caso dos Estados Unidos, um país federalista onde cada estado tem leis próprias para a questão, valeriam as regras do estado).

Para obter autorização do governo, era necessária a apresentação de cópias traduzidas dos estatutos, do ato original de incorporação da empresa nos Estados Unidos (com o nome dos acionistas e o número de ações de cada um), uma procuração especial especificando os poderes do representante da empresa no Brasil e solicitando autorização para operar no país, além de um certificado de resolução do comitê diretor da empresa nos EUA autorizando as operações no Brasil, informando obrigatoriamente o capital destinado à operação. A documentação

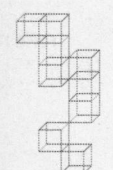

precisava ser traduzida e as assinaturas reconhecidas pelo consulado brasileiro do país (ou estado) de origem da companhia. No caso dessa opção, Momsen recomendava a formação de uma corporação separada nos Estados Unidos, com o nome da companhia seguido de "of Brazil", e a designação do capital específico para a operação no país.

A documentação encontrada relativa ao início das operações de três companhias americanas no Brasil – Paramount, Warner e United Artists – nos revela a opção pelo modelo de "corporação estrangeira nacionalizada".

No decreto que autorizou o funcionamento da Paramount no Brasil, publicado no Diário Oficial de 13 de julho de 1916, consta que a documentação apresentada e aprovada pelo ministro de Estado dos Negócios da Agricultura, Indústria e Comércio era formada justamente pela tradução juramentada com assinaturas reconhecidas dos documentos referentes à incorporação da Cia Películas D'Luxo da América do Sul no estado de Nova York, nos EUA: os estatutos da sociedade (que tinha como sócios-diretores Sinclair G. Weekes, Olga Schultheis e Katherine M. Bullen), a ata da primeira assembleia e uma procuração nomeando Alexander Keene von Koenig como representante legal da empresa no país. A principal diferença foi o nome escolhido para a operação brasileira: Cia Películas D'Luxo da América do Sul[180].

Nos arquivos da Warner, um contrato de 30 de novembro de 1929[181] firmava um acordo de distribuição entre a Warner Bros Pictures Inc, "uma corporação de Delaware, NY", situada no endereço 321 West 44th Street, e a Warner Bros First National Features of Brazil Inc, também "uma corporação de Delaware, NY", porém com endereço no Rio de Janeiro (Praça Floriano, 51). Pelo contrato, a Warner americana concede à Warner brasileira – que incorpora em seu nome a marca First National, adquirida pela Warner nos EUA – o direito exclusivo de distribuição no Brasil de "todas as produções cinematográficas e produções cinematográficas faladas das quais a Warner detiver o controle dos direitos exclusivos de distribuição, exploração e exibição no referido território". É fundamental lembrar que a Warner, quando começa a atuar no Brasil, utiliza a marca da First National, que já era conhecida do público.

180 *Diário Oficial*, 13 de julho de 1916, p. 8003-8006.

181 Contrato, 30 de novembro de 1929. Warner Bros. Archives, USC, Box 1, Folder 16537B.

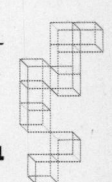

O contrato determina também que cabe à Warner americana a determinação do número de cópias de cada filme a ser enviado ao Brasil, e que como "locação dos direitos concedidos", a Warner do Brasil deverá pagar "65% de toda a receita bruta, sem qualquer dedução, exceto conforme expressamente acordado". Os 35% restantes pertencerão à Warner brasileira e "esse saldo será a compensação para todos os serviços prestados por este".

Já nos arquivos da United Artists há uma documentação bem mais extensa sobre a abertura do escritório brasileiro da companhia. A chegada da UA no Brasil ocorreu em maio de 1926 e foi celebrada por *Cinearte*[182]: "a fábrica dos melhores filmes do mundo, obedecendo ao seu recente programa de estender as suas atividades no estrangeiro, acaba de instalar uma agência no Rio de Janeiro para distribuir os seus filmes por todo o Brasil". Enrique Baez, que durante quatro anos fora representante da empresa em Cuba, assumiu a gerência no Brasil, assistido pelo tesoureiro A.A. Lowe e J. D. Guimarães, "conhecida figura do nosso meio cinematográfico, que já esteve na Fox, Paramount e Serrador" como gerente de vendas.

Uma carta de 28 de setembro de 1926 assinada pela International Corporation Company[183] – empresa especializada em consultoria jurídica para corporações americanas com pretensões internacionais – revela, por exemplo, que num primeiro momento a UA optou por abrir sua filial brasileira pela modalidade descrita no relatório de Momsen como "operação por meio de um agente legal ou representante". A carta alertava para o fato de que, naquele momento, os negócios da UA no Brasil estavam sendo conduzidos no nome individual do Sr. Enrique Baez, e que "embora este arranjo possa ser satisfatório sob operações temporárias neste país", apresentava vários perigos. Em seguida, apresentava argumentações semelhantes às de Momsen em seu relatório de 1929: no caso de morte de Baez, "todos os filmes ou outras propriedades da United Artists Corporation se tornariam parte de seu inventário" e "provas de propriedade deverão ser apresentadas, o que exigiria custosos e longos procedimentos legais"; se Baez se afastasse do serviço ou fosse transferido para outro país, "seus impostos atuais precisariam ser cancelados e novas formalidades deverão transcorrer para o

---

182 *Cinearte*, 26 mai 1926, p. 32.

183 *Carta não assinada (cópia)*. 28 set 1926, para BAEZ, Enrique, United Artists Corporation, Rio de Janeiro. Duas folhas. United Artists Archives, O'Brien Legal Files.

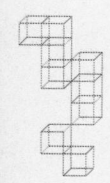

novo representante"; em casos de litígio, seria necessário "fazer petições em nome do Sr. Baez, e se ele se ausentar do país, o caso pode se complicar". Informa ainda que, por essas e outras razões, praticamente todas as corporações americanas que operam no Brasil estabeleceram sua existência legal corporativa pelo método da corporação nacionalizada, incluindo "as outras empresas americanas de cinema que operam ativamente neste país, ou seja, Fox Film, Universal e Paramount, cada uma das quais mantem uma corporação brasileira separada". Portanto, de acordo com esse relatório, Fox e Universal também operavam segundo a modalidade de corporação estrangeira nacionalizada. Por fim, segue a recomendação de que o tesoureiro da companhia, Mr. Kelly, entrasse em contato com o escritório Momsen & Freeman, de Nova York, porque lá "o sr. Freeman está completamente familiarizado com o assunto e poderá responder a qualquer pergunta".

Aqui, cabe um breve à parte a respeito de Richard Paul Momsen, advogado americano que veio para o Brasil em 1913, como funcionário do consulado do Rio de Janeiro, alcançando o cargo de cônsul geral em 1918. Durante seu período na equipe diplomática, fez *lobby* pela redução de impostos para companhias estrangeiras e se tornou o principal articulador da fundação da Câmara de Comércio Americana do Brasil. Quando deixou o posto, em 1919, se tornou conselheiro legal da Câmara e fundou dois escritórios de advocacia: um no Rio de Janeiro, em parceria com Edmundo Miranda Jordan e Pedro Américo Werneck, e outro em Nova York, com Leslie E. Freeman.[184]. Momsen é um nome que aparece regularmente na correspondência entre o corpo consular dos EUA no Brasil e os departamentos de Estado e Comércio, tendo representado as companhias americanas nos episódios ligados às questões de propriedade intelectual mencionados no segundo capítulo, notadamente o caso Isnard e o caso Vitagraph. Trata-se de um personagem a ser pesquisado mais profundamente.

4.4. COSTURANDO RELAÇÕES

O desembarque das companhias americanas de cinema no Brasil não aconteceu de uma só vez. Como vimos, Universal, Fox e Paramount chegaram primeiro, instalando seus escritórios entre 1915 e 1916. Outras só

---

184 Apud Wikipedia: https://en.wikipedia.org/wiki/Richard_Paul_Momsen, acessado em 12 mar 2019.

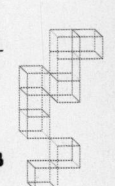

se instalariam por aqui a partir de dez anos depois, em intervalos mais espaçados. United Artists e MGM iniciaram operações em 1926; Warner, em 1929 (apresentando-se como First National-Warner, ocasionalmente apenas como First National); Columbia, em 1934[185]. Nesse intervalo, porém, a presença das marcas americanas aumentou também via representação indireta, por meio de contratos com importadores brasileiros.

Universal, Fox e Paramount, portanto, abriram caminho e criaram as bases de operação das companhias americanas no Brasil, enquanto ainda passavam, elas mesmas, por transformações internas (sobretudo Universal e Paramount). O fato de atuarem como corporações nacionalizadas – uma operação que, como vimos, dá ao gerente do escritório brasileiro poderes como procurador da corporação original – ressalta a importância da escolha desse profissional.

A Universal elegeu como gerente Alexander Keene von Koenig, responsável pelo departamento de exportação da companhia desde 1912. Segundo nota publicada em *The Moving Picture World* em outubro de 1914, anunciando seu embarque para um *tour* pela América do Sul como "embaixador" do "Programa Universal", Keene seria um especialista no comércio com a América do Sul e já teria vivido no Brasil:

> Entre os homens versados em assuntos sul-americanos, provavelmente nenhum conhece melhor a situação comercial das relações dessa região com os Estados Unidos do que Alexander Keene Von Koenig, que embarcou no Almirante recentemente para a Universal Film Manufacturing Company. Keene passou vinte anos de sua vida em países de língua espanhola como as Filipinas, Brasil, Chile, Peru e Argentina, durante os quais ele fez um estudo cuidadoso das condições comerciais dos vários países. Nos últimos dois anos, ele cuidava do departamento de exportação da Universal, desenvolvendo o comércio com a América do Sul[186].

De fato, registros na imprensa[187] indicam que Keene esteve no Brasil pelo menos em 1911, quando assumiu a representação da loja de de-

---

185 Referências das aberturas de escritórios – United Artists: *Cinearte*, 26 mai 1926, p. 32; MGM: *Cinearte*, 1º setembro de 1926, p. 27 e *Cinearte*, 15 de dezembro de 1926, p. 3; Warner: Warner Bros. Archives, USC, contrato de distribuição para o Brasil, 30 de novembro de 1929; Columbia: referência em relatório *competitive* da United Artists de 3 de outubro de 1935. Diz o texto: "The only company operating less branches in this territory than we is Columbia, who have been in business here for just about a year".

186 *The Moving Picture World*, v. 22, n. 4, 24 out 1914, p. 469.

187 *Jornal do Brasil*, 29 e 30 jul 1911, p. (ilegível).

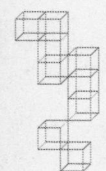

partamentos americana Herbst Brothers em um processo confuso, que chegou a envolver um mandato de busca e apreensão expedido pelo próprio, tendo como alvo o representante anterior da companhia. No registro de *The Moving Picture World,* em entrevista enviada do navio Almirante, Keene sintetizou sua missão:

> Muitos importadores e exibidores da América do Sul tiveram poucas oportunidades para perceber a qualidade dos filmes américanos atuais. Até agora, eles estavam de coração e alma amarrados aos fabricantes e produtos europeus. Esta oferta foi quase totalmente cortada. O presente conflito, que os impede de obter produtos europeus, exige que procurem em outro lugar, e é natural que eles devam olhar para nós. Essa é nossa oportunidade de convencer o exibidor latino-americano e os sul-americanos em geral de que os filmes feitos nos Estados Unidos são do tipo que atenderá a toda a sua aprovação. (...) Estamos indo para a América do Sul totalmente equipados para uma tremenda campanha pela Universal e com carta branca quanto ao método – e nós, o Sr. Westholm (seu assistente) e eu, estamos certos de que grandes desdobramentos ocorrerão[188].

A abertura da filial da Fox também teria sido antecedida por pelo menos uma visita de prospecção. Segundo uma retrospectiva publicada pela revista *Cinearte* em 1927, os executivos W. Alexander e J. P. Ryan desembarcaram no Rio de Janeiro no fim de 1915 com o objetivo de encontrar um local para o escritório da companhia na cidade (o espaço escolhido ficava no edifício do Jornal do Brasil, na Avenida Central). Olympio Leomil Junior, então diretor secretário da Pan American Trade Expansion Co, chefiou a filial até a chegada do executivo designado para a gerência, John L. Day Jr, que assumiu o cargo no dia 26 de março de 1916. Em 6 de agosto desse mesmo ano, o brasileiro Alberto Rosenvald, que gerenciava o Cine Palais e programou filmes da Fox nesse cinema, passou a fazer parte dos quadros da empresa[189].

A filial da Paramount, então batizada Películas D'Luxo da América do Sul, por sua vez, teve como primeiro gerente o mesmo Alexander Keene que iniciou as operações da Universal no país, mas deixou a companhia em pouco tempo, por motivos obscuros. Outra reportagem retrospectiva da *Cinearte*, publicada em março de 1927, comentava a estranheza que escolha do executivo havia provocado na época: "A notícia de que Alex Keen [sic] regressava dos Estados Unidos disposto a intervir novamente no mercado cinematográfico não deixou de cau-

---

188 *The Moving Picture World*, v. 22, n. 4, 24 out 1914, p. 469.

189 *Cinearte*, 15 junho de 1927, p. 27.

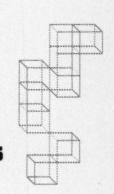

sar certa curiosidade entre os exibidores. Com a Companhia Películas D'Luxo da América do Sul, que nos trazia ele? Uma grande carreira ou mais uma evidente desilusão?"[190] Keene permaneceria na gerência da Películas D'Luxo até 1918, quando seu desligamento foi comunicado em nota no *Correio da Manhã*[191]. Seu substituto foi John L. Day Jr., que viera para o Brasil implantar a Fox.

Tanto Alexander Keene como John L. Day Jr, portanto, são figuras-chave desse primeiro momento da representação direta das companhias americanas de cinema no Brasil. Mas o detalhe para o qual chamamos atenção está na escolha dos subgerentes: Angelino Stamile pela Universal, Alberto Rosenvald pela Fox. Ambos, afinal, traziam vasto conhecimento do funcionamento do mercado de cinema no Brasil e, principalmente, haviam trabalhado com marcas americanas no passado. Os cargos de subgerentes, que equivalem ao dos "agentes de vendas" das distribuidoras, ou seja, aqueles responsáveis por negociar com os exibidores, serão sempre ocupados por profissionais com experiência prévia e conhecimento do mercado brasileiro.

Veterano da exibição e importação, Stamile, como já mencionamos, fora considerado o introdutor dos filmes americanos no Brasil em seu cinema, o Ouvidor, em 1907[192]. Também veterano, Rosenvald conhecia o mercado para além das praças do Rio de Janeiro e São Paulo. Segundo perfil publicado em *Palcos e Telas* em 1920[193], iniciara sua carreira no cinema em 1907 como assistente de Alberto Sestini, percorrendo o país para comercializar os programas do importador. Mais tarde, assumiu a representação da Empresa Blum & Sestini nos estados do norte e em São Paulo. Na administração de salas de cinema, foi gerente do Kinema Kosmos, sala "nobre", de vida curta, na avenida Central, no Rio, que funcionou de outubro de 1910 a junho de 1911 (Gonzaga, 1996, p. 284). No Kosmos, Rosenvald programou fitas da produtora americana Essanay, além de marcas europeias como a alemã Bioscop. Um pouco à frente, o perfil de *Palcos e Telas* conta que, quando assumiu a gerência do Cine Palais, Rosenvald "procurou introduzir os filmes da Biograph, que não agradaram". Mais tarde, no mesmo espaço, precisou "quebrar resistências" para programar os filmes da recém-chegada

190 *Cinearte*, 23 mar 1927, p. 29.

191 *Correio da manhã*, 17 abril de 1918, p. 7.

192 *Cine-Mundial*, out 1918, p. 657.

193 *Palcos e Telas*, 25 mar 1920, p. 6-7.

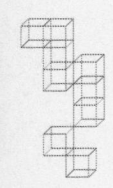

Fox, que, segundo *Palcos e Telas*, "foram excelentemente recebidos" porque representavam "já uma transição dos antigos processos da cinematografia americana e os atuais".

Ao se instalarem no Brasil, Universal, Fox e Paramount encontraram um mercado de exibição e distribuição concentrado na CCB de Francisco Serrador, mas, ao mesmo tempo, fragilizado pelos sinais crescentes de queda da produção europeia. Entre julho de dezembro de 1915, a CCB recebeu 32 mil metros de filmes inéditos em média por mês, número que caiu para 26 mil metros no começo de 1916 (Souza, 2004, p. 312). Já em 1915, os exibidores precisaram recorrer a reprises para preencher seus programas. Ao mesmo tempo, o público estava extremamente habituado às marcas e estrelas vindas da Europa. Era preciso atuar em duas frentes, portanto: abrir espaço no circuito exibidor e convencer o público da qualidade das marcas americanas.

Em 1915, a circulação comercial de filmes no Brasil já estava organizada segundo a lógica das "linhas de exibição". As cópias chegavam primeiro às salas "lançadoras" e, depois, aos cinemas de bairro e salas do interior. A CCB detinha controle de cinemas situados sobretudo na primeira linha. A presença dos filmes americanos nas salas de cinema foi sendo conquistada de forma gradual, principalmente nas salas consideradas de "primeira linha". Num primeiro momento, no Rio de Janeiro pelo menos, os filmes das companhias americanas dividiam espaço com programas fornecidos por outros importadores.

No *Correio da Manhã* de domingo, 30 de maio de 1915, o Íris anunciava a novidade que passaria a fazer parte da programação a partir daquele dia:

> Atenção! A empresa do cinema Íris tem o prazer de comunicar aos inúmeros frequentadores dessa elegante casa que, a começar do programa de amanhã, os seus espetáculos não poderão ter competidores, não poderão ter [ilegível]. Além dos grandiosos filmes fornecidos pela acreditada Empresa J. R. Staffa, cujos programas são disputados em todo o Brasil, o Íris fechou contrato com a nova e poderosa Empresa Cinematográfica Universal, que é o empório das melhores fábricas americanas, reunidas todas sob a direção de uma – a UNIVERSAL. Os filmes desta nova empresa são estupendamente bem confeccionados e, agora que a Europa está em guerra, os americanos mais e mais aperfeiçoam os seus trabalhos[194].

O programa anunciado era composto por dois filmes de Staffa – *A noite tenebrosa*, da Itala [não identificado], e *Nos tempos de Trafalgar*

---

194 *Correio da Manhã*, 30 maio 1915, p. 16.

(cuja produtora não é informada) – e dois filmes da Universal – *A mão cortada* [*The Buried Hand*, Raoul Walsh, 1915] e *A ambição* [não identificado]. A publicidade exaltava os valores de produção da Universal ("os filmes dessa empresa são estupidamente bem confeccionados") e concluía que, por conta da guerra na Europa, "os americanos mais e mais aperfeiçoam os seus trabalhos".

No anúncio da Universal publicado na *Gazeta de Notícias* em 6 junho de 1915, já mencionado anteriormente, a maneira como a companhia se apresenta sugere que as sessões no Íris funcionavam como um *showcase* para seus produtos, convidando outros exibidores a conhecê-los naquele espaço: "Exibidores: os primeiros programas estão sendo exibidos no Cinema Iris, à Rua da Carioca, onde têm alcançado verdadeiro sucesso. Aguardamos propostas para aluguéis de programas e fitas avulsas". Outro recado especificamente voltado para os donos de cinemas avisava: "Recebemos mensalmente 45.000 metros de filmes das gigantescas fábricas de propriedade da Universal Manufacturing Company. (...) De todo e qualquer gênero e assunto, podemos por conseguinte organizar os mais variados programas e satisfazer aos mais exigentes dos nossos exibidores"[195].

Essa mesma propaganda evidenciava a aposta da Universal nos *features* e filmes seriados. Mais uma vez dirigindo-se aos donos de cinema, o texto destacava o *feature A filha de Netuno* (*Neptune's Daughter*, 1914), estrelado pela nadadora Annette Kellerman – "deidade que deslumbra, encanta com sua graça e perturba com suas formas" –, além de três filmes seriados: *A rapariga mysteriosa* (*Lucille Love, the Girl of Mystery*, Francis Ford, 1914/1915), *A chave mestre* (*The Master Key*, Robert Z. Leonard), e *Três corações* (*The Trey o'Hearts*, Wilfred Lucas e Henry McRae, 1914), todos divididos em 15 capítulos, cada um geralmente com dois rolos, totalizando cerca de 35 minutos de projeção[196].

Enquanto os seriados foram lançados diretamente pela Universal, *A filha de Netuno* foi adquirida pela CCB e exibida, com grande campanha publicitária, em dois cinemas lançadores da companhia no Rio de Janeiro: Avenida e Odeon (o antigo Odeon da Avenida Central, não o da Cinelândia, que só seria inaugurado em 1925). O filme teria alcançado imenso sucesso, com anunciados 25 mil espectadores, apesar dos ingressos mais caros (apud FREIRE, 2011, p. 144). Três anos depois, ou-

---

195 *Gazeta de Notícias*, 6 de junho de 1915, p. 4.

196 Idem.

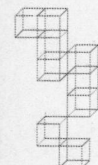

tro *feature* com Annette Kellerman, *Uma filha dos deuses* (*Daughter of the Gods*, 1916), também foi adquirido pela CCB, desta vez negociado pela Fox[197] – registros que mostram como as companhias americanas, ao menos em seus primeiros anos, operaram simultaneamente como distribuidores diretos e agentes de vendas. Os *features*, em particular, recebiam tratamento separado e eram preferencialmente vendidos a outras companhias por preços elevados.

Os esforços de lançamento da Universal se concentraram nos filmes seriados, alvo de intensas campanhas publicitárias e ações promocionais. *A rapariga mysteriosa* foi acompanhado de um concurso que prometia mais de 200 mil reis em prêmios para quem adivinhasse o desfecho da história. O anúncio do concurso, curiosamente, trazia uma explicação sobre a estrutura serial e de como ela deveria ser acompanhada, chamando atenção para o encadeamento dos episódios: "Esse belíssimo drama se compõe de 15 séries que exibiremos cada semana. Os episódios se desenrolam e cada série se encadeia às anteriores e às que se lhe seguem" (Apud Freire, 2011, p. 142). No dia 29 de julho, a propaganda semanal na *Gazeta de Notícias* comemorava o sucesso de *A rapariga mysteriosa* no Íris e anunciava seu próximo seriado, *Os três corações*, "o maior prodígio em gênero policial (...), 15 séries com 13.500 metros! Essa nova série que vamos exibir é superior, muito superior àquela que hoje terminamos com sucesso" [198].

Nos anos seguintes, os seriados se tornaram febre no Rio de Janeiro[199]. Se até àquele momento as sessões eram majoritariamente formadas por filmes curtos, substituídos com alta rotatividade, com a ascensão dos *features* e seriados as sessões passaram a durar mais, compostas por menos filmes, cada vez mais longos. É fundamental lembrar que as companhias americanas pós-MPPC surgiram já especializadas em *features* e buscavam abrir espaço para o formato, que vinha recebendo altos investimentos. Quando chegou ao Brasil em 1916, a Fox só apresentou *features* de oito a dez rolos (Souza, 2012, p. 333).

Os filmes seriados, de certa forma, funcionaram como laboratório para testar as narrativas mais longas e suas estratégias publicitárias. Entre

---

197 *Palcos e Telas*, 4 de maio de 1918, p. 2.

198 *Gazeta de Notícias*, 29 de julho de 1915, p. 8.

199 Segundo Souza (2006, p. 332), porém, o fenômeno de público de *A rapariga mysteriosa* no Rio de Janeiro não se repetiu em São Paulo, onde a série foi exibida sem destaque e o nome da Universal omitido.

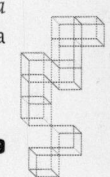

1915 e 1917, no rastro dos sucessos da Universal, outros seriados de várias marcas chegaram aos cinemas, quase sempre provocando filas. Nem sempre eram produções americanas, como, por exemplo, o francês *Vampiros* (*Les Vampires*, dir. Louis Feuillade), produção da Gaumont lançada pela CCB que, aliás, marcou época na França (Freire, 2011, p. 144-145).

Na mesma medida em que a produção europeia foi escasseando, a retórica anunciando a crescente aceitação dos filmes americanos pelo público tornava-se cada vez mais presente. Em março de 1917, o Ideal anunciava no *Jornal do Brasil* que seus programas passariam a ser compostos exclusivamente por produções americanas e justificava a escolha pelo sucesso dos filmes: "Em vista da enorme aceitação que estão tendo os filmes americanos em todos os centros cinematográficos do mundo, o Cinema Ideal acompanha o progresso, no sentido de bem servir a sua numerosa clientela, e organiza seus programas com filmes daquela procedência, produtos das mais cotadas fábricas ianques"[200]. No entanto, tal passagem não foi abrupta e também não foi feita sem que os filmes americanos fossem testados junto ao público. Durante um tempo significativo, o Ideal dividiu sua programação entre a "nova" produção americana e os filmes europeus importados por Giácomo Staffa.

Nesse momento, o Ideal não se fideliza a uma só marca, e cada uma é merecedora de superlativos próprios. O primeiro programa anunciado, por exemplo, trazia *A papoila da morte* (*The Sign of the Poppy*, 1916), "cinco atos que atestam a extraordinária potência produtiva da Universal Film", já *Pecado de mãe* (*Sins of her Parent*, 1916), vinha da "fábrica que não necessita de reclame, pois é a primeira do mundo: a Fox Film Corporation". O anúncio adianta os programas seguintes, com produções da Universal, Fox e Paramount. Nesse primeiro momento, a associação dos títulos com suas marcas ainda era mais presente do que a associação dos filmes a suas estrelas, afinal, era preciso, primeiro, familiarizar e fixar essas marcas junto ao público brasileiro. Mas logo o estrelismo entraria na equação com força, com os anúncios associando o título do filme à produtora e à estrela, em geral contratada exclusiva daquela produtora.

A Paramount, que começou a operar oficialmente no Brasil em julho de 1916, tinha um perfil bem diferente da Universal. De acordo com vários registros, sua estreia no Rio de Janeiro teria acontecido em fevereiro de 1917, com a exibição de *Zazá* (*Zaza*, 1915, dir. Hugh Ford, Edwin S. Potter). Mas a propaganda do Cine Avenida publicada no *Correio da Ma-*

---

200 *Jornal do Brasil*, 8 mar 1917, p. 14.

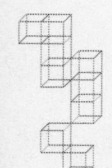

nhã de domingo, 17 de janeiro, já anunciava filmes da companhia aquele mesmo domingo, quando o cinema oferecia um novo programa com "dois filmes a *sensation* (sic) da D'Luxo, a grande marca da moda"[201]: *Abysmos da vida* [não identificado], "três longos atos (...), drama social de ação formidável, de intensa e terrível emoção", e "o fotodrama de mistério e argúcia igualmente sensacional *O roubo do testamento* [possivelmente *The Stolen Will*, produção de 1915, segundo o banco de dados do Mnemocine[202]]". A mesma propaganda antecipava a atração do dia seguinte (*Jimmy Valentine*) e anunciava *Zazá* para breve:

> A famosíssima peça de Berton e Simon, maravilhosamente desenvolvida para a tela, estupendo trabalho da Famous Players, a marca da elite ianque e europeia. O único e maior acontecimento cinematográfico do ano de 1917! O aparecimento no Rio dos filmes das quatro marcas Famous Players, Lasky, Morosco e Pallas representa um imenso esforço pecuniário da D'Luxo. Uma grande atriz, uma peça célebre, uma marca da moda: Pauline Frederik, *Zazá*, D'Luxo[203].

Zazá foi, de fato, considerado pela própria Paramount como sua *entrée* oficial no mercado carioca, apresentado à imprensa em sessão especial noticiada pelo *Jornal do Brasil*:

> A convite das Películas D'Luxo da América do Sul assistimos ontem à apresentação do filme intitulado *Zazá*, primeira produção da marca Paramount que será projetada nessa capital. O filme é calcado na peça de mesmo nome de Berton e Simon, já aqui muito conhecida. É um filme com lances dramáticos e situações enternecedoras, sentimentais e alegres. [...] Pauline Frederick, interpreta com muito talento o tipo principal, encarnando com muita vida o tipo da cabotina apaixonada. Não há escabrosidades nesse filme, nem cenas de realismo que possam ferir a vista[204].

A escolha de *Zazá* fazia todo sentido. Afinal, trazia os elementos mais adequados para servir como cartão de visitas da companhia e, sobretudo, da Famous Players de Adolf Zukor, o "coração" da nova sociedade. Tratava-se de um filme de origem teatral, "nobre" e europeia, adaptado da comédia francesa de Pierre Berton e Charles Simon, que se tornara sucesso internacional desde a primeira encenação, em 1898, em Paris. Na Broadway, o texto ganhou adaptação e produção do prestigiado pro-

---

201 *Correio da Manhã*, 17 jan 1917, p. 5.

202 http://silenciosos.l2o.com.br/cgi-bin/wxis.exe/iah/scripts/. Acessado em 10 abr 2019.

203 *Correio da Manhã*, 17 jan 1917, p. 5.

204 *Jornal do Brasil*, 1º fev 1917, p. 11.

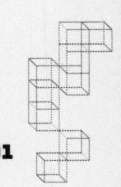

dutor David Belasco, com a primeira encenação em 1900 e sucessivas re-montagens[205]. A Pathé lançou sua versão para o cinema em 1913[206]. No Brasil, a montagem de *Zazá* contou com a participação de Itália Fausta (Mariano, 2008, p. 116). Não por acaso, o *Correio da Manhã* descreve o filme como "a marca da elite ianque e europeia", enquanto o *Jornal do Brasil* afirma que a peça já era "aqui muito conhecida".

Zazá trazia, portanto, a mistura fundamental de novidade e familiaridade. Além disso, era uma produção americana com *pedigree* europeu, incorporando as credenciais para ser apresentada ao público brasileiro acostumado às produções do velho continente. O lançamento da nova marca Películas D'Luxo se confirmou um sucesso, permanecendo uma semana em cartaz no cinema Avenida, um dos principais cinemas lançadores do Rio de Janeiro, da CCB – que, nesse momento, já percebera o aumento da concorrência vindo dos cinemas Palais, Ideal e Íris, que exibiam as produções da Fox e Universal.

Quando as produtoras americanas instalaram seus escritórios no país, precisaram antes de tudo entender qual era o cenário da exibição e os poderes estabelecidos do mercado, assim como os hábitos do público brasileiro, a fim de melhor estruturar suas estratégias para conquistar espaços da rede econômica e cultural pré-existente. A conquista do circuito exibidor, sobretudo, se deu de forma gradual.

No *Correio da Manhã* de 26 de dezembro de 1915, a Universal informava a relação dos 32 cinemas onde seus filmes estavam sendo lançados, sendo 26 no Rio de Janeiro, um em Petrópolis, dois em Niterói, um em Campos, e dois em Juiz de Fora[207]. Cruzando informações com o amplo levantamento das salas do Rio de Janeiro disponível em *Palácios e poeiras* (Gonzaga, 1996, p. 271-292), conferimos que nenhum dos 26 cinemas listados pertencia à CCB de Serrador. Todos eram operados por exibidores independentes, a grande maioria em bairros do subúrbio, e apenas cinco estavam situados na região do centro da cidade: Íris, Po-

205 Internet Broadway Database: https://www.ibdb.com/broadway-production/zaza-5375, acesso em 20 mar 2019.

206 Wikipédia: https://en.wikipedia.org/wiki/Zaza_(play), acesso em 20 mar 2019.

207 *Correio da Manhã*, 26 dez 1915, p. 14. Os cinemas listados são: no Rio: Íris, Popular, Guarany, Haddock Lobo, Vello, Matoso, 24 de maio, Modelo, Lapa, Maracanã, Pátria, Mascote, Central, Engenho Novo, Piedade, Mundial, Madureira, Edison, High-Life, Bangu, Recreio Bangu, Maison Moderne, Ideal, Ramos, Olaria; em Petrópolis: Cinema Xavier; em Niterói: Cinema Royal e Polyterpsia; em Campos: Cinema Orion; em Minas Gerais, Juiz de Fora: cinemas Hafeld e Ideal.

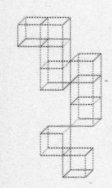

pular, Guarani, Lapa e Maison Moderne. Nenhum deles na região mais "nobre", os cinemas da Avenida, dominados pela CCB. Ou seja, até o fim do primeiro ano em atividade no Brasil, a Universal ainda não havia emplacado sua programação no circuito mais rico do Rio de Janeiro.

Na faixa lateral deste mesmo anúncio, os programas eram anunciados nas categorias "primeira linha" e "segunda linha", confirmando que a Universal adotou o modelo de hierarquização de salas que já existia no Brasil e era padrão no mercado americano (não sabemos exatamente, no entanto, como as salas anunciadas pela companhia se dividiam entre essas linhas).

> **1ª Linha:** 27, 28 e 29 de dezembro de 1915: *Traída por uma sigaretta* (1ª e 2ª partes); *Regeneração* (3ª, 4ª, e 5ª partes), *Caiu na taverna* (comédia); 30, 31, 1º e 2 de janeiro de 1916: *Moeda quebrada* (1ª, 2ª, 3ª e 4ª partes, com Francis Ford e Grace Cunard) e *Um passeio de automóvel* (5ª e 6ª partes, comédia da LKO).
>
> **2ª linha:** 27, 28 e 29 de dezembro de 1915: *Cherubim* (melodrama com Ella Hall) e *Demasiado Oliveira* (comédia)30, 31, 1º e 2 de janeiro de 1916: *Jornal 186*, *A rainha do bosque* (aventura passada na África) e *Uma tragédia na praia* (comédia da LKO).

Segundo Souza (2004, p. 334), em maio de 1916 a Universal estava distribuindo seus filmes em São Paulo fora do circuito da CCB, "lançando seus seriados e filmes no cinema Barra Funda, no Politeama Rio Branco (Santos), no cinema Recreio (Campinas) e no Politeama de Jundiaí". Mas pouco depois e assinou contrato com Serrador para distribuição no estado de São Paulo e na região sul de Minas Gerais. Para a CCB, a exibição dos programas da Universal trouxe várias vantagens:

> A chegada dos norte-americanos vinha aliviar a CCB de uma série de restrições econômicas vividas por ela e pelo país, como a baixa do câmbio, a alta do preço dos filmes nos mercados europeus, as dificuldades de importação, e a dívida de dois mil contos contraída em 1914, que estava sendo amortizada no principal e nos juros. Ou seja, a 'invasão' americana era benvinda, pois desobrigava a CCB de imobilizar capital com a aquisição de filmes, permitindo-lhe a manutenção com as obrigações de locação com a capital paulista e o interior. Com o desafogo, a CCB voltou a pagar os dividendos. O último, de 15 mil réis por ação, tinha sido pago em dezembro de 1913. Sobre o ano fiscal de 1916 foram distribuídos 8 mil réis por ação (Souza, 2004, p. 334-335).

Diante da quase interrupção de fornecimento europeu em função da Primeira Guerra e da concorrência estabelecida pela presença de Universal, Paramount e Fox, nos anos seguintes a CCB ampliaria a importação de filmes americanos. Em 1918, por exemplo, anunciou com destaque a assinatura de contrato para representar no Brasil a Goldwyn Pictures, que passou a compor a programação do Odeon[208].

Outra marca americana de relativa força nesse período, a First National (também especializada em *features*), que teria ficado ausente do mercado brasileiro por conta de seus preços altíssimos, passou a ser representada no Brasil pelo distribuidor argentino Roberto Natalini. Em janeiro de 1920, Natalini anunciou, em um anúncio no *Correio da Manhã*: "The First National Circuit: o maior contrato até hoje estipulado em cinematografia!"[209]. Na verdade, o distribuidor já detinha os direitos da marca para o mercado argentino há mais de um ano, e naquele momento havia ampliado representação da First National para toda a América do Sul. Aparentemente, cópias piratas de produtos da marca circulavam pelo mercado, pois no anúncio o empresário incluiu recados diretamente relacionados à questão: "Roberto Natalini é o único que, no Brasil, tem o direito de apresentar a produção de The First National Exhibitor's Circuit, Inc, cabendo-lhe a faculdade de apreender qualquer fita que aparecer nesses mercados com a mencionada marca. […] Repito que saberei defender os meus direitos com fatos, e não com palavras, e em defesa dos mesmos agirei sem contemplação para ninguém".

No começo dos anos 1920, o estrelismo já tinha se consolidado e a First National conseguira assinar com algumas das maiores estrelas do momento: Mary Pickford, Norma Talmadge, Charles Chaplin e David W. Griffith (um dos poucos, senão o único diretor que era também uma estrela) – todos esses nomes devidamente estampados com destaque na publicidade de Natalini. Chaplin era um caso especial. A disputa por seu nome e a escalada de seu salário se tornaram notícia mundialmente, aumentando o interesse por seus filmes mas, ao mesmo tempo, tornando-os mais caros. Com a First National, Chaplin fechou contrato de um milhão de dólares para realizar oito comédias, além de um bônus de 75 mil dólares no ato da assinatura, o que só atiçou a curiosidade em torno dos seus filmes mundo afora (Pontes, 2016, p. 91).

Mais adiante, tanto Goldwyn quando First National seriam absorvidas nos Estados Unidos: a primeira comprada pelo gigante da exibição Loews, no processo que formou a Metro-Goldwyn-Mayer; a segunda adquirida pela Warner (que, não por acaso, adotou o nome First Na-

---

208 *Palcos e Telas*, 22 ago 1918, p. 5.

209 *Correio da Manhã*, 17 jan 1920, p. 14.

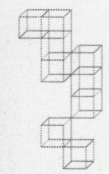

tional quando se instalou no Brasil, apresentando-se ora apenas como First National, ora como First National-Warner).

4.5. TRANSFORMAÇÕES DO MERCADO A PARTIR DA PRESENÇA DAS COMPANHIAS AMERICANAS

Em 1917, Francisco Serrador iniciou um movimento que representou uma importante guinada em sua trajetória. No Rio de Janeiro, encerrou as atividades da CCB e fundou uma nova sociedade anônima, com uma pequena modificação no nome – Companhia Brasil Cinematográfica (CBC). Atento aos movimentos que aconteciam nos Estados Unidos, é provável que tenha percebido a transformação dos espaços de exibição que vinha se passando no circuito exibidor paralelamente à mudança nos filmes.

Com a predominância cada vez maior das narrativas longas, operava-se também uma transformação nas salas. No plano do discurso, efetuava-se uma associação direta entre o produto filme e seu espaço de consumo: superproduções caras e luxuosas exigiam cinemas grandes e luxuosos; para os "superextras", como eram chamados os *features* especiais no Brasil, supercinemas. No entanto, se nos Estados Unidos esse movimento foi acompanhado por uma acentuação do controle da exibição pelas companhias produtoras, proprietárias de boa parte dos maiores e mais luxuosos dos cinemas de "primeira linha", no Brasil, ao contrário, distribuição e exibição caminhavam para uma separação cada vez mais acentuada. O espaço do exibidor que atuava também como distribuidor/importador diminuiria progressivamente.

O grande e ambicioso projeto de Serrador no Rio de Janeiro, definido pela revista *Palcos e Telas* como "um fabuloso centro de diversões [...] verdadeiramente ianque"[210], levaria anos para ser implementado e, até se tornar realidade, estaria um tanto distante de suas dimensões iniciais. Ainda assim, a Cinelândia carioca representou uma transformação profunda no cenário urbano e no mercado de exibição na cidade, que logo repercutiria também pelo resto do país. O período entre a concepção do projeto, em 1918, e sua materialização, em meados dos anos 1920, coincidiu com a concentração cada vez maior da produção americana nos filmes mais longos, e também com a força cada vez mais evidente das companhias americanas em mercados internacionais.

---

210 *Palcos e Telas*, 25 dez 1919, p. 3.

Ao realizar um balanço da temporada de 1918-1919, *Palcos e Telas* citou o seguinte texto de uma "revista de especialidade" americana: "Durante quatro anos, os quatro anos da guerra, dominamos por completo o mercado mundial de filmes pelos progressos da nossa técnica, pelo lado artístico e principalmente pelo lado literário, em que avançamos extraordinariamente (…)"[211]. A "invasão americana" repercutiu intensamente na imprensa especializada não só nos Estados Unidos, mas também nos países europeus que perdiam terreno em função do conflito[212].

Uma das transformações substanciais das relações de mercado com a chegada das companhias americanas foi a elevação do preço do aluguel dos filmes. Gonzaga (1996, p. 119-120) levanta dois exemplos. No contrato assinado em 1917 entre a Universal e a CCB, acertando o fornecimento semanal para o Odeon de um longa-metragem das marcas Blue Bird e Butterfly e uma comédia ou cinejornal da Universal, o aluguel cobrado foi de 500 mil-réis, mais que o dobro do preço em vigor no início da década de 1910. Com duração de nove meses, o contrato excluía *features*, objetos de "trato em separado". Durante esse período, a CCB poderia exibir filmes de outras marcas e substituir o programa contratado, mas isso não a dispensaria do pagamento usual – ou seja, o exibidor se comprometia com o conjunto de produções da marca, uma prática bastante semelhante à venda de pacote fechados chamada *block booking*. O outro exemplo citado são as despesas listadas nos balancetes do Cine-Theatro Íris, que em sete anos variaram em constante elevação, passando de dois contos de réis em outubro de 1915 para mais de nove contos de réis em junho de 1921.

A presença crescente dos *features* modificava a estrutura dos programas e diminuía o número de sessões possíveis por dia, o que, por sua vez, estreitava as possibilidades de geração de receita. Para compensar, uma das saídas, além da cobrança de um ingresso mais caro, era vender mais ingressos por sessão. Para tanto, eram necessárias salas maiores. A duração estendida das sessões, por sua vez, exigia um maior padrão de conforto dos cinemas, para que o espectador se dispusesse a permanecer mais tempo na sala. Serrador investirá nesse novo formato. Seu ambicioso projeto no Rio de Janeiro tem como ponto central

---

[211] *Palcos e Telas*, 4 dez 1919, p. 4.

[212] Para além do papel de *Cine-Mundial*, que analisamos no capítulo 2, Gonzaga (1996, p. 119) identifica artigos que repercutem a "invasão americana" em publicações na Itália (*La Cinematografia Italiana* e *La Vita Cinematografica*) e França (*La cinematographie française*), por exemplo.

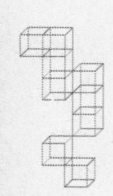

a implantação dos "palácios cinematográficos" como os que vinham causando espanto nos Estados Unidos. A mudança representava também uma alteração nas concepções arquitetônicas dos cinemas, antes calcadas nas salas europeias, que por sua vez eram mais próximas dos teatros convencionais e das óperas. No exterior desses novos cinemas, a fachada já seria imaginada para receber a o material de exposição espetacular dos filmes, das marcas e de suas estrelas.

Com o mercado de distribuição afunilado em direção aos *features* de produção americana e o produto europeu cada vez mais escasso, estreitavam-se o espaço e as possibilidades de diferenciação dos distribuidores-importadores. Serrador passaria então a se concentrar no mercado exibidor, construindo "supercinemas" para os "superfilmes".

O investimento em salas cinemas, por sinal, é outro ponto que lança questões importantes em torno do novo arranjo de forças do mercado de cinema no Brasil. Afinal, as grandes produtoras americanas foram também donas de espaços de exibição nos Estados Unidos, controlando pelo menos as salas mais rentáveis (de "primeira linha", ou "first run") do país – característica fundamental do processo de verticalização e um dos aspectos que, mais adiante, motivariam o processo antitruste que obrigou os grandes grupos a vender parte de seus circuitos a partir dos anos 1940. No entanto, a construção de salas nos Estados Unidos exigiu um levantamento de capital e um comprometimento com dívidas de grande vulto que seria arriscado em mercados estrangeiros.

No Brasil, apenas Paramount e MGM investiram na aquisição ou construção de salas próprias, ainda que em um escopo limitado. Como contam Vieira e Pereira (1983, p. 26), quando os primeiros empreendimentos do projeto de Serrador – a Cinelândia – começaram a ser inaugurados, em 1925, a agência da Paramount no Rio, que na época distribuía os filmes da MGM, firmou contrato com a CBC para exibição exclusiva dos filmes dessas duas marcas em dois de seus cinemas mais "nobres", Capitólio e Império. Pouco depois, em agosto de 1926, a Paramount comprou esses dois cinemas, passando a gerir diretamente pelo menos duas salas de "primeira linha". Em 1927, Capitólio e Império já ostentavam a marca Paramount em suas fachadas, assim como no cinema Paramount de Nova York, considerado até aquele momento o mais luxuoso palácio cinematográfico do país. Dois anos depois, em São Paulo, inauguraria o luxuoso Cine Theatro Paramount, o primeiro equipado para o cinema sonoro no Brasil, como vimos no capítulo 2.

Em 1926, como conta Luciana Corrêa de Araújo (2018), a MGM, já com escritório aberto no Brasil, associou-se ao grupo Empresas Cinematográficas Reunidas de São Paulo, que reunia a CCB de Francisco Serrador e a empresa D'Errico, Bruno, Lopes e Figueiredo, para formar consórcio Reunidas Metro-Goldwyn-Mayer Ltda, que começou a operar em janeiro de 1927 sob a direção do americano Louis Brock. A MGM utilizaria os cinemas da empresa – primeiro o Cine República, depois o cineteatro Santa Helena –, para realizar exibições em primeira mão (*first run*) de seus maiores filmes, criando para tanto grandes espetáculos diferenciados, combinando atrações de palco e tela. A estreia de *O grande desfile* (*The Big Parade*, King Vidor, 1925), drama sobre a Primeira Guerra Mundial que fora um imenso sucesso nos Estados Unidos, se deu no cineteatro Santa Helena com a presença do governador Carlos de Campos e outras autoridades. A projeção foi acompanhada por sonorização e música executada por uma orquestra de dezenove músicos conduzida pelo maestro Martinez Grau (Corrêa, 2018, p. 25).

Mais adiante, nos anos 1930, a MGM construiu cinemas próprios que formariam seu circuito exclusivo de salas lançadoras e que, do ponto de vista arquitetônico, levaram ainda mais longe a ideia de gigantismo e luxo dos palácios cinematográficos. O primeiro cinema inaugurado pela companhia foi o cine Metro (posteriormente Metro Passeio), na região da Cinelândia, no Rio, em 1936, com 1821 lugares; e em 1941 foram inaugurados mais dois: Metro Tijuca, com 1.785 lugares, e Metro Copacabana, com 1.708 lugares (Gonzaga, 1996, p. 304, 306). Paramount e MGM, na verdade, adotaram essa política em diversos mercados estrangeiros – sobretudo a MGM, que construiu salas em diversos países. Mas, de forma geral, esses investimentos na exibição representaram exceções na atuação das companhias americanas no Brasil, que geralmente preferiram trabalhar e negociar com o circuito de cinema já existente.

Gonzaga (1996, p. 127), no entanto, levanta a suspeita de que, no começo dos anos 1920, quando Serrador rompeu com a CCB e precisou refazer seu circuito em São Paulo, teria contado com "capitais americanos" para se reerguer, ressaltando que "era comum os representantes das distribuidoras realizarem negócios em seus próprios nomes". Seria possível que o modelo de operação de "corporação estrangeira nacionalizada", mediante o qual as companhias americanas atuavam no mercado brasileiro, abrisse brechas para negócios que passariam à margem da contabilidade oficial da empresa, e que, por meio de seus agentes,

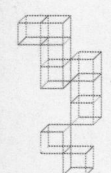

tenham sido feitos investimentos indiretos na exibição? É uma possibilidade ainda a ser investigada, e que também explicaria, ao menos em parte, o comprometimento dos exibidores com os filmes dessas marcas.

Nos arquivos da United Artists, uma carta de setembro de 1929 é um bom exemplo das especificidades e dos tipos de tensão que despontavam nas relações entre as companhias americanas e os exibidores brasileiros. Ela responde a um ponto que causou estranhamento entre os executivos da sede, relacionada ao estabelecimento de contratos no país. Como já vimos, uma das primeiras missões de Will Hays como presidente da MPPDA foi estabilizar a problemática relação entre distribuidores e exibidores nos Estados Unidos, organizando um modelo de operação que ao menos diminuísse as contendas judiciais entre eles. Voltando ao artigo de Maltby (2013, p. 144-145), já mencionado no capítulo 2, a MPPDA desenvolveu um Contrato de Exibição Padrão que estabeleceu termos consistentes de negociação:

> A MPPDA e os principais distribuidores conseguiram impor o Contrato Uniforme a partir de 1923, e este, renomeado como "Contrato de Exibição Padrão" em fevereiro de 1926, conseguiu reduzir o *overbuying* e o litígio, estabilizando as práticas de negócios. O uso do setor de arbitragem como um substituto para o litígio na solução de diferenças foi amplamente aplaudido como prática industrial de ponta e divulgado pelo MPPDA como evidência da adoção de procedimentos modernos de negócios pelo setor (Maltby, 2013, p. 145).

Pois bem, em carta de setembro de 1929 endereçada à diretoria da UA em Nova York, um representante da Price Waterhouse Co. no Brasil – firma encarregada de auditar periodicamente a contabilidade da filial brasileira – explicava a impossibilidade, no Brasil, de distribuidores e exibidores operarem com contratos com efetiva validade legal.

> Mais de uma vez, informamos que os chamados contratos de exibidor neste país não têm *status* legal. Um contrato para ser exequível por lei no Brasil deve ser registrado em cartório e devidamente carimbado. Este procedimento é absolutamente impraticável no que diz respeito aos contratos para exibição de filmes, como você pode imaginar, e nenhuma das empresas cinematográficas no Brasil tentou fazer isso. United Artists Corporation e a First National Pictures são as únicas distribuidoras aqui que se dão ao trabalho de fazer "contratos", e estes são muito raramente assinados pelo exibidor. O costume dos negócios aqui é que o exibidor chegue a um acordo com o gerente da filial para exibir certos filmes em determinadas datas por um preço acordado – seja uma locação fixa ou uma porcentagem das receitas brutas ou líquidas – e esses detalhes são registrados em um formulário conhecido como a "Programação" e assinado pelo exibidor, que retém uma cópia. (...)

> Até onde podemos ver, esses "contratos" são um desperdício de tempo – o verdadeiro memorando de acordo é a "Programação" assinada.[213].

A firma de auditoria tranquilizava a direção da UA em Nova York afirmando que, se o sistema for operado de forma honesta, uma cópia não poderia ser liberada a não ser que estivesse registrada na "programação" daquele exibidor em particular e anotada no livro de programação (*booking book*). Isso se aplicava, reforça a Price Waterhouse, a todas as companhias de cinema em operação no Rio de Janeiro das quais ela realiza auditoria, com exceção da First National (Warner), a única que mantinha um registro de contratos.

Outro ponto ressaltado é que, muito embora as distribuidoras se esforçassem para manter os exibidores em seu acordo original o tanto quanto possível, era preciso ter alguma flexibilidade para manter a boa vontade dos donos de cinemas, levando-se em consideração a variação de condições do mercado brasileiro, causada principalmente pelas chuvas e pelo serviço ferroviário não confiável. Os brasileiros, dizia a carta, "não costumam frequentar o cinema quando chove", e os exibidores muitas vezes precisavam cancelar sessões, solicitando o uso do filme por mais um ou dois dias sem custo extra. No caso de tempestades violentas, a corrente elétrica da cidade era frequentemente interrompida e o público recebia um *voucher* para outra apresentação. A empresa distribuidora estava praticamente obrigada a dar outro dia de exibição gratuita, se quisesse manter um bom relacionamento com aquele exibidor. Um terceiro problema era relacionado à infraestrutura de transporte. No interior, as diversas "programações" eram planejadas de modo a permitir que as cópias fossem enviadas de um exibidor para o próximo. No entanto, por conta dos serviços de trem, às vezes chegavam atrasadas, e os exibidores reivindicavam o tempo perdido. "Isso perturba o circuito, e novamente as variações precisam ser feitas".

O episódio é um bom exemplo da diferença que faz a representação direta, contando com gerentes familiarizados com o mercado local. As companhias americanas precisaram compreender as particularidades do negócio no Brasil e ceder em determinados aspectos. Essa presença certamente teve um papel importante no aumento cada vez maior do controle do negócio pelas distribuidoras, e uma progressiva diminuição do papel dos exibidores.

---

213 Price, Waterhouse, Faller & Co. Carta, 23 set 1929, para United Artists Corporation. United Artists Archives, O'Brien Legal Files, Series 2A, 23 set 1929.

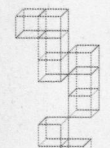

Boa parte desse controle passou por um alto investimento em publicidade, que, ao lado das revistas de cinema, foram os principais instrumentos de convencimento do público em relação à qualidade das novas marcas americanas.

A intensificação dos investimentos em publicidade e a transformação radical de suas estratégias, lembra Staiger (1985, p. 98), foi uma das características principais da modernidade nos Estados Unidos. Produtos antes vendidos genericamente começaram a adquirir nomes de marca; técnicas de publicidade se proliferaram nos anúncios em jornais e revistas e ganharam as ruas em outdoors e fachadas. Em um período relativamente curto, os gastos com publicidade nos EUA deram um salto imenso, passando de cerca de US$ 8 milhões em 1865 para mais de US$ 800 milhões em 1904. Na indústria do cinema, a publicidade se desenvolveu com particularidades em função da natureza do produto a ser vendido. Como lembram Vieira e Pereira (1983, p. 10-11):

> O *marketing* do cinema vende sempre duas coisas distintas: o filme por si só, em sua originalidade e similaridade com outros filmes, e a experiência do próprio cinema, ou seja, o cinema como arte e novidade. Nos anúncios dos anos 1920, no Rio de Janeiro, a competição entre várias marcas de filmes repete-se na competição entre as salas de exibição, cada uma à sua maneira, tentando criar uma característica e personalidade próprias (...) Esse papel da publicidade, fundamental nesses primeiros anos de articulação da indústria, vincula-se diretamente ao papel e à função de uma arquitetura específica para o cinema, possibilitando a criação de espaços para a veiculação de mensagens que interessam na captação de um público vasto.

Uma das consequências da representação presencial das companhias foi a disponibilização imediata de amplo material sobre cada produto – tanto para os exibidores (cartazes, fotografias, *banners*) quanto para a imprensa (*press releases*, fotografias, entrevistas). As revistas dedicadas ao entretenimento ("ilustradas") começaram a abrir cada vez mais espaço para o cinema, enquanto surgiam publicações totalmente especializadas na atividade, com maior ou menor sobrevida. À medida que o espaço dedicado ao cinema foi crescendo, aumentaram também os esforços de controle sobre o material publicado e as tensões geradas por esses esforços.

Uma das táticas das companhias foi a cooptação dos jornalistas especializados. Freire (2018, p. 290) relaciona os relatos conhecidos de repórteres e críticos contratados como publicistas pelas companhias americanas, como Celestino Silveira, Lamartine Marinho, Paulo Lavrador, Raymundo Magalhães Júnior e Zenaide Andrea. Em entrevista à *Filme Cultura*, em 1974, Pedro Lima, uma das figuras centrais do jornalismo cinematográfico da época, contava: "A praxe era: o crítico escrevia no jornal e, ao mesmo tempo, era publicista de uma companhia cinematográfica, fazendo comentários de acordo com o valor comercial do filme e com o sucesso da bilheteria. Era mais uma promoção do que uma orientação para o público". O boicote ao material fotográfico e informativo sobre os filmes para aqueles que emitissem opiniões contrárias é outro tipo de pressão mencionada pelo jornalista[214].

Um exemplo claro da absorção do discurso das publicações de mercado americanas pelas revistas brasileiras aparece nas páginas de *Cinearte*. Na edição de 14 de abril de 1926, a seção "Cinemas e Cinematografistas", dedicada à distribuição e exibição, iniciava um levantamento entre exibidores para saber "a quantidade exata e as condições dos cinemas no Brasil", com o objetivo de mostrar a "pujança do mercado brasileiro". A justificativa para a enquete abre o texto: "O progresso de um país mede-se pelo número de seus cinemas". Uma frase que será repetida várias vezes ao longo da existência da revista, e que em muito se assemelha à sentença do editorial de *Cine-Mundial* de abril de 1918: "O estado de desenvolvimento de um estado ou país é conhecido por suas salas de cinema"[215] (como vimos no capítulo 3). *Cinearte*, possivelmente, terá sido a publicação que mais refletiu em suas páginas as contradições de um mercado ocupado: ao mesmo tempo dependente e reprodutora do material do cinema hegemônico e mais popular, mas também defensora do desenvolvimento de uma indústria nacional, ainda que sempre a partir dos modelos de produção do cinema hegemônico (o sistema de estúdios, a essa altura já consolidado).

Os profissionais contratados pelas companhias americanas para seus escritórios estrangeiros, além de um profundo conhecimento do mercado brasileiro, de preferência deveriam ter também um "tino" publicitário. O perfil de Alberto Rosenvald publicado em *Palcos e Telas* em 1920, por exemplo, afirmava que ele, enquanto gerente do Cine Palais, "ali imprimiu nova feição à reclame cinematográfica"[216]. Nos anos 1930, quando a United Artists lançou uma publicação interna voltada para seus escritórios internacionais, a *United Artists Around the World*, o gerente da filial brasileira, Enrique Baez, receberia vários elogios por

---

214 *Filme Cultura*, ano VIII, n. 26, set. 1974, p. 154-156.

215 *Cine-Mundial*, abril de 1918, p. 181.

216 *Palcos e Telas*, 25 de março de 1920, p. 6-7.

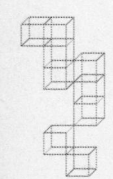

suas ações. Logo na primeira edição, de novembro de 1932, Baez mereceu o seguinte destaque:

> As atividades publicitárias do Sr. Baez, gerente geral para o Brasil, devem servir de inspiração para todo nosso departamento estrangeiro. Ele deu início a uma enérgica campanha publicitária sobre Mickey Mouse, e já conseguiu uma bem-sucedida repercussão em vários jornais e revistas, utilizando as reportagens e fotografias enviadas pela sede. E os editores em seu território o estão bombardeando com pedidos para mais reportagens e artigos especiais. Nesse momento ele trabalha no plano, em cooperação com um editor, para começar uma revista especial para crianças, que vai patrocinar o Clube do Mickey no Brasil. Nós dizemos: Bravo, Sr. Baez! Se o Sr. Baez pode fazer no Brasil, você pode fazer no seu território! (sublinhado no original)[217]

Além de confirmar o amplo uso de material publicitário como conteúdo editorial pelas revistas de cinema, a nota nos revela o início da presença da Disney, representada pela UA, no mercado brasileiro, por meio do personagem Mickey Mouse.

As referências a ações publicitárias das filiais da UA no Brasil serão constantes na publicação *United Artists Around the World*. A edição de novembro de 1932, por exemplo, tece elogios ao gerente do escritório de Porto Alegre, Racine Guimarães, que aproveitou a passagem pela cidade da estrela da Fox, Will Rogers, para promover um filme da UA. Guimarães se infiltrou entre os repórteres e fez uma pergunta sobre *Scarface*, produção da UA que acabara de ser lançada no Brasil. Rogers elogiou, "os jornais publicaram com destaque, e o filme se beneficiou", festejava a nota[218].

Outro exemplo bastante significativo se deu em 1936, na ocasião do lançamento de *Tempos Modernos* (*Modern Times*, dir. Charles Chaplin). Diz a nota:

> Se algum dia uma história da exibição de *Tempos modernos* for escrita, um capítulo inteiro terá que ser dedicado à campanha realizada por Rickey Baez, gerente geral no Brasil, auxiliado por seu departamento de publicidade e pelos gerentes dos escritórios de Porto Alegre e São Paulo. Parcerias de página inteira com Lever Bros, fabricantes de sabão; edições inteiras de jornais e revistas dedicados ao filme; um grupo de oito imitadores de Chaplin para uma ação publicitária nas ruas; uma première capaz de rivalizar com as maiores de Hollywood; tudo combinado para tornar Chaplin

---

217 *United Artists Around The World*, v. 1, n. 1, 17 set 1932, p. 9.

218 *United Artists Around The World*, v. 1, n. 8, 5 nov 1932, p. 8.

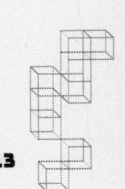

> conhecido dos espectadores brasileiros. Nós tiramos o chapéu para Rickey Baez e sua equipe de ázes![219]

Por fim, outro documento dos arquivos da United Artists nos oferece um retrato bastante preciso da presença das companhias americanas no Brasil no ano de 1935. Trata-se do chamado *"competitive"*, isto é, um relatório sobre as atividades das companhias competidoras da United Artists no país.

Segundo o documento[220], em 1935 as duas distribuidoras americanas com maior representação no território brasileiro eram Universal e Paramount. A Universal operava com "nada menos" que dez escritórios, incluindo o do Rio de Janeiro, e duas agências representativas, em Ubá (Minas Gerais) e Botucatu (São Paulo). A Paramount, também com uma operação "invejável", gerenciava nove filiais e uma "subfilial", totalizando dez unidades, e trabalhava com agentes em Campos e na Bahia[221]. A MGM operava seis escritórios, uma "subfilial" na Bahia e uma agência em Botucatu. A Fox trabalhava com sete escritórios e quatro agências, enquanto a First National (Warner) possuía oito, uma "subfilial" em Juiz de Fora e uma agência na Bahia. O relatório afirma que a única companhia operando com menos escritórios no Brasil que a UA era a recém-chegada Columbia, que havia se instalado há cerca de um ano e até o momento havia aberto escritórios no Rio de Janeiro, em São Paulo e Porto Alegre, contando com três agências de representação, em Ribeirão Preto, Belo Horizonte e Recife. Como se vê, as *majors* se expandiram pelo país e atuaram de forma direta em boa parte do mercado brasileiro (ainda que não em todo o país), e as companhias que primeiro se instalaram – Universal, Paramount e Fox – tinham operações mais extensas e, segundo o relatório, mais eficientes (sobretudo Universal e Paramount).

O relatório também mencionava que, além do "produto padrão americano" (*American standard product*), uma quantidade razoável de filmes estrangeiros e nacionais havia sido lançada. UFA e Cine Allianz

---

219 *United Artists Around The World*, v. 4, n. 3, 1936, p. 22.

220 "Brazil-Competitors". Relatório, 3 out 1935. United Artists Archives, Black Books Files.

221 O documento não explica exatamente o que seria uma subfilial, possivelmente um escritório reduzido, com apenas um funcionário. Pela descrição, podemos deduzir que o escritório era uma representação própria, enquanto uma agência teria um representante de vendas local.

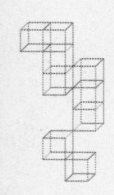

teriam estreado até aquele momento 49 filmes alemães e franceses, relacionados no relatório. A Gaumont-British lançara quatro. Houve também dois lançamentos portugueses: *As pupilas do senhor reitor* (dir. José Leitão de Barros, 1935) e *Gado Bravo* (dir. Antônio Lopes Ribeiro, Max Nosseck, 1934). E as produções nacionais foram cinco: *Alô, alô, Brasil* (dir. João de Barro e Wallace Doney, 1935, distribuído pela MGM), *Estudantes* (dir. Wallace Doney, 1935, com Carmen Miranda), *Noites cariocas* (dir. Enrique Cadícamo, 1936), *Cabocla Bonita* (dir. Leo Marten 1935) e *Favela dos meus amores* (dir. Humberto Mauro, 1935). O relatório concluía que, "de forma geral, os filmes locais foram até o momento recebidos com bastante entusiasmo pelo público, mas a qualidade desses filmes ainda é inferior aos padrões estabelecidos".

Nesse mesmo ano de 1935, um segundo relatório faz uma espécie de histórico das operações da UA no Brasil. A companhia abriu seus primeiros escritórios no país em julho de 1926, no Rio de Janeiro e em São Paulo. Um escritório foi aberto em Porto Alegre em maio de 1929, e continuava em operação. Na Bahia, a UA abriu escritório em agosto de 1927, fechado em julho de 1929. O de Recife funcionou entre maio de 1928 a abril de 1930, para reabrir em 1924 [sic, o correto deve ser 1934]. Em Ribeirão Preto, operou de abril de 1929 a janeiro de 1930. O fracasso dos escritórios fechados, segundo o relatório, seria por conta "da escassez de produtos em todas as instâncias e por causa dos altos e baixos das condições econômicas nesses respectivos territórios durante os últimos nove anos", possivelmente agravada pela crise causada com a transição para o cinema sonoro, que provocou a diminuição do número de cópias em circulação no mercado.

4.6. ALGUNS NÚMEROS

"Essa guerra foi feita para a América", disse Leon Gaumont, fundador da companhia francesa de cinema que ainda hoje existe e leva seu sobrenome, à revista *Moving Picture World*, em abril de 1916[222]. Ainda que a Primeira Guerra não tenha sido o único fator responsável pela queda das companhias europeias e a ascensão do cinema americano nos mercados mundiais, sem dúvida foi um fator histórico de peso decisivo para os rumos da indústria cinematográfica.

---

222 *Moving Picture World*, 8 abr 1916, p. 233.

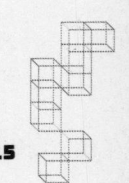

São escassas as estatísticas dos anos 1910, mas alguns dados disponíveis nos dão a dimensão da transformação do mercado de cinema a partir da eclosão da guerra. Como exemplo do declínio na Europa, Thompson (1986, p. 87) reproduz os números das exportações de filmes italianos entre 1914 e 1919 (em quilogramas, pois os filmes eram exportados a peso na época), mostrando que o volume total caiu de 104,6 mil quilos para 56,3 mil quilos nesse período. Especificamente para o Brasil, a importação de fitas italianas despencou de 12 mil quilos para 1,4 mil quilos. Segundo números citados por Randal Johnson (1987, apud Souza, 1988, p. 29), em 1913 o Brasil importou dos EUA 1.600 quilos de filmes impressos, contra 8.500 quilos de filmes provenientes da França e 8.200 da Itália; em 1920, a importação de filmes dos EUA subiu para 18.500 quilogramas, contra 2.800 da Itália e 1.600 da França. A partir da década de 1920, a presença da cinematografia americana será majoritária em vários mercados, incluindo o brasileiro.

Em 1929, o Departamento de Comércio publicou uma edição especial de seu boletim (*trade bulletin*) totalmente dedicada ao mercado de cinema na Argentina e no Brasil[223]. No prefácio, a justificativa: com base nas quantidades exportadas, Argentina e Brasil eram o segundo e terceiro mercados estrangeiros para filmes americanos, atrás apenas da Austrália. Em 1928, produtores americanos haviam vendido 20,1 milhões de "pés lineares" (*linear feet*) para a Argentina e 16,4 milhões para o Brasil, valores que representavam cerca de 85% do total de filmes exibidos em cada um desses países, a Argentina com 972 cinemas, o Brasil com 1.390.

O boletim de 1929 é uma compilação dos relatórios anuais produzidos pelo corpo consular dos EUA no Brasil, acrescida de mais informações e análises. Ele apresenta desde estatísticas dimensionando o tamanho do mercado de cinema e a presença do cinema americano até detalhes sobre a exibição (incluindo o grau de ventilação dos cinemas), distribuição (sobretudo possibilidades de publicidade, com uma lista dos principais jornais dividida por região) e da produção local (considerada insipiente, a não ser pelos "naturais"), além de detalhes sobre o gosto e o comportamento do público. Quase todas as tabelas publicadas trazem uma evolução dos números, confirmando a exis-

---

223 *Motion Picutres in Argentina and Brazil*, Trade Information Bulletin n. 630. Washington: United States Government Printing Office, 1929.

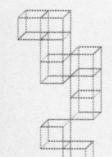

têncIa de um banco de dados constantemente alimentado. Uma seção inteira é dedicada à influência dos filmes americanos:

> A influência do cinema sobre os pensamentos, hábitos e ideais do povo brasileiro é bastante grande. Fotografias de estrelas cinematográficas dos Estados Unidos são reproduzidas em revistas brasileiras e muitas são quase tão conhecidas no Rio de Janeiro quanto nos Estados Unidos. Suas vestimentas e costumes são frequentemente copiados por jovens homens e mulheres. [...] Filmes produzidos nos Estados Unidos, por meio de sua ampla distribuição e posição dominante no Brasil, têm uma influência sutil e poderosa, cuja extensão, é claro, é impossível de julgar. Essa influência certamente afetará muito – e provavelmente favoravelmente – as relações amistosas entre o povo dos Estados Unidos e do Brasil e, com efeito, desempenhará um papel importante não apenas no mercado de filmes cinematográficos, mas também para muitas outras exportações dos Estados Unidos.

Talvez a publicação do *trade bulletin* de 1929 possa ser vista como o fechamento de um ciclo, em que a hegemonia das companhias americanas no mercado cinematográfico brasileiro já se encontrava plenamente consolidada. Nesse momento, a própria história do Brasil encontrava-se em um momento de transformação, com a proximidade do fim da chamada Primeira República e o início de uma nova fase, a partir do estabelecimento do Estado Novo de Getúlio Vargas, em 1930. A partir daí, novos desejos, tensões e dinâmicas se estabeleceriam também no campo do cinema, num período que, por sua vez, coincidiria com a consolidação do cinema sonoro.

Neste capítulo, procuramos esboçar os cenários em que se encontravam o mercado de cinema nos Estados Unidos e no Brasil quando as companhias americanas de cinema começaram a instalar seus escritórios de distribuição no país, em 1915. Como vimos, a chegada das marcas que em breve viriam a formar um oligopólio ocorreu em etapas, e não sem tensões. Aos poucos, a presença dessas companhias induziu a uma completa rearrumação do mercado, caracterizada por uma divisão cada vez mais acentuada dos ramos da distribuição e da exibição. Essa presença também teve efeitos profundos no campo da produção, no entanto, não foi esse nosso foco nesta tese – ficando aqui a semente para possíveis (e absolutamente necessários) aprofundamentos nesse campo.

CONSIDERAÇÕES FINAIS

Para além do domínio doméstico e internacional constituído pelo cinema americano e pelas *majors*, uma questão que se impõe é a longevidade desse domínio. Que condições possibilitaram a permanência da hegemonia de Hollywood durante tantas décadas? Essa permanência, claro, não significa que a trajetória das *majors* tenha sido um longo rio tranquilo. Ao contrário, trata-se de uma história marcada por turbulências de diversas intensidades. No entanto, um oligopólio formado por um grupo de empresas que incluiu Universal, Paramount, MGM, United Artists, Fox, Columbia, Warner Bros, RKO e Disney, conhecidas em seu conjunto como as *majors* de Hollywood, dominou o cinema mundial por um período que se alongou por muitas décadas, a partir de meados dos anos 1920. Nem todas as companhias permaneceram no grupo por todo esse período, mas a maioria delas, sim.

Ao longo desses anos, o ambiente da indústria e os modelos de negócios sofreram transformações dramáticas pelos mais diversos fatores. Houve, por exemplo, momentos de grave crise em que estúdios estiveram em regime de falência ou recuperação judicial, sobretudo na Grande Depressão que se seguiu ao *crash* da bolsa de 1929, e no fim dos anos 1960, quando uma combinação de transformações no capitalismo corporativo e mudanças estruturais e comportamentais abalaram a estrutura existente dos estúdios. Houve também momentos de turbulências de maior ou menor intensidade em função da introdução de novas tecnologias. E houve, ainda, ações externas como o processo antitruste movido pelo governo americano que se alongou por dez anos e, uma vez concluído, em 1948, determinou a desmontagem da estrutura verticalizada do sistema de estúdios. Esse último é especialmente significativo como exemplo da resiliência hollywoodiana. No processo de "desverticalização", as *majors* foram obrigadas pela justiça a se desfazer pelo menos dos cinemas mais rentáveis de sua rede de exibição. E apesar de essa decisão ter de fato oxigenado a situação das produtoras e exibidores independentes no mercado americano por algum tempo, não chegou a mudar o quadro de liderança mercadológica das grandes companhias nas décadas seguintes. Essa resiliência foi possível, em parte, pela manutenção da rede de distribuição doméstica, mas, sobretudo,

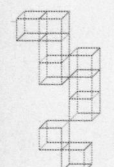

pela existência de amplas e sólidas estruturas de distribuição nos mercados internacionais (que, não por acaso, passaram a ganhar cada vez mais importância para a base econômica de Hollywood).

Em sua exaustiva pesquisa *Hollywood's Dominance of The Movie Industry: How did it rise and how has it been maintained?*, John Silver (2007, p. 22-23) procurou situar a hegemonia hollywoodiana em perspectiva em relação a outras indústrias, realizando um levantamento a partir da lista publicada anualmente pela revista *Fortune* com as 500 maiores empresas da economia mundial. Concluiu que, entre 1966 e 1970, 72 companhias de outras indústrias (14%) saíram do *ranking* em apenas cinco anos; entre 1982 e 2002, esse percentual foi de 50%. Ao longo desse período, os estúdios de Hollywood ainda ativos permaneceram na lista. Das nove companhias que em algum momento entraram para o grupo das *majors*, três não sobreviveram ou foram incorporadas. A RKO, que chegou a fazer parte das "cinco grandes", saiu do mercado em 1957, segundo Gomery (2005, p. 151) por conta de medidas "destrutivas" do bilionário Howard Hughes, que adquiriu a companhia em 1944. United Artists e MGM não conseguiram se adaptar à era dos novos conglomerados que começou a se formar nos anos 1960. No entanto, suas marcas – e catálogos – foram disputados em leilões bilionários a partir do crescimento da TV paga e do vídeo doméstico (Gomery, 2005, p. 310; Hoyt, 2014). A Columbia foi incorporada pela japonesa Sony em 1991, rebatizada Sony Pictures Entertainment (a marca Columbia permaneceu, mas como num "selo" especial). As outras – Universal, Paramount, Fox, Warner e, a partir dos anos 1950, Disney – passaram por altos e baixos, mas, ainda hoje, dominam o mercado de cinema nos Estados Unidos e em vários países.

Em sua busca pelas razões da sustentação desse domínio, Silver (2007, p. 16-17) elaborou uma relação das vinte explicações mais recorrentes para o domínio hollywoodiano citadas nas mais diversas fontes da literatura acadêmica e das publicações voltadas para a indústria. Em resumo, elas são:

1. as duas guerras mundiais, que interromperam a produção europeia e abriram uma oportunidade histórica para que Hollywood preenchesse esse vazio, estabelecendo uma ampla infraestrutura de distribuição estrangeira;
2. a grande extensão territorial e demográfica dos Estados Unidos, que fazem do país um mercado interno com dimensões continentais;

3. o amplo auxílio do governo americano para a expansão internacional de Hollywood;
4. a constante exploração de novas tecnologias;
5. a própria estrutura da indústria, pelo estabelecimento de um oligopólio poderoso demais para se competir com ele;
6. o acesso ao capital financeiro, a partir da legitimação do cinema como indústria;
7. o acesso dos grandes estúdios a um grande volume e variedade de recursos, com os quais rivais menores não podem competir;
8. a constituição de barreiras de entrada, que bloquearam a entrada de concorrentes em potencial;
9. a aglomeração da indústria em um polo: Los Angeles é a capital do entretenimento do mundo;
10. a deliberada política de Hollywood de estabelecer uma guerra econômica contra os rivais para enfraquecê-los;
11. a teoria econômica dos custos irrecuperáveis (*sunk costs*), ou seja, altos investimentos numa situação em que o retorno dessas somas está fora do horizonte do mercado, que explicaria o declínio da indústria do cinema na Europa nos cenários pós-guerra, favorecendo a ocupação desse espaço por Hollywood;
12. a integração vertical, que proporcionou vantagens de produção e exploração em escala em relação aos concorrentes no mercado interno;
13. a adaptabilidade e a especialização flexível que caracterizaria as *majors*;
14. a economia dos canais culturais, ou seja, o controle de outros meios da economia da cultura para além do cinema;
15. a capacidade de fabricação em massa, cuja estrutura se forma desde a era do sistema de estúdios;
16. a orientação comercial de Hollywood, voltada à produção de filmes projetados para entreter;
17. o controle dos canais de distribuição;
18. a utilização de cartéis de exportação para dominar os mercados estrangeiros;
19. o controlou estratégico da exibição (varejo) durante a era dos estúdios;
20. a demonstração consistente de uma *expertise* "superior" em comunicação de *marketing*.

O autor reconhece a importância de todos esses fatores, mas argumenta que nenhum deles, isoladamente, seria capaz de explicar a longevidade do domínio hollywoodiano. Para cada um, enumera pontos fracos. Alega, por exemplo, que o fato de Hollywood se beneficiar de um mercado doméstico gigante não pode explicar totalmente a duração de seu domínio, pois o maior mercado doméstico para cinema, na verdade, está na Índia. Quanto ao auxílio do governo americano em mercados estrangeiros, Silver questiona: "mas o que impede outros governos de usar *lobbys* semelhantes para beneficiar suas indústrias?" – e assim por diante. Tudo isso para, no fim das contas, formular uma "teoria unificadora" segundo a qual "a gestão estratégica eficaz e as capacidades de *marketing* podem explicar o domínio de Hollywood desde o fim dos anos 1910". Silver conclui, enfim – e uma vez mais –, que a capacidade "superior" de gestão das companhias americanas (a palavra "superior" é repetida inúmeras vezes), particularmente pelo fato de serem "*market oriented companies*", isto é, companhias orientadas pelo/para o consumidor, seria, entre todos, o fator primordial para explicar a longevidade do domínio hollywoodiano.

No próprio levantamento de Silver, no entanto, sobram elementos que sugerem um quadro bem mais complexo, no qual, de fato, nenhum desses fatores pode levar o crédito por ter sido o único ou mesmo o "principal" fator determinante dessa hegemonia; mas todos eles – incluindo o fato de serem companhias em muitos aspectos pioneiras em técnicas de *marketing* – tiveram algum peso e contribuição.

Acredito ser necessário destacar dois desses argumentos em especial, não porque sejam mais importantes que os outros, mas porque não costumam receber a atenção devida e, de alguma forma, estão mais profundamente relacionados ao domínio de Hollywood nos mercados estrangeiros (e também porque os "pontos fracos" apontados por Silver para diminuí-los me parecem particularmente frágeis). São eles a criação de barreiras à entrada de novos competidores ("*barriers to entry*") e o auxílio do governo americano à indústria do cinema americano nos mercados externos[224].

---

224 Como ponto fraco do argumento das "barreiras de entrada", Silver alega que as companhias pré-Hollywood também ergueram barreiras aparentemente intransponíveis, mas foram superadas pelos estúdios emergentes de Hollywood. Não leva em consideração, porém, a diferença entre os tipos de barreira erguidos. Sobre o apoio do governo americano em mercados estrangeiros, como já mencionamos, Silver argumenta que outros governos poderiam recorrer às mesmas estratégias (ig-

Primeiro, as "*barriers to entry*". As técnicas para erguer barreiras inibidoras à entrada de novos concorrentes fazem parte da estrutura do sistema capitalista de tendência oligopolista/monopolista que avança no começo do século XX. Empresas pioneiras com capacidade de investir em economias de escala colocam potenciais novos operadores em desvantagem porque, "ao contrário das patentes ou da difusão do conhecimento, este tipo de vantagem permanece com os operadores históricos e não sofre erosão ao longo do tempo" (Silver, 2007, p. 41). A entrada no mercado pode, portanto, tornar-se muito cara, e "se uma empresa dominante tem vantagens operacionais (custo absoluto, diferenciação de produto), simplesmente não é viável para um concorrente corresponder à sua posição de custo/demanda" (Hay; Vickers, 1987, apud Silver, 2007, p. 41).

Na história da indústria do cinema americano, além da economia de escala, todo o investimento que consolidou o *feature film* como produto dominante da cadeia cinematográfica também pode ser considerado uma ação que estabeleceu barreiras à entrada de concorrentes, nacional e internacionalmente.

Em geral, a ascensão do *feature* e sua cristalização na forma de "longa-metragem narrativo de ficção" é tomada como uma "evolução" natural do cinema. Mas a obsessão de determinados executivos, sobretudo Adolf Zukor, da Paramount, em fazer toda a cadeia cinematográfica girar ao seu redor, só faz total sentido se for vista como uma ação de barreira. O alto investimento nos longas de ficção foi acompanhado da construção de todo um discurso ao seu redor que o vinculou à "verdadeira qualidade" e ao luxo. Não é à toa que a palavra "lavish", associada à exuberância e ao esbanjamento, é constantemente utilizada para descrever os filmes de Hollywood e, em especial, os da Paramount. A associação direta da "qualidade" ao formato de longa-metragem, e particularmente aos filmes de longa-metragem de alto custo, implicitamente relegou os filmes de outras durações, sobretudo os mais curtos, a uma posição de inferioridade e de menor qualidade. Ora, por que não imaginar um cenário comercial em que filmes "bons" das mais variadas durações pudessem existir e conviver? O estabelecimento da centralidade do *feature* de longa-metragem, e sobretudo das superproduções, constituiu uma das principais barreiras à entrada de possíveis competidores, tanto no mercado interno quanto no mercado internacional. Mas essa aposta era arriscada e precisava es-

---

norando a diferença de peso do poder econômico e político dos Estados Unidos na geopolítica mundial).

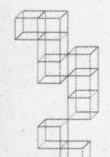

tar cercada de garantias. O alto custo estabelecido pela centralidade dos longas fomentou uma busca pela ampliação do controle mundial dos canais de distribuição, que, juntos, praticamente blindaram os estúdios de Hollywood contra possíveis concorrentes, mesmo quando em posição de fragilidade. A possibilidade de produzir filmes de grandes orçamentos só existe pela garantia de uma distribuição em larga escala. O amplo lançamento nos cinemas estabelece a base econômica que permite (ainda que não a garanta, pelo menos filme a filme) a recuperação de investimentos altíssimos não só na produção, mas também na distribuição (confecção das cópias, na era pré-digital, investimentos em publicidade e *marketing*).

O segundo ponto a ser destacado é o peso do apoio do Estado à indústria do cinema americano nos mercados internacionais. Nas análises da hegemonia hollywoodiana em mercados estrangeiros, em geral pouca ênfase é dada à participação do Estado. Uma exceção é Kerry Segrave (1997, p. 9):

> Com o passar do tempo [a partir dos primeiros relatórios sobre mercados de cinema no exterior produzidos pelo corpo consular dos EUA], mais e mais ajuda foi estendida pelo governo. Uma fortuna de informações foi montada e disponibilizada gratuitamente para a indústria. Os custos do governo federal foram pagos por todos os cidadãos dos EUA, enquanto os benefícios foram acumulados para alguns poucos ricos do setor. Era a função socialista do capitalismo norte-americano: socializar os custos, privatizar os lucros.

Possivelmente, as menções breves ao apoio do Estado podem vir da alta complexidade que ele assume – justamente porque procura se camuflar como apoio estatal. Ian Jarvie (1992, p. 297-306) procura dar conta dessas nuances. Elas se fazem ver, sobretudo, nas estruturas que emergiram do Estado promocional, que nada mais é do que uma política que não pode se apresentar como política, ou estaria ferindo os princípios da ideologia que fundamentava o liberalismo desenvolvimentista. Essa estrutura formou toda uma rede de coleta e compartilhamento de informações da qual fizeram parte o Estado, via corpo consular, a MPPDA e as publicações de mercado. Não é por acaso, portanto, que recai sobre a MPPDA (uma associação privada) a reputação de exercer uma política de dominação – um aspecto que se acentuará ainda mais durante e após a Segunda Guerra Mundial[225].

---

225 As articulações e ações da indústria do cinema americano e o Departamento de Estado dos EUA durante a Segunda Guerra no Brasil foram abordadas por Alexandre Busko Valim (2017) em *O triunfo da persuasão: Brasil, Estados Unidos e o cinema da Política de Boa Vizinhança durante a II Guerra Mundial*.

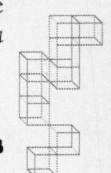

Então, assim como os funcionários do governo poderiam fomentar o comércio exterior da indústria cinematográfica americana, embora não houvesse de fato nenhuma política voltada à indústria cinematográfica para orientá-los e controlá-los, a indústria também poderia cumprir um propósito ideológico, mantendo o que agora chamava de "deniability" [ou seja, a possibilidade de negação]. Quando os governos estrangeiros reclamavam do comportamento ou da produção de Hollywood, os funcionários do Departamento de Estado poderiam se eximir de toda responsabilidade e até simpatizar com as críticas. Quando a queixa era de que um filme de Hollywood representava os estrangeiros sob uma luz ofensiva, os funcionários do Departamento de Estado poderiam explicar que em um país livre eles não tinham controle sobre esses assuntos. Eles, de bom grado, repassariam a queixa e instigariam Hollywood a ser menos insensata, mas esse era o limite. Se a queixa era de que os filmes americanos estavam dominando as telas estrangeiras, ou que as empresas americanas estavam assumindo o controle da indústria cinematográfica em outro país, os funcionários do Departamento de Estado poderiam responder que os Estados Unidos eram um mercado aberto para filmes […]. Assim, se as firmas e filmes americanos estavam indo bem no exterior, enquanto firmas e filmes estrangeiros não correspondiam a essa conquista nos Estados Unidos, isso representava uma lição no livre mercado. As empresas americanas estavam dando aos clientes o que eles queriam, enquanto as empresas estrangeiras não eram capazes de fazê-lo. Mas isso não significava, de fato, que o mercado americano estivesse aberto ao produto estrangeiro (Jarvie, 1992, p. 297).

Nesse cenário, a MPPDA assumia toda a responsabilidade pela "política externa" de defesa do cinema americano. A base argumentativa dessa política partia do princípio de que, se não existem impedimentos americanos para os filmes estrangeiros nos Estados Unidos, não pode haver impedimentos estrangeiros para os filmes americanos em outros países. No entanto, o fato de não haver impedimentos legais para filmes estrangeiros no mercado interno americano (em forma de cotas, taxas etc.), não torna esse mercado aberto ao filme estrangeiro. Essa barreira foi constituída historicamente, envolvendo a estruturação da indústria, principalmente do ponto de vista da distribuição, estratégias discursivas, e sobretudo a formação de uma cultura de recepção e consumo que absorveu o discurso de que Hollywood é "o cinema" e de que todos os outros lhe são estrangeiros. Apenas quando toda essa base argumentativa se demonstrava insuficiente e as nações se movimentavam para criar barreiras ou estímulos às cinematografias nacionais, a MPPDA acionava as ligações que havia construído no Congresso e nos Departamentos de Estado e Comércio em busca de outras formas de pressão.

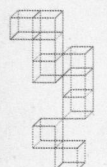

A sustentação dessa possibilidade de ação da MPPDA está justamente no estabelecimento de uma rede de informações da qual fizeram parte governo, a MPPDA e as publicações de mercado que se forma desde muito cedo. A formação dessa rede demonstra uma consciência da importância da informação para a indústria do cinema em particular. De Vany (2004, p. 1) vai mais longe ao afirmar: "Considero a indústria do cinema como uma indústria de informação, indiscutivelmente a primeira indústria de informação do século XX".

Silver (2007, p. 90-91), por sua vez, também reconhece a importância da informação, mas circunscreve sua utilização no universo do *marketing*, tendo como objetivo central o "foco no consumidor": "o conhecimento do mercado, dos concorrentes e dos clientes permite que a empresa desenvolva produtos apropriados que satisfaçam as necessidades e desejos atuais e emergentes". Seu levantamento menciona o fato de que os estúdios de Hollywood vinham "realizando atividades de inteligência de *marketing* desde a década de 1920, por meio de diversos canais", incluindo "coleta de dados de mercado desde 1922, via MPPDA, com auxílio do Departamento de Comércio desde 1926 (fundação da Divisão de Cinema)". No entanto, como vimos, a coleta de dados pelos consulados começou em 1914, antes da existência da MPPDA, e não foi efetuada pela MPPDA, mas distribuída para os agentes da indústria por ela e pelas publicações especializadas. Por fim, a fundação de uma divisão de cinema no Departamento de Comércio não representou o início de um auxílio, como ele sugere, mas a intensificação e especialização ainda maior de uma estrutura que já existia.

Os principais líderes das companhias emergentes na era pós-MPPC de fato perceberam a importância da informação e certamente dela fizeram uso no processo de construção da hegemonia do cinema americano. Esse trecho da biografia autorizada de William Fox escrita por Upton Sinclair é bastante representativa:

> Eu conhecia as condições de todas as nações com as quais negociávamos. Eu sabia o valor de cada moeda de todas as nações com as quais negociávamos. Eu achava que conhecia a política de todas as nações com as quais negociávamos. Nenhuma pergunta poderia surgir que não pudesse ser respondida com o apertar de um botão a partir dos extensos arquivos que eu tinha ao lado do meu escritório. Eu tinha esse arquivo completamente sistematizado para que eu soubesse cada movimento feito em toda a organização. [...] Cedo, todas as manhãs, eu sabia o número exato de pessoas que foram às sessões do dia anterior. Eu acompanhava os resultados a cada hora". (Sinclair, 1970, p. 5-6).

Talvez as principais diferenças entre a primeira tentativa de formação de um oligopólio na indústria do cinema americano (simbolizada pela MPPC) e a segunda (simbolizada pela MPPDA) estejam justamente na percepção da importância da informação em uma indústria ligada à tecnologia, à criação e, na ponta da recepção e consumo, às transformações de comportamento; e a necessidade de controle de mercados internacionais para sustentar o seu alto custo. O que Fox não menciona é exatamente como ele sabia "o valor de cada moeda", "a política das nações" etc. É claro que parte dessas informações passou a ser suprida pelas próprias filiais da Fox no exterior, mas, antes que essas filiais fossem estabelecidas e estruturadas – e também depois –, o Estado americano continuou operando um sistema de "inteligência comercial" que alimentava a indústria com dados fundamentais.

Adolph Zukor, da Paramount, e Carl Laemmle, da Universal, também compartilhavam de uma obsessão pela informação, ainda que com focos diferentes. Zukor foi um profundo estudioso sobretudo do mercado europeu e realizou várias viagens ao continente para entender as lógicas do *feature film* e o "film d'art". Laemmle, por sua vez, percebeu o potencial do estrelismo e foi um de seus impulsionadores ao contratar Florence Lawrence, a "garota da Biograph", em 1909, utilizando-se de um jogo publicitário para associar a atriz à marca Universal. Laemmle, no entanto, era reticente ao domínio do *feature* e durante anos insistiu na produção de curtas e seriados, o que acabou relegando a Universal a uma posição quase marginal entre as *majors*. Por fim, a atenção ao consumidor está diretamente relacionada ao fato de todos esses empresários não começaram produzindo filmes, mas emergiram dos ramos da distribuição e da exibição – ou seja, do varejo, a ponta da cadeia que está justamente mais próxima do espectador, o "consumidor final".

No Brasil, a presença de Universal, Fox e Paramount a partir de 1915 teve um papel essencial como um movimento inicial, que foi essencialmente um movimento de ocupação do mercado, que se completaria com a chegada das outras marcas a partir da segunda metade dos anos 1920. Nesse processo, a relação com os exibidores, o investimento em publicidade (e seu controle) e a proximidade com a imprensa foram as três metas prioritárias. A publicidade e a relação com a imprensa, em particular, estiveram focadas no objetivo de solidificar o *feature film* e suas características, sempre associadas à qualidade e à sofisticação (e à produção americana e seu "universalis-

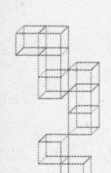

mo"), divulgar o estrelismo e afirmar seu modelo de produção como único. Esse discurso foi amplamente disseminado e absorvido por jornalistas e agentes da indústria. A sofisticação do filme americano, constantemente evocada, passaria a ser uma referência praticamente inalcançável para os produtores brasileiros.

Voltamos então a Thompson (1985, p. ix), quando, no prefácio de *Exporting Entertainment*, afirma que a ascensão de Hollywood a uma posição dominante em mercados mundiais foi um dos eventos que "moldaram decisivamente" a história do cinema. Na medida em que a maior parte das plateias passou a ter o filme hollywoodiano como referência majoritária, às vezes quase absoluta, todos os outros "cinemas", incluindo cinematografias de outras nacionalidades, passaram a ser vistos como "alternativos"[226].

Em resumo: o movimento de expansão internacional mais sistemático das companhias da indústria do cinema americano começou logo após a deflagração da Primeira Guerra Mundial, em 1914, com forte incentivo do Departamento de Comércio dos Estados Unidos. Masessa expansão se deu de forma cautelosa e em etapas. Assim como foi feito com outras indústrias, o Estado americano, com a orientação do Departamento de Comércio (por sua vez subordinado ao Departamento de Estado), montou uma estrutura mundial, por meio de embaixadas e consulados, para coletar informações e produzir relatórios detalhados sobre diversas características dos mercados externos. A historiadora Emily Rosemberg chamou essa estrutura de "Estado Promocional". O mercado de cinema no Brasil foi assunto de um relatório consular detalhado já em 1914, reproduzido em duas revistas especializadas (*trades*). Apesar de não haver registros de relatórios produzidos nos anos seguintes, a partir de 1922 eles se tornam constantes e cada vez mais detalhados.

---

226 Aqui, é fundamental lembrar também que o domínio da indústria cinema americano não é, em absoluto, "mundial". Há nações produtoras fortes, como por exemplo – e sobretudo – a Índia, que inclusive supera Hollywood em número de filmes lançados anualmente. Mesmo nos países onde Hollywood é historicamente dominante, a recepção de seus filmes nunca será unívoca e submissa, havendo uma série de nuances, como não poderia deixar de ser num contexto de consumo de produtos culturais. Seria interessante, por sinal, um estudo comparado de mercados onde Hollywood não conseguiu estabelecer sua hegemonia, ou mesmo um estudo comparado onde Hollywood se tornou hegemônico, para entender como se estabeleceram as especificidades e resistências em cada um desses países.

A expansão internacional da indústria de cinema dos EUA foi intensamente estimulada pelas revistas especializadas no comércio cinematográfico (os chamados *trades*), que incentivavam uma "invasão" de filmes americanos. O território da América do Sul foi considerado prioritário por ser historicamente importador e por ter uma estrutura de exibição já consolidada. O vácuo deixado pela Europa, com o início da Primeira Guerra, deveria ser ocupado. Uma revista, *Cine-Mundial*, foi fundada por uma editora com sede em Nova York especialmente para informar aos exibidores de países de línguas latinas (da América do Sul, sobretudo) sobre a produção dos Estados Unidos. *Cine-Mundial* e os *trades* de uma forma geral construíram um discurso que afirmava e defendia a "superioridade" dos filmes americanos e disseminavam seus modelos de produção como os mais adequados. A instalação das companhias emergentes do cinema hollywoodiano em mercados internacionais se dá em etapas e se prolongará por mais de uma década, consolidando-se de fato a partir de meados da década de 1920, já perto da transição para o cinema sonoro. Quando essa expansão se inicia, em 1914, essas companhias ainda estavam em plena formação, e o formato do "longa-metragem narrativo de ficção", que ficaria profundamente associado ao cinema produzido por essas companhias ("Hollywood"), ainda não tinha se solidificado. A transformação do "longa narrativo de ficção" no eixo do negócio da indústria do cinema, substituindo um modelo até então composto por filmes de várias durações (um movimento incentivado e liderado sobretudo pela Paramount), representa um encarecimento dos custos, o que justifica em parte os fortes investimentos nos mercados externos.

Uma das hipóteses dessa pesquisa é a de que o mercado internacional maciçamente ocupado pelo produto hollywoodiano (como no caso do Brasil) será um tijolo fundamental na construção da força das ainda emergentes companhias hollywoodianas e do modelo de produção e distribuição que viabilizará o ápice de seu modelo narrativo (o "cinema clássico hollywoodiano"). O discurso que afirma a superioridade da produção americana será construído e difundido com ênfase pelas revistas especializadas, e serão parte essencial da construção dessa hegemonia. Em resumo, a ideia de que o cinema americano "é o melhor" foi sendo construída bem antes da "era de ouro de Hollywood", que atinge seu ápice nos anos 1930 e 1940. As revistas especializadas também terão um papel fundamental na difusão de informações sobre os mercados internacionais, fazendo parte da rede de comunicação em

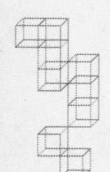

que também se incluem o Departamento de Estado dos EUA e a entidade que representa os grandes estúdios, a MPPDA (futuramente MPA).

Por fim, o processo de expansão e consolidação da hegemonia do cinema americano no Brasil, muito longe de ser uma "invasão" imediata e bem-sucedida, foi lento e gradual. Ele atravessou um amplo período de negociações com as forças já estabelecidas, sobretudo no ramo da exibição. No entanto, em longo prazo, suas estratégias se revelaram eficazes e duradouras, com elementos que persistem no tempo presente, mesmo diante de circunstâncias históricas, econômicas e tecnológicas diversas.

REFERÊNCIAS

ABEL, Richard. Americanizando o filme: ensaios de história social e cultural do cinema. São Paulo: Cinemateca Brasileira, 2013.

———. Americanizing the movies and the "movie mad" audiences: 1910-1914. Los Angeles: University of California Press, 2006.

——— (ed.). Encyclopedia of Early Cinema. Nova York: Routledge, 2005.

———. "Os perigos da Pathé ou a americanização dos primórdios do cinema americano". In CHARNEY, L.; SCHWARTZ, V (org). O cinema e a invenção da vida moderna. São Paulo: Cosac & Naify, 2004, p. 215-256.

———. The Red Rooster Scare: Making Cinema American, 1900-1910. Berkeley, Los Angeles, London: University of California Press, 1999.

AGÊNCIA NACIONAL DO CINEMA. Uma nova política para o audiovisual: Agência Nacional do cinema, os primeiros 15 anos. Rio de Janeiro, Agência Nacional do Cinema, 2017.

ALIN, Morris (ed.). The Story of Modern Film Distribution (panfleto). Nova York: United International Pictures, 1949.

ALLEN, R., GOMERY, D. Film History: Theory and Practice. Nova York: Newbery Award Records, 1985.

ALLEN, Robert. "Motion Picture Exhibition in Manhattan 1906-1912: Beyond the Nickelodeon". *Cinema Journal*, vol. 18, n. 2, 1979, p. 2-15.

ALTMAN, Charles F. [Rick]. "Towards a Historiography of American Film". *Cinema Journal*, n. 16, v. 2, 1977.

ALTMAN, Rick. "Otra forma de pensar la historia (del cine): un modelo de crisis". *Archivos de La Filmoteca*, Valencia, fev. 1996, p. 7-19.

AMANCIO, Tunico. Artes e manhas da Embrafilme: Cinema estatal brasileiro em sua época de ouro (1977-1981). Niterói: Editora da Universidade Federal Fluminense, 2000.

ARAÚJO, Luciana Corrêa de. "Augusto Aníbal quer casar: teatro popular e Hollywood no cinema silencioso brasileiro". *Alceu*, Rio de Janeiro, v. 16, n. 31, p. 62-73, jul-dez, 2015.

———. "Cinema como evento": atrações de palco e tela no cineteatro Santa Helena em São Paulo (1927). *Significação*, São Paulo, v. 45, n. 49, p. 19-38, jan-jun, 2018.

———. "Prólogos envenenados": cinema e teatro nos palcos da Cinelândia carioca. *Travessias*, Cascavel, v. 3, n. 2, 2009.

ARAÚJO, Vicente de Paula. A bela época do cinema brasileiro. São Paulo: Perspectiva, 1976.

AUTRAN, Arthur. O pensamento industrial brasileiro. São Paulo: Hucitec Editora, 2013.

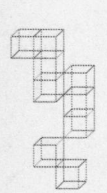

BAKKER, Gerben. Entertainment Industrialized: The Emmergence of the International Film Industry, 1890-1940. Cambridge: Cambridge University Press, 2008.

BALLANTYNE, T.; BURTON, A. "Empires and the Reach of the Global". In: ROSENBERG, Emily (ed.). A World Connecting (1870-1945). Cambridge, Massachusetts: Harvard University Press, 2012.

BALIO, Tino (ed). The American Film Industry. The University of Wisconsin Press, 1976.

BERNARDET, Jean Claude. Cinema brasileiro: propostas para uma história. Rio de Janeiro: Paz e Terra, 1979.

————. Historiografia clássica do cinema brasileiro. São Paulo: Annablume, 1995.

BORDWELL, D; STAIGER, J. e THOMPSON, K. The Classical Hollywood Cinema: Film Style and Mode of Production to 1960. London: Routledge, 1985.

BOWSER, Eileen. History of the American Cinema, vol. 2: The Transformation of Cinema (1907-1915). Nova York: Charles Scribner's Sons, 1990.

CHANAN, Michael. "Economic Conditions of Early Cinema". In: ELSAESSER, Thomas. Early Cinema: Space, Frame, Narrative. Londres: British Film Institute, 1990.

CHARNEY, L.; SCHWARTZ, V (org). O cinema e a invenção da vida moderna. São Paulo: Cosac & Naify, 2004.

CONDÉ, William Nunes. Marc Ferrez & Filhos: comércio, distribuição e exibição nos primórdios do cinema brasileiro (1905-1912). Dissertação de mestrado. Escola de Comunicação, Universidade Federal do Rio de Janeiro. 2012.

COSTA, Flávia Cesarino. O primeiro cinema: espetáculo, narração, domesticação. São Paulo: Scritta, 1995.

CREMER, M.A. Selling in Brazil. *Trade information bulletin n. 379*. United States Department of Commerce, Bureau of Foreign and Domestic Commerce, Nov 1925. Disponível em https://babel.hathitrust.org/cgi/pt?id=uc1.b3128254;view=1up;seq=4. Acessado em: 18 nov 2017.

DE VANY, Arthur. Hollywood Economics: How extreme uncertainty shapes the film industry. Nova York, Londres: Routledge, 2004.

DECHERNEY, Peter. Hollywood: A Very Short Introduction. Nova York: Oxford University Press, 2016.

ELSAESSER, Thomas (ed). Early Cinema: Space, frame, narrative. Londres: BFI Publishing, 1990.

ENTICKNAP, Leo. Moving Image Technology: From Zoetrope do Digital. Londres: Wallflower Press, 2005.

EPSTEIN, Edward Jay. O grande filme: dinheiro e poder em Hollywood. Summus Editorial: São Paulo, 2005.

FOUCAULT, Michel. A ordem do discurso. São Paulo: Edições Loyola, 2003.

FREIRE, Rafael de Luna. "Between *Cinearte* and *Phono-arte*: the arrival of sound film to Brazil in two magazines". Artigo inédito.

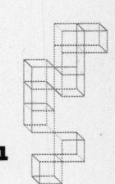

————. Carnaval, mistério e gângsteres: o filme policial no Brasil (1915-1951). 2011. 506 p. Tese (doutorado em cinema). Universidade Federal Fluminense, Niterói, 2011.

————. "O cinema no Rio de Janeiro: 1914-1919", in: RAMOS, F. P. e SCHVARZMAN, S. (org.). Nova história do cinema brasileiro I. São Paulo: Edições SESC São Paulo, 2018.

————. Cinematographo em Nichteroy: história das salas de cinema de Niterói. Niterói, RJ: Niterói livros; Rio de Janeiro: INEPAC, 2012.

————. "A conversão para o cinema sonoro no Brasil e o mercado exibidor na década de 1930". *Significação,* São Paulo, v. 40, n. 40, p. 29-51, 2013.

————. "Da geração de eletricidade aos divertimentos elétricos: a trajetória empresarial de Alberto Byington Jr antes da produção de filmes". *Estudos Históricos,* Rio de Janeiro, v. 26, n. 51, p. 113-131, jan.-jun. 2013.

————. "Existe uma velocidade 'correta' do cinema silencioso?". Preservação audiovisual, 23 de nov de 2011. Disponível em: http://preservacaoaudiovisual.blogspot.com/2011/11/velocidade-do-cinema-silencioso.html?m=1. Acesso em 4 de mai de 2019.

————. "A febre dos sincronizados: os primeiros meses da exibição de filmes sonoros no Rio e em São Paulo em 1929". In: SOUZA, G. et al (orgs.). *XIII Estudos de cinema e audiovisual Socine.* v. 2. São Paulo: Socine, 2012. p. 247-264.

————. "O projeto de lei de taxação de filmes falados em língua estrangeira". In: XVII Encontro Socine de Estudos de Cinema e Audiovisual, no Seminário Temático: "Cinema no Brasil: dos primeiros anos à década de 1950", 2013, Universidade do Sul de Santa Catarina, Palhoça, Santa Catarina.

GATTI, André. Distribuição e exibição na indústria cinematográfica brasileira (1993-2003). Tese de doutorado. Universidade Estadual de Campinas, 2005.

GAUDREAULT, A.; DULAC, N.; HIDALGO, S. (ed). A Companion to Early Cinema. New Jersey: Wiley Blackwell, 2012.

GAUDREAULT, André. "The Infringement of Copyright Laws and Its Effects" (1900-1906). In: ELSAESSER, Thomas. Early Cinema: Space, Frame, Narrative. Londres: British Film Institute, 1990.

GOLDMAN, William. Adventures in the Screen Trade: A Personal view of Hollywood and screenwritting. Nova York, Boston: Grand Central Publishing. Edição digital.

GOMERY, Douglas. The Hollywood Studio System: A History. Londres: British Film Institute, 2005.

GOMES, Paulo Emílio Salles. Uma situação colonial?. São Paulo: Companhia das Letras, 2006.

GONZAGA, Alice. Palácios e poeiras: 100 anos de cinemas no Rio de Janeiro. Rio de Janeiro: Record, Funarte, 1996.

GOSS, J.B.; RITCHEY, D. "Sarah Bernhardt First Farewell Tour 1905-1906: Little Rock, Arkansas welcomes *Camille*". Central State Speech Journal, Volume 30, 1979, n 4. Disponível *online*: https://www.tandfonline.com/doi/abs/10.1080/10510977909368031. Acesso em 14 de abril de 2018.

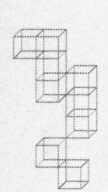

GRIMES, Lewis Howard; LLOYD, Roger (ed). A History of the Perkins School of Theology. Dallas: Southern Methodist University Press, 1993.

GUBACK, Thomas H., The International Film Industry: Western Europe and America since 1945. Bloomington: Indiana University Press, 1969.

GUNNING, Tom. "The Cinema of Attractions: Early Film, Its Spectator and the Avant-Garde". *Wide Angle*, v. 8, n. 3-4, outono 1986. Republicado em: ELSAESSER, Thomas (org.). Early cinema: space, frame, narrative. Londres: BFI, 1990.

HEFFNER, Hernani. "Do sonho à dura realidade: a questão da industrialização". Em: José Carlos Avellar (org.), Seminário Cinearte, Rio de Janeiro, Centro de Pesquisadores do Cinema Brasileiro: Cinemateca do MAM, 1991, p. 22-49.

————. "Periódicos de cinema no Brasil: algumas indicações". *Filme Cultura*, São Paulo, n. 52, jan 2011, p. 9-13.

HIGSON, A.; MALTBY, R. "Film Europe" and "Film America": Cinema, Commerce and Cultural Exchange, 1920-1939. Exeter, Reino Unido: University of Exeter Press, 1999.

HOBSBAWM, Eric J. A era dos impérios: 1875-1914. Rio de Janeiro/São Paulo: Paz e Terra, 2017. 24ª edição.

HOYT, Eric. "Moving Picture World. Media History Digital Library", 2012-2013. Disponível em: http://lantern.mediahist.org/catalog/MPW01-1907-03_0001.Acesso em 28 mar 2018.

————. Hollywood Vault: Film Libraries Before Home Video. Los Angeles: University of California Press, 2014.

————. "Lenses for Lantern: Data Mining, Visualization, and Excavating Media History's Neglected Sources". Film History, Bloomington, vol. 26, n. 2, p. 146-168, 2014/1.

JARVIE, Ian. Hollywood's Overseas Campaign: The North Atlantic Movie Trade, 1920-1950. Cambridge: Cambridge University Press, 1992.

KENNEDY, Joseph P (ed.). The Story of the Films. Chicago, Nova York: A.W. Shaw Company, 1927.

KOZARSKY, Richard. History of American Cinema Vol. 2: An Evening's Entertainment: The Age of the Silent Feature Picture, 1915-1928. Nova York: Charles Scribner's Sons, 1990.

KRAMER, Dale. The Public is Never Wrong: The Autobiography of Adolph Zukor. New York: G.P. Putman's Sons New York, 1953.

LÓPEZ, Ana M. "Early Cinema and Modernity in Latin America". Cinema Journal, Vol. 40, No 1 (Autumn 2000), pp. 48-78. Disponível em: http://www.jstor.org/stable/1225817. Acesso em: 26 jul. 2018.

LUCAS, Taís Campelo. Cinearte: o cinema brasileiro em revista (1926-1942). Dissertação de mestrado. Universidade Federal Fluminense, 2005.

MALTBY, Richard. On the Prospect of Writing Cinema History from Below. *Tijdschrift voor Mediageschiedenis*, v. 9, n. 2, dez. 2006.

————. "The Standard Exhibition Contract and the Unwritten History of the Classical Hollywood Cinema". Film History, vol. 25, n. 1-2, 2013, p. 138-153.

MARIANO, Maira. Um resgate do teatro nacional: o teatro brasileiro nas revistas de São Paulo (1901-1922). Dissertação de mestrado. Faculdade de Filosofia, Letras e Ciências Humanas. Universidade de São Paulo. 2008.

MINISTÉRIO DA CULTURA. Cinema brasileiro: um balanço dos cinco anos da retomada do cinema nacional. Brasília: Secretaria do Audiovisual do Ministério da Cultura, 1999.

MORAES, Júlio Lucchesi. Sociedades culturais, sociedades anônimas: distinção e massificação na economia da cultura brasileira. Tese de doutorado. Universidade de São Paulo, 2014.

MUSSER, Charles. "Conversions and Convergences: Sarah Bernhardt in the era of technological reproducibility, 1910-1913". Film History, vol. 25, n. 1-2, 2013, pp. 154-175. Disponível em: https://www.jstor.org/stable/10.2979/filmhistory.25.1-2.154. Acesso em 30 jan. 2019.

————. History of American Cinema Vol. 1: The Emergence of Cinema: The American Screen to 1907. Nova York: Charles Scribner's Sons, 1990.

————. "The Nickelodeon Era Begins: Establishing the Framework for Hollywood's Mode of Representation". In: ELSAESSER, Thomas. Early Cinema: Space, Frame, Narrative. Londres: British Film Institute, 1990. p. 256-273.

NAVITSKI, Rielle. "Asta Nielsen as Import Commodity. International Stardom and Local Film Distribution in Brazil, 1911-1915". In: LOIPERDINGER, Martin; JUNG, Uli (eds): Importing Asta Nielsen: The International Film Star in the Making 1910-1914. Kintop Studies in Early Cinema, vol. 2. New Barnet: John Libbey, 2013, 291-298.

————. Rielle. "Mediating the 'Conquering and Cosmopolitan Cinema'": US Spanish-Language Film Magazines and Latin American Audiences, 1916-1948. In: NAVITSKY, R.; POPPE, N. Cosmopolitan Film Cultures in Latin-America, 1896-1960. Bloomington: Indiana University Press, 2017.

PAIVA, S. e SCHVARZMAN, S. Viagem ao cinema silencioso no Brasil. Rio de Janeiro: Beco do Azougue, 2011.

PARANAGUÁ, Paulo Antônio. O cinema na América Latina: Longe de Deus e perto de Hollywood. Porto Alegre: L&PM Editores, 1985.

————. Le cinéma brésilien. Paris: Centre Georges Pompidou, 1987.

PEREIRA, Gabriel Terra. "Os diálogos ente diplomacia e história: Hélio Lobo e a americanização da República brasileira". Diálogos. Revista do Departamento de História e do Programa de Pós-Graduação em História da Universidade Estadual de Maringá, vol. 17, n. 3, set-dez 2013, p. 1093-1121. Disponível em: http://www.redalyc.org/articulo.oa?id=305529845013. Acessado em 11 dez 2018.

PONTES, Igor Andrade. Os caminhos de Carlitos: a exibição dos filmes de Charles Chaplin no Rio de Janeiro, suas histórias e seus personagens (1914-1922). Dissertação de mestrado. Universidade Federal Fluminense, 2016.

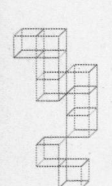

QUINN, Michael Joseph. Early Film Distribution and the Development of the Motion Picture Industry: Famous Players and Paramount, 1912-1921. Tese de doutorado. University of Wisconsin-Madison, Madison, EUA,1998.

RABETTI, Betti. "História do teatro popular no Brasil: Gastão Tojeiro entre autoria artística e práticas sociais do teatro ligeiro". Revista do LUME, v. 1, n.1, p. 136-143. São Paulo, Unicamp, 2012. Disponível em: https://www.cocen.unicamp.br/revista-digital/index.php/lume/article/view/218/209. Acessado em 7 jan. 2019.

RAMOS, Fernão e MIRANDA, Luiz Felipe (org.). Enciclopédia do cinema brasileiro. São Paulo: Editora Senac, 2000.

RING, Wedding. Selling in Foreign Markets. New York: Alexander Hamilton Institute, 1918.

ROGERS, Maureen. "'Territory Going Fast!': State rights distribution and the early multi-reel film". Historical Journal of Film, Radio and Television. vol. 37, n.4, 2016. Disponível em: https://www.tandfonline.com/doi/full/10.1080/01439685.2016.122 1118. Acessado em: 14 abr. 2018.

ROSENBERG, Emily. "Anglo-American Economic Rivalry in Brazil During World War I". In: Diplomatic History, vol. 2, n 2. Oxford: Oxford University Press, 1978. p. 131-152.

————— (ed.). Spreading the American Dream: American Economic and Cultural Expansion (1890-1945). New York: Hill and Wang, 1982.

—————. "Transnational Currents in a Shrinking World". In: ROSENBERG, E. (ed.). A World Connecting (1870-1945). Cambridge, Massachusetts: Harvard University Press, 2012, p. 813-996.

SCHICKEL, Richard. David W. Griffith: An American Life. New York: Limelight Editions, 1984.

SEABURY, William Marston. Motion Picture Problems: Cinema and the League of Nations. 1929.

—————. The Public and the Motion Picture Industry. New York: The McMilliam Company, 1926.

SEGRAVE, Kerry. American films abroad: Hollywood's domination of the world's movie screens from the 1890's to the present. North Carolina: McFarland & Company, 1997.

SERNA, Laura Isabel. Making Cinelandia: American Films and Mexican Film Culture Before the Golden Age. Durham e Londres: Duke University Press, 2014.

SILVER, Jonathan Derick. Hollywood's Dominance of The Movie Industry: How did it rise and how has it been maintained?. Tese de doutorado. Queensland University of Technology, Australia, 2007.

SINCLAIR, Upton. Upton Sinclair Presents William Fox. Los Angeles: publicado pelo autor, 1933 (facsímile).

SINGER, Ben. "Manhattan Nickelodeons: New Data on Audiences and Exhibitors". Cinema Journal, vol. 34, n. 3, 1995, pp. 5-35.

SKLAR, Robert. Movie Made America: A Cultural History of American Movies. Vintage eBooks, 1994. Edição digital.

SLIDE, Anthony. Early American Cinema. Lanham: Scarecrow Press, 1994.

SLOAN, Richard A. The Webb Pomerene Act at Home and Abroad. *Ilustitia*, vol.4, n. 2, 1977.

SOUZA, C.R.; FREIRE, R.L. "A chegada do cinema sonoro ao Brasil". In: RAMOS, F.P.; SCHVARZMAN, S. (org.). Nova história do cinema brasileiro, volume 1. São Paulo: Edições SESC São Paulo, 2018. p. 294-341.

SOUZA, José Inácio de Melo. Imagens do passado: São Paulo e Rio de Janeiro nos primórdios do cinema. São Paulo: Editora Senac São Paulo, 2004.

————. Salas de cinema e história urbana de São Paulo (1895-1930): o cinema dos engenheiros. São Paulo: Editora Senac São Paulo, 2016.

————. "Os primórdios do cinema no Brasil". In: RAMOS, Fernão Pessoa; SCHVARZMAN, Sheila (org.). Nova história do cinema brasileiro, volume 1. São Paulo: Edições SESC São Paulo, 2018. p. 16-51.

STAIGER, Janet. "Combination and Litigation: Structures of Film Distribution, 1896-1917". In ELSAESSER, Thomas. Early Cinema: Space, Frame, Narrative. Londres: British Film Institute, 1990.

————. "The Hollywood Mode of Production: 1930-1960". In BORDWELL, D.; STAIGER, J. e THOMPSON, K. The Classical Hollywood Cinema: Film Style and Mode of Production to 1960. London: Routledge, 1985. p. 309-337.

STRAUSS, William Victor. Foreign Distribution of American Motion Pictures. Cambridge: Harvard Business Review, 1930.

STROMGREN, Richard L. "The Moving Picture World of W. Stephen Bush". Film History, vol. 2, no. 1, 1988, pp. 13–22. Disponível em: www.jstor.org/stable/3814947. Acessado em 12 de dezembro de 2018.

THOMPSON, Kristin. Exporting Entertainment: America in the World Film Market, 1907-1934. London: British Film Institute, 1985.

THOMPSON, K.; BORDWEL, D. Film History: An Introduction. New York: McGraw-Hill Education, 2010.

TOPIK, S.C.; WELLS, A. "Commodity Chains in a Global Economy". In: ROSENBERG, Emily (ed.). A World Connecting (1870-1945). Cambridge: Harvard University Press, 2012. p. 591-812.

ULF-MOLLER, Jens. "The Origins of the French Film Quota Policy Controlling the Import of American Film". Historical Journal of Film, Radio and Television, vol. 18, n. 2, junho 1998, p. 167-182.

USABEL, Gaizka S. de. The High Noon of American Films in Latin America. Ann Arbor, Michigan: UMI Research Press, 1982.

USAI, Paolo Cherchi. Silent Cinema: An Introduction. Londres: BFI, 2000.

VALIM, Alexandre Busko. O triunfo da persuasão: Brasil, Estados Unidos e o cinema da Política da Boa Vizinhança durante a Segunda Guerra Mundial. São Paulo: Alameda, 2017.

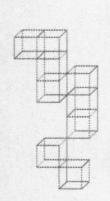

VASEY, Ruth. The World According to Hollywood: 1918-1939. Madison: The University of Wisconsin Press, 1997.

VIEIRA, João Luiz e PEREIRA, Margareth Campos. Espaços de sonho: cinema e arquitetura no Rio de Janeiro, 1920-1950. Rio de Janeiro: Embrafilme, 1983 (mimeografado).

VONDREAU, Patrick. "Beyond Piracy: Understanding Ditigal Markets". In: HOLT, J.; SANSON, K. (ed). Connected Viewing: Selling, Streaming, & Sharing Media in the Digital Era. Nova York: Routledge, 2014.

WASKO, Janet. Movies and Money: Financing the American Film Industry. New Jersey: Ablex Publishing Corporation, 1982.

FSC
www.fsc.org
MISTO
Papel | Apoiando
uma gestão florestal
responsável
FSC® C092828

○ editoraletramento

⊕ editoraletramento.com.br

(f) editoraletramento

(in) company/grupoeditorialletramento

(y) grupoletramento

✉ contato@editoraletramento.com.br

(♪) editoraletramento

⊕ editoracasadodireito.com.br

(f) casadodireitoed

○ casadodireito

✉ casadodireito@editoraletramento.com.br

GRUPO ED.
LETRAMENTO